Fabricador de instrumentos de trabalho, de habitações, de culturas e sociedades, o Homem é também agente transformador da História. Mas qual será o lugar do Homem na História e o da História na vida do Homem?

DOS NACIONALISMOS

Título original:
Encounters with Nationalism

Tradução: Telma Costa

Revisão: Edmundo Vale Cruz

Capa: FBA

Depósito legal n.º 463384/19

Biblioteca Nacional de Portugal – Catalogação na Publicação

GELLNER, Ernest, 1925-1995

Dos nacionalismos. – (Lugar da história)
ISBN 978-972-44-2267-1

CDU 321

Paginação:
MA

Impressão e acabamento: ACD Print, S.A.

para
EDIÇÕES 70
Novembro de 2019

EDIÇÕES 70, uma chancela de Edições Almedina, S.A.
LEAP CENTER – Espaço Amoreiras
Rua D. João V, n.º 24, 1.03 – 1250-091 Lisboa – Portugal
e-mail: editoras@grupoalmedina.net

www.edicoes70.pt

ERNEST GELLNER

DOS NACIONALISMOS

Prefácio à edição portuguesa

Este livro de Ernest Gellner é, de longe, uma da obras mais marcantes sobre o Nacionalismo, um tema decisivo na história e na política contemporâneas. Os seus estudos tiveram grande impacto nos debates sobre o tema, e um deles, *Nações e Nacionalismo* (1983), foi considerado pelo *Times Literary Supplement* um dos 100 livros mais importante do mundo desde 1945. De facto, as suas obras sobre o Nacionalismo têm sido sempre referidas, criticadas, editadas e reeditadas, mas nunca ultrapassadas.

Gellner nasceu em Paris, de pais judeus da Boémia, em 1925. Em 1939, a sua família emigrou para o Reino Unido perante o ascenso do domínio de Hitler. Com uma bolsa para frequentar o Balliol College da Universidade de Oxford, aí estudaria Filosofia, Política e Economia. Regressaria a Praga após uma interrupção dos estudos para participar na Segunda Guerra Mundial, mas a perspectiva de tomada do poder pelos comunistas fê-lo voltar ao Reino Unido. Na sua longa carreira universitária, passaria pela London School of Economics, sendo professor de Filosofia e Ciências Sociais, até ser nomeado chefe do departamento de Antropologia da Universidade de Cambridge. Já reformado, regressaria a Praga, onde chefiou um centro de estudos sobre o Nacionalismo da Universidade da Europa Central. Nesta cidade, viria também a falecer, em 1995. Autor de uma vasta obra de filosofia e Ciências Sociais, Gellner foi símbolo de uma formação interdisciplinar, bastante presente nesta sua obra «clássica».

A tese central de Ernest Gellner é a de que o Nacionalismo moderno é um produto recente, fundamentalmente da época das construções dos «Estados- Nação» no século XIX: industrialização, urbanização e educação de massas foram o seu reagente. Antes disso, podemos falar de protonacionalismo, mas para Gellner Nacionalismo e «Estado-Nação» andam a par e fazem parte da época contemporânea. A sua grande inovação consiste em unir estas três dinâmicas à ideológica e à política. Nesta perspectiva, a «época de ouro» do laboratório Nacionalista é a que vai de 1815 ao final da Primeira Guerra Mundial. Esta abriu de facto uma nova ordem que fundou uma prática nacionalista com base num modelo usado e repisado ao logo do século XX, com sucessos e insucessos variáveis: tentativa de unidade linguística; um sistema educacional homogeneizador; um Aparelho de Estado vigilante; uma socialização da unidade cultural a partir de cima e outros instrumentos forjados pela Época dos «Estados-Nação». De uma forma ou de outra, o Estado é o grande agente de formação da Nação, nem sempre com êxito, na perspectiva do modelo oitocentista. Na «época dos Estados-Nação», a última precisa desesperadamente de um Estado.

Na nova ordem internacional do século XX, sem esta entidade protetora as nações têm uma vida difícil. Como Gellner sublinhou, «as culturas vivem em competição» e os estados são os seus guardiões. Religião e dinastias tradicionais foram os pilares de legitimação das formações estatais no passado, mas a cultura passou a ser o elemento dominante nas sociedades modernas. Por isso, para Gellner o Nacionalismo não é apenas o acordar das Nações, mas, em muitos casos, a invenção da sua consciência, nos casos onde esta não existia.

As teses de Gellner deram origens a um debate considerável no campo dos estudos sobre o Nacionalismo. Desde a crítica a um funcionalismo mecanicista que apontava para a norma de uma sociedade industrial a «exigir» o Estado-Nação e vice-versa, ou a subestimação do protonacionalismo anterior e do Nacionalismo pós-industrial. Neste livro, ele retoma muitos destes comentários, alargando e respondendo a vários. O enquadramento do caso português, por exemplo, dava (e deu) para muitas páginas. A sua obra, no entanto, realizou uma ruptura decisiva, marcando duravelmente os estudos sobre o mais importante processo histórico da época contemporânea.

António Costa Pinto
Instituto de Ciências Sociais da Universidade de Lisboa

Prefácio

Muitos são os que recorrem à célebre fórmula de Sir Henry Maine — *do estatuto para o contrato* — para darem o mais sucinto resumo da natureza da transição para a sociedade moderna. Mas parece-me que Sir Henry também poderia ter dito do estatuto para a *cultura*. Na realidade, a sociedade agrária é em grande medida um sistema estável de estatutos conferidos; mas a cultura, com uma riqueza sem fim de matizes bem diferenciados, é usada para definir, para tornar visíveis e reforçar esses estatutos. As suas diferenças subtis distinguem as posições sociais. Contribui para as legitimar fazendo com que sejam profundamente interiorizadas e elimina as fricções ao dar-lhes extrema notoriedade. Mas a cultura partilhada *não* cria vínculos de grande amplitude e *não* define fronteiras políticas.

O homem moderno não goza, ou não sofre, desse estatuto conferido em termos tão rígidos e consolidados. É ele quem *faz* a sua posição, não num único contrato, mas mediante uma vasta multiplicidade de contratos menores com os seus semelhantes. Para negociar e articular estes contratos tem de falar o mesmo idioma que os seus muitos parceiros. Um conjunto vasto, anónimo, de indivíduos dotados de mobilidade que negoceiam incontáveis contratos entre si é obrigado a partilhar uma cultura. Estes indivíduos têm de aprender a seguir as mesmas normas na articulação dos seus termos. A variante cultural deixa de simbolizar estatuto, pois o estatuto já não é dado: uma cultura partilhada, estandardizada, indica a elegibilidade e a capacidade dos participantes para tomarem parte neste mercado aberto de estatutos negociáveis, específicos, para serem membros efectivos da mesma colectividade.

Logo, torna-se extremamente importante uma *alta* cultura comum (ou seja, uma cultura cujos membros foram ensinados por um sistema educacional a formular e a compreender mensagens livres de contexto, num idioma comum). Deixa de ser privilégio de um estrato limitado de clérigos ou juristas e torna-se o pressuposto de toda a participação social, da cidadania moral.

É esta nova importância de uma cultura comum que transforma pessoas em nacionalistas: a coerência da sua cultura com a das burocracias políticas, económicas e educativas que as rodeiam torna-se o facto mais importante das suas vidas. Têm de se ocupar dessa coerência, de a conseguir e de a proteger; e isto torna-as nacionalistas. A sua principal preocupação política deve consistir em serem membros de uma unidade política que se identifique com o idioma que é o seu e garanta a sua perpetuação, utilização, defesa. É isso o nacionalismo.

Mas o nacionalismo não é o único personagem no cenário ideológico. As pessoas são ou não são nacionalistas, mas têm também as suas atitudes relativamente à religião, às instituições tradicionais, aos imperativos do desenvolvimento económico, à questão do acesso à verdade universal ou, inversamente, à validade das verdade locais relativas. Posições adoptadas nestas matérias podem associar-se ao nacionalismo ou entrar em conflito com ele, numa infinidade de combinações. Têm as suas afinidades e repugnâncias electivas, mas há mais do que um padrão de alinhamento.

Os presentes ensaios examinam o envolvimento de diversos pensadores que elaboraram posições sobre esta questão em relação com o nacionalismo. Uns ocupam-se do confronto entre o nacionalismo e o marxismo: um deles (capítulo 1) prolonga a tese de Roman Szporluk que afirma que o marxismo esteve desde o princípio em rivalidade com o nacionalismo em torno da questão de saber qual deles era o método mais eficaz de *rattrapage* económico e que Karl Marx, no *Manifesto Comunista,* entrava sub-repticiamente em polémica com Friedrich List, o profeta do desenvolvimento ao serviço do nacionalismo e do nacionalismo ao serviço do desenvolvimento, e que, no fim, os marxistas se tornaram cripto-listianos . O texto sobre a transição do parentesco para a etnia (capítulo 3) foi escrito na antiga União Soviética, numa altura em que os académicos locais ainda tinham de fazer certos gestos para provarem que eram marxistas, e tenta elucidar o facto de tanto o liberalismo como o marxismo terem partilhado o erro de subestimar o nacionalismo. A obra de Miroslav Hroch (capítulo 14) representa uma tentativa notável de sobrepor reciprocamente o marxismo e as visões nacionalistas da história: a história seria o relato das relações de classe em transformação *e no entanto* a realidade independente das nações é também reconhecida e afirmada. Além disso, chama em seu auxílio um tesouro de documentação histórica e sociológica e este caso deve ser levado a sério por quem, como eu, não aceita *qualquer uma* destas perspectivas.

O ensaio sobre E. H. Carr (capítulo 2) trata a emergência do nacionalismo no contexto da ordem política internacional em transformação, tal como considerado por um pensador extraordinariamente perspicaz, que, no entanto, estava mais interessado no sistema estatal internacional do que no nacionalismo propriamente dito. Para ele, o nacionalismo era o novo conteúdo e o que lhe interessava era a *forma*. A seguir, temos um grupo de antinacionalistas: Julien Benda, que postula, mas não comprova, uma metafísica em oposição aos particularismos, nacionais ou outros (capítulo 4); Conor Cruise O'Brien, cujo erro foi tomar o nacionalismo como dado enquanto vínculo primário e generalizado da sociedade e que depois se entretém a ver como extirpá-lo de entusiasmos excessivos de inspiração religiosa (capítulo 5); Bronislaw Malinovsky, que encontrou efectivamente uma solução e a recomendou, a saber, a combinação entre nacionalismo cultural e internacionalismo político, tal como a vira praticada em Cracóvia pelos Habsburgos e em África pelos Ingleses (capítulo 6); Andrei Sakharov, que seguiu na prática um admirável universalismo e no entanto sucumbiu em parte, na sua juventude, não ao nacionalismo, mas a uma ética e metafísica do desenvolvimento (capítulo 8). Temos também Jan Patočka, cuja alternativa ao moderno nacionalismo étnico/linguístico é não tanto um universalismo por direito próprio e mais uma velha forma de patriotismo hierárquico e territorial, mas que, no entanto, pagou o seu tributo moral ao universalismo (capítulo 10) e Václav Havel, que enfrentou o mesmo inimigo que Sakharov, mas estava mais voltado para uma espécie de desconfiança humanista da ciência do que para a própria ciência (capítulo 9).

A seguir, vêm os nacionalistas. Masaryk esforçou-se por combinar universalismo e nacionalismo: o seu nacionalismo, e a revolução que levou a cabo em nome dele, só ganhavam legitimidade, aos seus olhos, se instaurassem um movimento mais vasto, mais universal e mais moral da história humana (capítulo 9). O kemalismo representa um dos raros casos, talvez o único, de nacionalismo genuíno no seio do mundo muçulmano que não veio a misturar-se com o fundamentalismo religioso, antes, pelo contrário, se lhe opôs (capítulo 7). Noutros pontos do Islão, a alta cultura com que as pessoas se identificam quando arrancadas à estabilidade anterior de um sistema de nichos sociais articula-se em termos mais religiosos do que étnico/nacionais. O grande mérito do kemalismo, a bênção que ele constituiu para a Turquia, reside no seu desenvolvimentismo pouco específico, algo nebuloso: ao contrário do leninismo, não compromete o país em que se aplica a um programa socioeconómico definindo e, no caso deste último, desastroso. Por outro lado, não é nítido que possa conter a forte corrente de revivalismo religioso. Temos Edward

Said, que elaborou uma lógica, não tanto para um qualquer nacionalismo (nem sequer para aquele com que se identifica), mas mais como uma carta universal para todos os nacionalismos que lutem contra um imperialismo (capítulo 12). Enquanto Benda repudia todos os tótemes particularistas, nacionais ou imperiais, em nome de uma verdade objectiva universal (cujos fundamentos não enunciou), o anti-imperialismo de Said invoca um subjectivismo social igualmente sem fundamentos: a verdade pertence a quem nasceu do lado certo e aos que escolheram apoiá-los politicamente, mas é frontalmente negada àqueles que estão ligados a impérios. Estão condenados por aquilo que *são*. Temos Heidegger, como Patočka dotado de uma posição filosófica fenomenologista que não é exactamente o alicerce mais promissor para um nacionalismo: o seu nacionalismo afigura-se oportunista e pouco esclarecedor (capítulo 11).

É óbvio que a complexidade dos alinhamentos é quase interminável. O transcendentalismo universalista, permitindo o acesso da mente humana a verdades independentes, bastando-lhe para tal libertar-se de peias sociais locais, compete com a ideia de que a verdade só se encontra no retorno a um útero social; a religião pode mostrar-se uma alternativa ao nacionalismo ou, pelo contrário, como o que sobre-estimula o nacionalismo e o torna intolerável (e intolerante); o desenvolvimento económico é a motivação ou o grande inimigo do nacionalismo; o tradicionalismo é aliado ou rival da etnicidade.

O objectivo destes ensaios é explorar e elucidar esta série de alinhamentos. Mas surgem também num momento em que a turbulência nacionalista revela, uma vez mais, excessiva proeminência. O padrão geral parece claro. O nacionalismo, tal como a gravidade, é uma força importante e omnipresente mas não tem, as mais das vezes, vigor suficiente para suscitar rupturas violentas. Até 1918, os *anciens régimes* da Europa de Leste conseguiram contê-lo sem dificuldades de maior. Foi sobretudo com a derrocada do império poli-étnico, outrora ligado por uma Contra-Reforma que deixou de lhe garantir a coesão, que o nacionalismo realmente emergiu. Depois, criou um sistema à sua própria imagem que acabou por se revelar débil ao ponto de levar à dominação da Europa de Leste por Hitler e por Estaline.

A queda deste último e da ideocracia secular desta época, em 1989/91, criou uma situação muito semelhante. No fim, pode levar a uma catástrofe idêntica. A história não se repete, nem igual nem parecida, e há lugar para a esperança, ou pelo menos há motivos para evitar um pessimismo dogmático. Mas é importante notar a similitude dos elementos na situação: derrocada económica, desintegração política, inflação e consequente exaustão das poupanças, emergência de uma nova riqueza oportunista e ressentida, humilhação nacional, transformação de grandes sectores do grupo cultural anteriormente dominante em minorias nas novas unidades nacionais, desorientação moral, nacionalismo centrífugo fácil e oportunista...

Basta de más notícias. Mas o mundo mudou. Esta segunda grande erupção pós-imperial do nacionalismo tem lugar num clima ideológico diferente e novo, um clima em que o antigo vínculo entre território e riqueza se rompeu, em que se estabeleceu a nova supremacia política dos índices de crescimento e em que os extremismos de esquerda e de direita perderam muita da sua convicção e reputação. Não obstante o facto de o colapso da ideocracia comunista secular ter sido provocado pelo relativo declínio económico, em termos absolutos a situação é melhor do que há algumas gerações e as pessoas têm mais a perder. Portanto, o nacionalismo nada perdeu da sua importância, mas está a operar no contexto, por assim dizer, de uma nova constelação de ideias. Estes ensaios pretendem contribuir para uma compreensão deste novo ambiente intelectual.

ERNEST GELLNER
Praga, Centro de Estudos sobre o Nacionalismo

Agradecimentos

Estes ensaios resultam de um aturado trabalho sobre o nacionalismo. Tenho a agradecer o apoio financeiro para esse trabalho ao ESRC, graças a um subsídio concedido por iniciativa do então seu Presidente, Sir Douglas Hague, e à Nuffield Foundation, na pessoa da sua directora-adjunta, Patricia Thomas.

O início do trabalho ocorreu quando eu era ainda membro do Departamento de Antropologia Social da Universidade de Cambridge. Muitos são os que, nesse departamento, me merecem gratidão, mas gostaria de exprimir agradecimentos especiais a Mrs. Mary McGinley, Mrs. Margaret Story e Mr. Humphrey Hinton. Jack Messenger foi um compilador paciente e admirável. No Centro Europeu da Universidade de Praga foi a obra completada. Ali, uma vez mais, o número de pessoas que me ajudou dá uma lista tão longa que designarei alguns — colegas professores, secretárias ou patronos da nova universidade — cujo auxílio e apoio me merecem menção especial: Vlasta Hirtová, Leila McAllister, Robin Cassling, Mark Griffin, Sukumar Periwal, Charles Bonner, Claire Wallace, Jiri Musil, Petr Pithart, Jitka Malecková, Guido Franzinetti, Alfred Stepan, Anne Lonsdale e George Soros.

A minha esperança é que estes ensaios dêem algum contributo para a compreensão dos problemas que ocupam o Centro de Estudos sobre o Nacionalismo.

O capítulo 1 foi primeiramente publicado em 1990 sob o título «The *dramatis personae* of history», recensão de *Communism and Nationalism: Karl Marx versus Friedrich List,* de Roman Szporluk, *East European Politics and Societies,* vol. 4, n.º 1, pp. 116-33. O capítulo 2 foi publicado pela primeira vez em 1992 com o título «Nationalism reconsidered and E. H. Carr», *Review of International Studies,* vol. 18, pp. 285-93. O capítulo 3 começou por aparecer em 1989 na URSS, na *Novaia i Novieishiya Istoria,* n.º 5, e em 1992 *in* B. Jewsiewicki e J. Létourneau (orgs.), *Constructions identitaires: questionnements théoriques et études de cas,* Québec: Université Laval, *Actes du Célat,* Maio, p. 63-72. O capítulo 4 foi publicado em 1990 como «La trahison de la trahison des clercs», *in* lan Maclean, Alan Montefiore e Peter Winch (orgs.), *The Political Responsability of lntellectuals,* Cambridge, Cambridge University Press, pp. 17-27. O capítulo 5 foi publicado pela primeira vez em 1989 como «The sacred and the national», recensão a *God Land: Reflections on Religion and Nationalism,* de Conor Cruise O'Brien, no *LSE Quarterly,* vol. 3, n.º 4, Inverno, pp. 357-69. O capítulo 6 foi publicado em 1987, com o título «The political thought of Bronislaw Malinowski», *Current Anthropology,* vol. 28, n.º 4, Agosto-Outubro, pp. 557-9. O capítulo 7 tinha sido publicado anteriormente em *When History Accelerates,* ensaios dedicados a Paul Stirling, editados por Chris Hann, Athlone Press, 1994. O capítulo 8 foi publicado em 1990 como «A reformer of the modern world», ensaio crítico sobre Andrei Sakharov, *Memoirs,* no *Times Literary Supplement,* n.º 4559, 17-23 de Agosto, pp. 863--4. O capítulo 9 teve a sua publicação original numa versão abreviada no *Guardian,* 25 de Julho de 1992. Apareceu também, em versão integral, *in Telos, Quarterly Journal of Criticai Thought,* n.º 94, Inverno, 1993-4, e na *Budapest Review of Books,* vol. 2, n.º 4, Inverno de 1992, também na versão húngara da mesma revista. O capítulo 10 veio a público em 1993 como «Reborn from below: The forgotten beginnings of the Czech national revival», uma crítica a: *Co Jsou Češi? Was sind die Tschechen?,* de Jan

Patočka, no *Times Literary Supplement,* n.° 4702, 14 de Maio, pp. 3-5. O capítulo 11 foi publicado em 1993 como «Mind games», crítica de *Martin Heidegger: A Political Life,* de Hugo Ott, e de *Heidegger's Crisis: Philosophy and Politics in Nazi Germany,* de Hans Sluga, *in New Republic,* vol. 209, n.° 21 (#4, 114), 22 de Novembro, pp. 35-9. O capítulo 12 foi publicado em 1993 como «The mightier pen? Edward Said and the double standards of inside-out colonialism» (sobre *Culture and Imperialism,* de Edward Said), *Times Literary Supplement,* n.° 4690, 19 de Fevereiro, pp. 3-4. O capítulo 13 foi publicado em 1992 como «From the ruins of the great contest», *Times Literary Supplement,* n.° 4641, 17 de Março, pp. 9-10. O capitulo 14 surgiu primeiro em russo, na *Put'* («O Caminho»), n.° 1, 1992, e também em italiano, em 1993, como «II mito delia nazione e quello delle classe», em *Stori d'Europa,* de P. Anderson, M. Aymard, P. Bairoch, W. Barberis, C. Ginzburg e G. Einaudi (orgs.), vol. 1, *L'Europa Oggi,* Turim, Editore Giulio Einaudi, pp. 638-9.

Ernest Gellner
Centro de Estudos sobre o Nacionalismo
Universidade da Europa Central, Praga

1

Nacionalismo e Marxismo

No virar do século XVIII para XIX, tornou-se evidente que a sociedade da Europa Ocidental estava a passar por uma radical transformação das suas estruturas. Radical, porquanto os princípios fundamentais de organização estavam a mudar, o próprio estado de espírito das pessoas estava a transformar-se. Tal mudança em nada se assemelhava a uma mera rotação de pessoas no seio de uma estrutura mais ou menos estável ou a alterações estruturais apenas equivalentes a um pouco mais disto e um pouco menos daquilo. Era uma transformação muito mais profunda e de significado muito além do meramente local e temporário. Revelava o que o homem é e pode ser verdadeiramente. Parecia ser o culminar absolutamente evidente e elucidativo de uma história longa e incisiva. A mensagem que não tinha sido visível aos olhos de gerações anteriores adquiria então um perfil saliente. A história tinha enredo, um enredo vinculativo para toda a humanidade. No geral, as coisas estavam a melhorar e continuariam a melhorar. Nasceu a ideia de Progresso.

Ao mesmo tempo, sob o impacto das ideias filosóficas e científicas disseminadas pelo Iluminismo, tornava-se cada vez mais difícil defender intelectualmente a fé religiosa. Era inevitável que a conjugação destes dois temas — a perda da fé num Deus transcendente e personalizado e a aquisição da fé num destino terreno feliz — desse uma mistura irremediavelmente apontada para uma solução óbvia: se Deus não nos é acessível e o Progresso é, não se pode pôr o Progresso no lugar de Deus?

A ideia, que parecia manifesta e persuasiva, encontrou na filosofia de Hegel a sua expressão mais influente. Hegel associava uma bela perspectiva metafísica e poder de sugestão histórica a uma prosa impenetravelmente obscura e ambígua. A sua escrita possuía a inestimável vantagem de não deixar claro se o espírito orientador da história substituía o Deus de Abraão ou era uma mera continuação da mesma divindade com outro nome. Ficava ao critério do leitor a escolha de uma interpretação consoante o seu temperamento, posição ou disposição. A ambiguidade do posicionamento era parte integrante da sua essência e dos seus atractivos.

São inúmeras as questões levantadas por esta nova visão das coisas. Mas há uma fundamental: o que são exactamente as unidades, ou subunidades com que se deve caracterizar as transformações estruturais da sociedade humana? Transformação estrutural da sociedade humana significa, se é que significa alguma coisa, uma alteração básica das relações entre as partes ou elementos de que se compõe a humanidade. As *dramatis personæ* da história mudam as suas posições relativas. Mas quem ou o quê são essas *dramatis personæ?* Esta pergunta constitui o tema de um notável estudo de história das ideias de Roman Szporluk, *Communism and Nationalism: Karl Marx versus Friedrich List*(1).

Há dois candidatos principais ao papel crucial: as classes e as nações. O marxismo opta com toda a evidência pelas primeiras. Se quiséssemos definir a ideia central do marxismo numa só frase, escolheríamos naturalmente a famosa asserção do *Manifesto*

(1) Roman Szporluk, *Communism and Nationalism: Karl Marx versus Friedrich List* (Nova Iorque, Oxford, Oxford University Press, 1988).

Comunista: Toda a história de todas as sociedades até hoje existentes é uma história de lutas de classes.

E o que significa afirmar que a sociedade humana é universalmente povoada pela luta de classes? À primeira vista, nem de longe é verdade. É certo que, em alguns lugares, ocorrem conflitos visíveis entre estratos sociais, por exemplo, durante as revoltas plebeias, camponesas ou escravas, mas é com a mesma frequência que não os há. Em muitas sociedades e em muitas épocas os diversos estratos aceitam a sua condição e os seus deveres e não há conflitos entre eles, pelo menos manifestos e visíveis. São muito mais vulgares os conflitos laterais entre sociedades estratificadas vizinhas, em que os estratos não lutam por si próprios mas pela unidade geográfica de que fazem parte. O marxismo, porém, contrapõe que o conflito de classe está mesmo assim latente, tal como Hobbes afirma que os estados estão sempre em guerra uns com os outros, mesmo que não estejam, o que parece encerrar o seguinte conteúdo concreto, empírico: contrariamente a uma série de ideologias mitigadoras, a estrutura real das classes não é estável, nem permanente, nem genuinamente no interesse de todas as partes que a constituem. Nada a impõe ou garante com carácter permanente. A estrutura de classe apenas reflecte a situação vigente e instável, transitória, das forças de produção. Mas o estado das forças de produção não se manterá sempre o mesmo, portanto a própria estrutura de classe também não permanecerá estável. Nem existe a necessidade, quanto mais a justificação, para que os participantes a tratem como tal. É forçoso que as hostilidades voltem a abrir-se e só uma falsa consciência pode tomar uma trégua informal por uma situação humana e social com carácter permanente. A mudança é a lei que rege todas as coisas e a essência da mudança social é a transformação das estruturas de classe. A inerente instabilidade das relações entre as classes significa que quem ocupa as diferentes posições sociais trará em si não apenas a oportunidade mas também o inevitável destino de vê-las mudar. Não devem lealdade à sua condição nem aos seus deveres.

O sistema condicionador está a passar por uma mudança inelutável e é o resultado final, uma sociedade sem estrutura de classes, não o actual *statu quo,* com o seu espúrio ar de permanência, o que requer a nossa entrega esclarecida e justificada.

Se a estabilidade social fosse um facto ou sequer uma genuína possibilidade, dizer que o conflito latente espreita sob uma fachada de harmonia ou de acomodação tornar-se-ia uma afirmação um tanto vazia e para-metafísica. Se, como crêem muitas pessoas de direita, a necessidade de estratificação fosse inerente à natureza humana, a chamada de atenção para os conflitos de interesses só serviria para alertar quanto à possibilidade de uma rotação de pessoas na hierarquia social. Continuaria a ser possível os últimos serem os primeiros e os últimos serem os primeiros, mas não seria possível abolir a divisão da sociedade em primeiros e últimos. É a afirmação da possibilidade de mudar radicalmente o tipo de estratificação e de a abolir por completo que dá lugar à ideia relativamente trivial — porque óbvia — de que certas posições sociais são mais atraentes do que outras, de conteúdos realmente interessantes e inovadores. A agudeza e conteúdo da afirmação da presença perene do conflito de classes não está nesse truísmo que diz que as posições sociais são diferenciadas e que algumas trazem mais vantagens do que outras, mas na ideia não trivial de que o sistema de posições é instável e está condenado a mudar, acrescida da ideia, altamente controversa, de ser possível, em última análise inevitável, a humanidade viver bem sem um sistema desses. O que o marxismo afirma de importante não é que os homens desempenham diversos papéis sociais, mas algo de novo: que aqueles que ocupam posições fixas e desiguais estão em conflito, mesmo sem o saberem. A natureza contingente da estratificação é acentuada por uma teoria sociológica que a associa ao estado das forças produtivas e afirma que, em determinado nível de desenvolvimento dessas forças, a estratificação não é necessária nem possível. Ao afirmar que o conflito de classes não pode ser aplacado, o marxismo nega duas doutrinas da harmonia, de grande aceitação no tempo do seu aparecimento: a doutrina liberal, que diz que a mão oculta do mercado livre opera a favor de todos, e a doutrina conservadora, que afirma que um Estado que mantenha a paz mantém o equilíbrio equitativo, no interesse de todas as partes constitutivas da sociedade. Mais ainda, nesta formulação, a maior parte das afirmações parecem válidas. Sem aceitarmos necessariamente doutrinas marxistas específicas, muito menos a doutrina da possibilidade de uma sociedade verdadeiramente sem classes, é indiscutivelmente verdade que nenhuma estrutura de classe é permanente e que a maneira como a sociedade divide os seus membros em subgrupos está na verdade sujeita a mudanças radicais. De modo algum se inscreve na natureza e na ordem eternas das coisas. Não há justificação ideológica válida para qualquer ordem social e nenhum equilíbrio de poder subjacente a uma ordem é permanente. Mas ainda é possível encontrar conservadores que sustentam que a desigualdade se justifica simplesmente porque é inevitável; talvez seja, mas são muitas as formas da desigualdade. Variam muito e a variedade é um objecto legítimo de curiosidade académica e de manipulação política. Não fomos destinados a suportar qualquer delas, embora não possamos escapar a todas.

Até aqui, palmilhámos, portanto, terreno comum: a estrutura social é uma variável, não um dado. Não é fixa nem normativa. Mas daí não resulta de modo nenhum que a oposição realmente crucial que constitui a chave da compreensão da mudança histórica seja o conflito entre as classes e não as subdivisões humanas de qualquer outro tipo. É tudo menos evidente. Sob o impacto do darwinismo, por exemplo, a ideia de a história ser a história da luta entre populações geneticamente distintas, algumas mais dotadas do que outras, ficou outra vez na moda e teve influência política.

É esta a espinha dorsal do livro de Szporluk: sendo a história um processo em que as relações entre subgrupos ou subpopulações vão mudando, quais os subgrupos a seleccionar como cruciais? Que membros, que lealdades é que importam? Porquê classes e não nações?

Para o marxismo, o papel dos subgrupos humanos emerge a dois níveis bem distintos. Poderemos chamar-lhes Metafísica Social e Sociologia Histórica do Marxismo. O livro de Szporluk é muito interessante quanto à metafísica social do marxismo. As classificações humanas intermédias — religiosas, políticas e étnicas — que em geral se interpõem entre o homem e a humanidade constituem formas de alienação indesejáveis. Szporluk cita uma afirmação feita por Engels em 1847:

> As nacionalidades das pessoas que estão unidas... serão... forçadas por essa união a misturar-se, superando-se assim porquanto as diversas diferenças entre estados e classes desaparecem com a superação da sua base: a propriedade privada.

Não restam dúvidas de que o futuro será sem nações, bem como sem classes ou religiões. A metafísica social de Marx e Engels é uma curiosíssima mistura de anarquismo individualista e de comunalismo pan-humanista. As divisões nacionais por classes e religiões são em última análise espúrias e constituem obstáculos que impedem o homem de se realizar como espécie, que é no que reside a sua verdadeira plenitude. O seu verdadeiro destino é ser livre dos constrangimentos que lhe são impostos por pertencer a uma classe, a categorias étnicas ou religiosas, e até pelos seus papéis sociais. Ao mesmo tempo, fica de certo modo automaticamente incorporado numa comunidade universal harmoniosa. A natureza exacta da mão oculta que há-de operar este último milagre não foi determinada pelos pais do marxismo.

Temos, portanto, como que dois níveis de divisões espúrias, de significados radicalmente diferentes. Nações e classes ficam por igual excluídas da verdadeira essência humana e, juntamente com a religião, estão destinadas à extinção. Mas, se todas estas categorizações alienantes, interpostas e limitativas do homem são espúrias, há umas mais espúrias do que outras. A classe pode ser, em última análise, filosoficamente espúria, mas não o é histórica ou sociologicamente. Tudo menos isso. A história é a história da luta de *classes*. Não é, ou é apenas superficialmente, a história de lutas *nacionais*.

Para compreendermos tanto os mecanismos da alienação humana como os da libertação humana, temos de os analisar em termos de classes. Entre todas as divisões decididamente espúrias da humanidade, a classe dispõe de uma eficácia causal especial, tanto na produção de relações sociais alienadas como na libertação final. Constitui um obstáculo à nossa plenitude e um obstáculo importante, de peso. As outras categorizações, étnicas ou religiosas, por exemplo, são na realidade obstáculos, mas não são em si muito importantes. Não passam de manifestações superficiais das dificuldades reais de consumação da história. A classe é perniciosa, mas historicamente relevante. As outras categorizações enfermam da dupla indignidade de serem perniciosas e sem importância. E é o proletariado, como classe muito especial, dentro, mas não da sociedade civil, que há-de libertar de vez a humanidade das sociedades de classes.

Os erros marxistas de metafísica social e de sociologia convergem, evidentemente, naquele que constitui o erro mais crucial e desastroso do sistema. Supor que a ordem social comunista não irá exigir uma organização política, antes se ajustará por si de uma qualquer maneira que não se explica, se orientará, de uma forma ainda mais forte e misteriosa, pela mão oculta que os liberais, na sua mais modesta versão, atribuíam apenas à esfera económica bem compartimentada — tudo isso decorre da negação metafísica de todas as subcategorizações humanas em geral e da exclusão sociológica, mais imediatista, das subcategorizações étnicas e políticas, subtraídas ao efectivo maquinismo causal da mudança e da estabilidade sociais. A triste consequência disso é que as sociedades que vivem «sob a bandeira do marxismo» ficam simplesmente privadas de um idioma em que possam sequer analisar a sua condição. Se as relações de poder, enquanto distintas das relações de classe, forem irrelevantes ou desaparecerem, não há necessidade, não há realmente mandato para codificar os seus limites e expansão próprios e legítimos. O Reino de Deus não precisa de direito constitucional. Por outro lado, se a política for de facto indispensável sob qualquer forma de organização humana, se a essência humana como espécie não possuir qualquer das capacidades miraculosas de afirmação na obra harmoniosa, ou pelo menos pacífica, que Marx lhe atribuía, então estamos mal. O mesmo se pode dizer se a etnia for também indispensável. As sociedades marxistas analisam efectivamente a «questão nacional», mas há muitos condicionamentos ideológicos no que podem dizer sobre ela. Quanto à forma política da sociedade comunista, sobre isso é que não têm absolutamente nada a dizer.

A principal pergunta que Szporluk faz a si próprio e para cuja análise invoca Friedrich List não é, porém, a irrelevância generalizada, metafísica, de todas as subclassificações humanas, mas sim a subtracção mais específica e mais imediatista das subclassificações étnicas e étnico-políticas à sua responsabilidade no desenvolvimento histórico. Afirma então que não apenas List tinha razão e Marx estava errado, mas também que os marxistas tardios se tornaram involuntariamente cripto-listianos. Em terminologia marxista, cuidado com as práticas *listig*, recorrendo ao trocadilho de Marx (*listig* = manhoso).

Por que razão Marx e Engels escolheram as classes em vez das nações como subdivisões da humanidade para, nos termos daquelas, traçarem o mapa do verdadeiro enredo da história? Ocorre-nos uma série de razões óbvias:

1. É um corolário da sua metafísica social, em que o proletariado é uma classe especial, livre, pela sua peculiar condição, de lealdade para com qualquer identificação alienante com subgrupos. Daí estar o proletariado destinado a ser o portador, a personificação, bem como o agente da libertação

universal dos homens, da emergência do verdadeiro ser-espécie humano. Não fica claro como é que uma metafísica social que postula as nações como peças construtivas da humanidade é capaz de destacar uma única nação como libertadora de todas as outras. Admite-se que uma classe cujos membros são, por causa da sua própria posição social, privados e libertados dos condicionamentos que a ordem social impõe aos homens possa ser destacada para o papel especial de salvadora sem se introduzir no sistema uma assimetria ofensivamente arbitrária.

2. Diferenciação do produto. Os conflitos intergovernamentais e inter-étnicos eram um lugar-comum. Toda a gente sabia da sua existência. Eram praticamente a única preocupação da historiografia convencional e ocorriam há muito tempo. Quem chamasse a atenção para eles não podia ser apelidado de original. Não tinham hipótese de ser apresentados como um significado latente da história até então oculto.
3. O mero facto de o conflito entre unidades políticas e, por vezes, entre grupos étnicos se verificar há tanto tempo não permitia utilizá-lo para explicar as novas transformações estruturais profundas das sociedades do ocidente europeu. Algumas dessas transformações, nomeadamente a Revolução Industrial em Inglaterra, eram sobretudo internas a determinados regimes, sem ligação com os conflitos intergovernamentais e inter-étnicos. As transformações básicas que acompanharam a primeira Revolução Industrial manifestaram-se como mudanças da estrutura de classe, não da estrutura étnica. As relações de classe e as suas transformações constituíam candidatos mais plausíveis a *dramatis personæ,* pelo menos da história em curso. Marx e Engels resolveram portanto extrapolar e concluíram que tinham sido elas também os factores realmente subjacentes responsáveis pelas transformações estruturais mais lentas e menos visíveis do passado. Só o conflito de classes podia

> explicar a mudança então observável, e, já que se tratava de explicar todas as transformações históricas por um único princípio, então melhor seria que fosse esse. Os conflitos intergovernamentais e inter-étnicos não eram mais do que a espuma, visível mas irrelevante, à superfície das águas. Provavelmente, o resultado desses conflitos determinava apenas a identidade das pessoas que ocupavam os diversos cargos (i.e., a identidade dos senhores e dos escravos, dos senhores feudais e dos servos). Não afectava as estruturas propriamente ditas.

Com base na realidade disponível e visível no princípio do século XIX, a conclusão marxista por certo é racional. Era eminentemente palpável ser a Revolução Industrial o facto mais importante a decorrer à época. Não há uma conexão lógica evidente entre Revolução Industrial e conflito inter-étnico. É possível afirmar que o saque trazido da Índia pelos Ingleses desempenhou o seu papel na Revolução Industrial, mas seria absurdo afirmar ser essa *a* causa. Os Ingleses não foram os únicos conquistadores a pilhar a Índia e os outros conquistadores não utilizaram a riqueza para fomentar o desenvolvimento industrial. Tal como o belo rol inglês de guerras com a França no século XVIII — 4-1 a favor dos Ingleses —, reflectia, mais do que originava, o desenvolvimento económico.

Portanto, se quisermos procurar, dentro do espírito hegeliano, uma única chave para toda a história, natural será concluir que as transformações estruturais anteriores tinham sido também obra de transformações intra-sociais das relações entre os estratos, e não de conflitos intergovernamentais e inter-étnicos. A inferência é dotada de plausibilidade. Não é de modo algum claro que motivo levaria a identidade étnica dos ocupantes de diversas posições sociais a fazer grande diferença para o sistema no seu todo, ou seja, para a estrutura de classes. Pelo contrário, supor que o tipo de estrutura imposta à sociedade é determinado pelas forças de produção disponíveis é em tudo cativante e plausível. Por várias razões, não é plenamente convincente. Por exemplo: nada garante que o mecanismo subjacente de transformação social seja o mesmo em todas as grandes transformações históricas. Nem é nada óbvio (ou sequer verdadeiro) que sejam apenas as forças de produção existentes que determinam a estrutura de classe da sociedade dependente dessas forças. Mas, convincente ou não, a ideia marxista central sobre a estrutura profunda da transformação histórica era imensamente plausível. À luz da Revolução Industrial, afirmar que são as classes, e não as nações, as verdadeiras *dramatis personæ* da história é extremamente natural e persuasivo. Se é um erro, a história da sua rectificação merece ser contada, e o livro de Szporluk fá-lo.

O principal argumento de Szporluk a favor do seu herói, List, é que foi ele o primeiro a perceber claramente a intuição central do marxismo, não obstante a sua plausibilidade inerente à luz da Revolução Industrial estar errada. Szporluk atribui a List pelo menos duas percepções distintas:

1. Uma ontologia social que faz das nações a subdivisão eterna e legítima da humanidade. «Para List», diz Szporluk, «a divisão da humanidade em nações era a verdade fundamental». Cita List, afirmando que «entre cada indivíduo e a humanidade inteira... fica a NAÇÃO» (p. 115). «É na natureza da *nacionalidade,* como interesse intermédio entre os do *individualismo* e os da *humanidade inteira,* que se baseia toda a minha estrutura.»
2. Uma doutrina sociológica mais específica relativa à difusão dos benefícios da indústria, o que confere aos grupos étnicos uma importância especial neste processo.

O List exposto muito convincentemente por Szporluk parece pensar que, custe o que custar, (1) é uma premissa essencial a (2). A distinção entre os dois níveis corresponde vagamente à distinção, no marxismo, entre o que eu chamo a sua metafísica social, a decisiva irrelevância ou ilegitimidade de *todas* as subdivisões humanas, e a sua sociologia, a irrelevância das nações em contraste com as classes, para efeitos de compreender os mecanismos da «pré-história» e da condição social a que continuamos reduzidos.

Ora parece-me que, na medida em que List na verdade trata (1) como premissa necessária para (2), está errado. Portanto, o conceito que Szporluk faz de List é excessivamente generoso. Não o invectiva por este erro. A argumentação de Szporluk sobre este ponto é um tanto ambígua. Por outro lado, Szporluk cita List afirmando que as nações são «eternas» *(sic)*. Observa também que «as nações modernas, isto é, políticas (e não apenas linguísticas) são para List um fenómeno relativamente recente», o que deixa em aberto atribuir a List a ideia de que as nações do tipo característico do século XIX, afinal, não eram eternas, antes engendradas pelo processo de difusão da indústria que ele estudou. Perante tal interpretação, (1) deixa de ser uma premissa indispensável e relevante. É o *tipo* de nação engendrada por este industrialismo recente, ou a sombra projectada pelo seu advento que é relevante para compreendermos a difusão da nova ordem industrial. Sendo assim, podemos dispensar a ideia de nações como presumíveis acompanhantes «eternas» da vida social. A natureza do industrialismo contém todas as premissas de que precisamos e o carácter eterno das nações não nos interessa de maneira nenhuma. Por sinal, é este o meu ponto de vista sobre esta matéria. Penso que List não tinha bem a certeza se precisava ou não de (1) para provar (2). Penso que (1) não é em si verdadeiro, nem constitui necessariamente uma premissa para as conclusões, perfeitamente válidas, de List relativamente à difusão da indústria e que a sua incapacidade de ser claro neste ponto representa uma fraqueza do seu pensamento.

O ponto em que List e os fundadores do marxismo coincidem é a sua convicção comum da inutilidade de legitimar a ideologia da nova ordem industrial, isto é, o *laissez-faire*, a doutrina do comércio livre. Segundo esta doutrina, a competição económica desenfreada acaba por trazer benefícios para toda a gente. A falha do argumento é que nem todos entram no mercado livre nos mesmos termos. Alguns são constrangidos pela sua fraqueza a aceitar termos desfavoráveis. Ao rejeitar o liberalismo optimista, que transforma a humanidade inteira em beneficiários do mercado livre, List é de certo modo mais ambivalente e comedido do que os marxistas. List começa por pôr a doutrina em questão porque só funciona se todos os participantes cumprirem as regras. Ora, como alguns não as cumprem, os outros têm de se proteger desses competidores oportunistas ou arrivistas.

Mas depois prossegue na direcção de um repúdio mais radical do liberalismo económico generalizado, com base na necessidade de proteger os últimos a chegar. É evidente que a rejeição marxista do modelo liberal se inspira na ideia de que a desigualdade não era uma falha contingente, mas uma característica inerente e necessária do sistema: mesmo que não houvesse, à partida, desigualdade de forças (embora exista), o mero funcionamento natural do sistema acabaria por provocar o seu aparecimento e o seu agravamento. Para ele, não havia uma necessidade especial de proteger os últimos a chegar, uma vez que o seu sofrimento não seria pior do que o das vítimas da primeira fase, portanto, a mais dolorosamente prolongada, do desenvolvimento do capitalismo.

Trata-se de um ponto crucial da questão: o papel do Estado é o de um protector essencial, indispensável, dos agentes económicos tardios. É aqui que o marxismo das origens se opõe a List, no *Manifesto Comunista*. Contrariamente à opinião generalizada que considera que o marxismo subestimou, e portanto praticamente ignorou o nacionalismo, Szporluk afirma que um importante capítulo do *Manifesto* é dedicado a uma investida implícita, polemizando com List, e que apenas Harold Laski tinha reparado nisso. «Se Laski tem razão», diz Szporluk, «o *Manifesto Comunista* é... também um "manifesto antinacionalista" elaborado por alguém que se batera contra o nacionalismo germânico através das obras do seu principal porta-voz — Friedrich List» (p. 62).

Marx não se limitou a estudar a teoria nacionalista em List. Ironicamente, como salienta Szporluk, foi através desta crítica nacionalista do liberalismo cosmopolita que Marx tomou pela primeira vez contacto com a economia do *laissez-faire*. Tinha sido iniciado na aprendizagem dessa escola por um crítico rival, o qual, porém, desprezava profundamente. Segundo Marx, List «a despeito da sua fanfarronice... não avança uma única frase que não tenha sido pronunciada muito antes... Apenas as ilusões e a linguagem idealizante... pertencem a Herr List» (p. 39). Para Marx, List limitava-se a repetir argumentos outrora concebidos em defesa do Sistema Continental de Napoleão. Como observa Szporluk,

> O mesmo quanto à causa da unificação nacional e da modernização económica da Alemanha: Marx viveria o suficiente para ver com os seus próprios olhos alguns dos seus resultados práticos. (p. 39)

Está aqui o cerne da questão: a relação entre nacionalismo e industrialização. A mensagem de Szporluk é: Marx estava errado, List tinha razão. Além disso, os marxistas tardios são na realidade cripto-listianos. O marxismo foi utilizado para proteger os últimos industrializados, proporcionando-lhes um escudo nacional-político.

Marx dizia-se a favor do comércio livre com contundente ironia, pois «destrói as antigas nacionalidades e leva o antagonismo entre o proletariado e a burguesia a um ponto extremo. Numa palavra, o Comércio Livre apressa a Revolução Social. E só neste sentido revolucionário... sou a favor do Comércio Livre» (p. 41). Sobre o nacionalismo, foi muito claro:

> A nacionalidade do trabalhador não é francesa, nem inglesa, nem alemã, é *trabalho*... O seu governo não é francês, nem inglês, nem alemão, é *capital*. O seu ar nativo não é francês, alemão ou inglês, é *ar de fábrica*. (p. 35)

Marx viu bem que o proteccionismo recomendado por List se destinava a permitir à burguesia alemã desenvolver a sua própria «via nacional para o capitalismo» (a frase é de Szporluk): até aqui, o terreno é comum. A diferença está em que List pensava que a burguesia não tinha qualquer hipótese de o conseguir. Comércio livre internamente, proteccionismo no plano externo, pensava ele ser uma contradição, sendo a ideia do nacionalismo apenas uma cortina destinada a esconder o absurdo de tudo isto àqueles que o propunham.

O alegado absurdo acabou por se revelar a realidade crucial dos séculos XIX e XX. Era exequível e terrivelmente eficaz. Pior ainda: o verdadeiro papel do marxismo, sob a forma em que acabou por ser posto em prática no mundo real, era listiano. A via nacional, quer para o capitalismo quer para o socialismo, foi não só viável como forçosa. O essencial era a passagem *nacional* para o industrialismo. Capitalismo e socialismo são variantes isoladas — embora possamos acrescentar que o capitalismo parece consideravelmente mais eficiente, conferindo à sociedade em que existe menos falsa consciência quanto à sua própria organização do que o socialismo.

É interessante o que Szporluk tem a dizer sobre a posição de Marx acerca do atraso nacional. A Alemanha era, na opinião de Marx, um caso curioso, um anacronismo: derrubar a ordem estabelecida na Alemanha de 1843 dificilmente levaria o país até ao nível da França de 1789. Pelo contrário, em filosofia a Alemanha estava plenamente actualizada, quando não adiantada para o seu tempo. Marx tinha em mente as suas próprias ideias e as de Engels. Este atraso, este desenvolvimento desigual, segundo a exegese de Marx por Szporluk, não podiam ser corrigidos pelo isolamento económico destinado a estimular o desenvolvimento económico-político da Alemanha, pelo contrário, seriam vencidos pela entrada em cena da Alemanha, pela submersão da sua história na história universal. A classe a-nacional libertadora encontrava-se preparada até na Alemanha, embora o sinal para a revolução viesse de França. A burguesia alemã e o seu ideólogo List é que estavam enganados por quererem empurrar a Alemanha para o que mais tarde seria conhecido como as fases canónicas da história segundo o marxismo, pelo menos até à fase capitalista, lutando pelo capitalismo-num-só-país e recorrendo à ideia espúria de usar para tal o nacionalismo. Uma quimera sociológica avançada em nome de um patriotismo espúrio, pelo menos assim pensava Marx.

Tudo isto, como observa Szporluk, clarifica de modo fascinante o que mais tarde sucedeu na Rússia:

> Marx não admitia a possibilidade de uma via nacional para o capitalismo... e não tinha nada a abonar em favor do socialismo num só país porque o capitalismo e o comunismo são sistemas mundiais que só podem ser tratados num cenário supranacional.

Portanto, todo o problema de explicar como é que podia ocorrer uma revolução num país atrasado não chega a pôr-se. Há um único sistema no mundo e as fronteiras nacionais não têm uma importância profunda. Por isso os russos não tinham de se preocupar e, como afirma Szporluk, podiam «ter-se poupado a esta discussão, mas só se tivessem desistido do seu apego à Rússia e se considerassem membros da raça humana no seu todo». Vejam só: na década de 40 do século XIX, Marx a querer que os russos, como salienta Szporluk, fossem excluídos de uma assentada do processo histórico mundial. No fim do século já deviam estar incluídos, como os alemães tinham estado nesses anos 40.

A ser correcta a leitura que Szporluk faz de Marx, que por certo é persuasiva, cabe-me então retirar algumas críticas que dirigi ao excepcional teórico marxista contemporâneo soviético Yuri Semenov([2]). Semenov tentou reabilitar a noção marxista das formações socioeconómicas e a concepção, a ela associada, de

([2]) Yuri Semenov, «Theory of socio-economic formations and world history», in E. Gellner, org., *Soviet and Western Anthropology* (Londres, 1980).

fases históricas e, implicitamente, afastar a confusão suscitada pela ocorrência de uma revolução comunista na atrasada Rússia. Afirma que as formações ou fases não se aplicam às nações, mas apenas à história global da humanidade. Na realidade, nunca se terá destinado às sociedades, e, por isso, a pergunta feita aos marxistas — porque é que faltam determinadas fases no destino desta ou daquela sociedade — está intrinsecamente errada. Comentei que a teoria daqui resultante era na verdade engenhosa e interessante, mas não era fiel ao espírito e às intenções do marxismo de Marx e Engels([3]). Por outro lado, aplicava-se muito bem às necessidades ideológicas da União Soviética de então. Conferia uma base teórica à ideia de vanguarda histórica: se as fases globais são determinadas pela forma social vigente na sociedade mais avançada, então a fase socialista necessita tanto de uma vanguarda como qualquer outra e (implícita mas não declaradamente) que sociedade melhor para funcionar como vanguarda do que a União Soviética?

Se Szporluk tem razão, uma ideia semelhante encontrava-se já nitidamente presente no pensamento de Marx na década de 40 do século XIX, embora, sem dúvida, por outras razões. Foi o nacionalismo listiano, não o marxismo, que pensou em termos de desenvolvimento paralelo mas assíncrono. Foi precisamente a insistência marxista numa história universal única que separou as duas teorias. A diferença entre Marx e Semenov acaba, portanto, por ser apenas de pormenor: Marx pensava que seria a mistura de uma filosofia alemã actualizada (ou avançada), ou seja, da sua, com um proletariado alemão atrasado, mais o desenvolvimento económico e político da Inglaterra e da França que dariam origem à revolução crucial.

Pelo contrário, Semenov, que escreveu «ao crepúsculo», depois de a história ter revelado os seus desígnios, regista o facto de o

([3]) Ernest Gellner, «A Russian Marxist philosophy of history», *in* E. Gellner, org, *Soviet and Western Anthropology* (Londres, 1980).

catalisador tardiamente chegado não ter sido a Alemanha, mas sim a Rússia. Mas o jovem Marx acreditava, evidentemente, que os últimos a chegar não só não precisavam, como também não podiam passar pelo capitalismo na sua forma plena e duradoura. Se tivesse persistido nesta posição, a sua resposta a Vera Zasulich teria sido mais confiante e menos hesitante. Diga-se, em louvor de Semenov, que a sua exposição sobre este ponto é abstracta e não chega a nomear o país implicado na transição periférica para o socialismo. Contenta-se em destacar o papel essencial de uma periferia atrasada que conduza a humanidade a uma fase superior, observando que tal foi o padrão seguido no aparecimento da sociedade esclavagista e do feudalismo. Portanto, a periferia é crucial, não marginal, à transformação histórica. Apenas o capitalismo, neste aspecto muito excêntrico, emergiu de modo endógeno.

Se Marx estava errado, em que sentido e em que medida tinha List razão? A primeira coisa a notar relativamente a List é que foi nacionalista, mas não romântico. Regozijou-se pelo advento da Revolução Industrial, não a repudiou. A nação deveria ser protegida, não mediante o seu isolamento do industrialismo, mas, pelo contrário, adoptando-o e controlando-o. O romantismo salientou o carácter destrutivo do industrialismo e do capitalismo, como Marx, mas reagia propondo rechaçá-lo. Marx pensava que não se pode nem se deve rechaçá-lo, que do outro lado da devastação que ele cava está uma ordem nova e benigna, uma *Gemeinschaft* de toda a humanidade, conjugando a liberdade individual com a harmonia social. (Porque pensava ele confiadamente deste modo mas se permitia uma irritada impaciência para com quem quer que se recusasse a partilhar este optimismo cor-de-rosa está para além do nosso entendimento.) A originalidade de List está em que não queria expulsar o industrialismo nem sujeitar-se-lhe, mas adoptá-lo tornando-o *nacional*. Não um nacional socialismo, mas um nacional capitalismo, era o seu objectivo.

Na realidade, esta ideia tem duas componentes muito distintas que é importante separar:

1. A utilização das instituições políticas para proteger e promover a industrialização.
2. O requisito de estas instituições políticas serem étnicas.

Levantam-se aqui questões assaz fundamentais que dizem respeito ao papel relativo da evolução endógena e da difusão lateral na transformação histórica e também aos mecanismos de transformação lateral. O marxismo é fundamentalmente endógeno-evolucionista, mas, de um modo ambivalente, integra elementos de difusão, cuja coerência é duvidosa. Mas a grande questão que aqui se põe é se os agentes de difusão são a) políticos ou b) étnicos e qual o tipo de etnicidade envolvido. A resposta correcta parece ser *sim* a ambas as hipóteses: e quanto ao tipo de etnicidade, a resposta correcta é a cultura comum do moderno Estado industrial, transmitida pela educação e letrada, e não o comunitarismo do passado pré-Gutenberg, transmitido pela *Gemeinschaft*.

Os dois requisitos são, como é lógico, bem distintos. O segundo de modo nenhum decorre do primeiro. Têm de ser considerados separadamente e é preciso saber porque é que List adoptou ambos. O argumento em defesa de (1), nos seus contornos gerais, é que sem apoio político e protecção, o desenvolvimento industrial em zonas atrasadas ou não se verifica de todo ou tem efeitos destruidores e desniveladores insuportáveis. Favorece alguns, mas prejudica muitos outros e os que perdem são talvez muito mais numerosos do que os que ganham. Os seus efeitos secundários sociais tendem a ser particularmente catastróficos.

Mas mesmo admitindo tudo isto, porque há-de a instituição política, o Estado centralizado que preside ao desenvolvimento de uma zona atrasada, ser necessariamente um Estado nacional? Quais são os argumentos em defesa de (2)? Porque não há-de ser um império sem nação, como o dos Habsburgos ou o dos Otomanos? Na verdade, o império Habsburgo, ou melhor, partes dele, saiu-se muito bem, industrialmente falando, durante algum tempo. É difícil ver como o mesmo teria sido possível ao Império

Otomano: a sua ética separava governantes e produtores, em virtude do princípio expresso no famoso Círculo da Equidade, que afirma que os governantes devem manter a paz, os governados sustentar os governantes mediante a produção de excedentes e que uns não se devem meter na vida dos outros([4]). Os governantes têm relutância em conspurcar-se na produção ou sequer em tolerar o incremento da riqueza, poder e estatuto dos produtores que, inevitavelmente, se seguiria ao desenvolvimento conseguido. A distinção étnica, a descontinuidade territorial e o estigma religioso dos produtores mais eficazes tornava-lhes difícil cooperar com os governantes do modo íntimo, voltado para a produção, que a modernização imposta de cima exige. Mas, pondo de lado a ética peculiar dos otomanos, não se torna de imediato claro porque é que o Estado em desenvolvimento, protector da indústria e não da fé, tem de ser nacional. Penso que na realidade assim é, mas as razões não são evidentes e a questão interessante é: tê-las-á List compreendido? List viu que o nacionalismo tem de ser económico; mas terá visto também que o desenvolvimento orientado tem de ser nacional e por que razão assim é?

No livro de Szporluk, nada indica que List tenha entendido correctamente esta ligação. Szporluk desvia-se para atribuir a List uma teoria que poderia ter sido sua se a tivesse formulado em linguagem hegeliano-marxista: a nação «em si» é uma «característica permanente da história» (a frase é de Szporluk), mas as nações «para si» são recentes e List tentou ajudar os alemães a tornarem-se essa nação. Para o conseguir, a nação tem de ser uma «comunidade com formas culturais, mas também políticas e económicas de vida colectiva». Se «cultura» significa aqui Alta Cultura (isto é, letrada, transmitida pela educação), então corresponde à moderna nação industrial ou em vias de industrialização. Mas parece-me que a pergunta correcta não é se uma nação tem

---

([4]) V., por exemplo, Lucette Valensi, *Venise et la Sublime Porte* (Hachette, 1987).

de se tornar nação-para-si para sobreviver (como nação) nas condições da industrialização, mas o contrário: uma unidade económico-política, capaz de sobreviver nestas condições, tem de ser também uma unidade nacional?

O mais perto que Szporluk chega de provar que List viu esta conexão é quando cita os comentários de List a Adam Smith: «Para [Adam Smith], não há *nação,* apenas uma comunidade, isto é, um conjunto de indivíduos que habitam no mesmo sítio» (p. 137). O seu comentário sobre a etnocegueira de Adam Smith implica que era sensível ao papel étnico no crescimento da riqueza das nações. List compreendeu muitíssimo bem uma série de coisas cruciais para a história dos séculos XIX e XX e do crescimento económico — a importância da governação, da educação e formação organizadas e da infra-estrutura administrativa e cultural da economia. O conhecimento, a educação, a infra-estrutura cultural e o suporte burocrático, tudo isso é crucial e a concentração excessiva no trabalho e no capital ofuscam-no. A constituição de um esqueleto político e cultural (e, portanto, também étnico) é a chave da industrialização tardia. Supor, como queria o marxismo, que possam desaparecer é uma verdadeira quimera — e não proteccionismo etnicamente definido, como pensava Marx. Em tudo isto, List foi superior a Marx e muito mais presciente.

2

O Nacionalismo e a Ordem Internacional[1]

Nationalism and After, de E. H. Carr, publicado em 1945, foi alvo de pouca atenção nos debates recentes sobre o nacionalismo. Parece estar esquecido, o que é injusto; da minha parte, por certo é um erro. Sei que li este livro na minha juventude e que me impressionou vivamente. Mas, nessa época, o que mais me impressionou foi uma espécie de característica geral do livro e da orientação intelectual do seu autor: o facto de tratar claramente do mundo real. Não estava habituado a isso.

Tinha estudado em Oxford, sobretudo economia e filosofia, e a relação entre o estilo de pensamento que prevalece em cada uma destas disciplinas, por um lado, e a realidade, pelo outro, encontrava-se imersa em obscuridade. A teoria económica era em grande medida dedutiva e as suas premissas postulavam indivíduos com finalidades claramente articuladas e escolhidas individualmente, que procuravam satisfazê-las num mundo de recursos limitados. Sabia perfeitamente bem que essa situação, mesmo que se

---

(1) Este ensaio baseia-se na oitava conferência anual em memória de E. H. Carr, dada no University College do País de Gales, Aberystwyth, em Novembro de 1991. E. H. Carr ocupou aí a cátedra de Woodrow Wilson Política Internacional de 1936 a 1947.

verificasse, não se aplicava a todos os homens de todas as épocas, mas a questão de delimitar a zona em que tal tipo de teoria económica pudesse operar quase não era posta pelos economistas. Pareciam pensar que se aplicava às partes do mundo que interessam, sendo o resto uma espécie de bairro da lata ontológico, indigno de atenção.

E se os economistas pensavam que o mundo era mais universalmente moderno do que de facto era, então a filosofia que na altura estava a aparecer, e que era saudada como grande revelação definitiva, cometia o erro exactamente oposto: pretendia que a forma correcta de proceder em filosofia era observar e aceitar os costumes conceptuais de uma comunidade, pois apenas esses costumes, contidos nos hábitos do discurso, avalizam os nossos processos intelectuais. O facto de os homens escrutinarem sistematicamente os costumes da sua comunidade, pelo menos em certas regiões da Europa, desde há quatro séculos, ou há dois milénios, ou há mais tempo, parecia não ter para os filósofos o mínimo interesse. Os economistas eram pan-modernistas acríticos; os filósofos estavam a tornar-se pan-românticos também acríticos, embora não o admitissem.

Tal era o clima intelectual que se deparava a um estudante do famoso curso de Filosofia, Política e Economia de Oxford (PPE). O facto de a política também constar da ementa não ajudava muito; na verdade, anunciava-se por essa altura que o assunto em breve iria morrer. Aliás, dizia-se o mesmo da filosofia, mas, de certo modo, supunha-se que a morte desta iria ser gloriosa, uma espécie de funeral viking, e que o clarão produzido por esse óbito particular havia de trazer à humanidade notáveis benefícios especiais.

Não me sentia muito impressionado pelo saber convencional que era ensinado e quase ansiosamente adoptado pelos meus contemporâneos, mas faltava-me a confiança para o repudiar e rejeitar abertamente, pelo menos desde logo. Contudo, o desconfortável estado de espírito assim gerado tornou-me receptivo para com alguém que não apresentava os mesmos erros dos defensores das modas então correntes. Foi por isso que Carr me fascinou. O espírito de E. H. Carr, tal como o encontramos em *Nationalism and After*, era claramente isento da quase total insensibilidade à diversidade das situações e contextos históricos que prevalecia no resto do mundo académico. E no entanto ele era, ao que parecia, um académico respeitado! Na altura, não conhecia a ambiguidade da sua posição no *Establishment*. Mas ali estava um homem a tratar um fenómeno, o nacionalismo, que eu sabia ser verdadeiramente importante e a tratá-lo de uma forma inteligível, relacionando-o com as grandes transformações da sociedade. Fiquei muito impressionado e essa impressão permaneceu na minha memória, mas não os pormenores da sua argumentação. Em devido tempo, encontrei o meu próprio caminho para o mundo real e, mais tarde, dei alguma atenção ao nacionalismo([2]).

Devo ter esquecido os pormenores do livro de Carr sobre o assunto, pois não voltei a ele, nem sequer para o mencionar e omiti-o na minha bibliografia; no entanto, a minha tese coincidia com a sua em considerável medida e fico exposto à suspeita de furto. Se furto houve, foi inconsciente e não intencional, mas, não obstante, pode ter havido. Só quando o convite para proferir a lição em memória de E. H. Carr me levou a relê-lo percebi que posso ter ido beber àquela fonte sem saber, sem ter tido consciência disso. Ao mesmo tempo, a lição e a sua publicação proporcionam uma oportunidade de emenda.

Há, evidentemente, diferenças de ângulo e de abordagem. Carr estava mais interessado em examinar o Estado e a ordem internacional e em explicar porque é que a nação ou o nacionalismo se apoderaram deles do que no aparecimento da nação, tanto como unidade social como na sua qualidade de norma política preeminente. As questões sobrepõem-se, mas são diferentes. Logo na sua primeira frase, em que adopta aquilo que designa por opinião «comummente aceite», a saber, que as nações no sentido moderno

---

([2]) Ernst Gellner, *Nations and Nationalism* (Oxford, 1983).

emergiram do despertar do cristianismo medieval, torna evidente esse facto. Carr qualifica depois esta noção vulgar, dizendo que o carácter das nações não se manteve constante durante este período. Pode ser simplesmente a sua forma de dizer que as nações no sentido moderno só apareceram mais tarde. O verdadeiro conteúdo das suas palavras talvez se torne mais claro se examinarmos a periodização que ele de imediato passa a propor.

Fases da evolução do nacionalismo

Primeiro, temos o despertar pós-medieval, a substituição de uma ordem universal por um sistema composto por estados soberanos e, sobretudo, pelos seus dirigentes. Para mim, este período de forma alguma se afigura nacionalista; só o foi no sentido em que os agentes eram soberanos e independentes e se «nacionalismo» é a única alternativa a «internacionalismo», então, neste sentido puramente residual ou negativo, trata-se já de uma era nacionalista. O mais que se pode acrescentar é que algumas das unidades políticas soberanas a operar nessa época correspondiam, quanto à composição das suas populações, ao que mais tarde viria a reconhecer-se serem nações. Mas bastará esse facto para qualificar essa época como sendo nacionalista? Parece-me preferível trabalhar com um conjunto de alternativas mais ricas do que a oposição nacionalista-internacionalista. Tudo isto sugere que a principal preocupação de Carr era precisamente equilibrar considerações particularistas e universalistas, e o nacionalismo, no sentido mais restrito e específico, interessava-o sobretudo como algo que acentua o particularismo.

No segundo período de Carr persistem os estados soberanos, mas o seu conteúdo, por assim dizer, muda. Os estados já não são constituídos apenas pelos seus dirigentes, ou pelos seus dirigentes mais a nobreza. O que mais há a incluir na nação era contestado ou ambíguo, mas ela torna-se claramente mais extensa. Este desenvolvimento encerrava as sementes de uma completa extensão que abarca toda a população.

Tudo isto vem a dar o seguinte: uma ordem moral internacional, baseada numa crença religiosa comum e na sua encarnação institucional autorizada, actuando como árbitro da adequação política, encerra dois contrastes em vez de um. Por um lado, há a fragmentação em unidades políticas plenamente soberanas que, tal como se apresentavam, constituíam, cada uma delas, um vértice moral de sua exclusiva responsabilidade. Por outro lado, temos a doutrina que defende que o repositório último da autoridade moral é a *nação*. Estas duas alternativas a uma ordem moral internacional aparecem sucessivamente na história europeia e em alguns lugares, embora apenas em alguns, tendo a primeira preparado o terreno para a segunda, conquanto andasse longe dela em aspectos importantes: os despotismos iluminados soberanos do século XVIII não eram nacionais nem populistas, mas participavam numa Alta Cultura francesa internacional. (Era nos termos dessa cultura que eram «iluminados».) Mas o nacionalismo não exigia esta emancipação pessoal dos monarcas como condição prévia: pelo contrário, tinha o seu impacto mais assinalável nas zonas onde essa emancipação não se tivesse feito sentir. Embora os Habsburgos tenham desistido da pretensão de serem Imperadores Sacro-Romanos, a aura de uma monarquia universal pairava sem dúvida sobre o califado otomano e Moscovo nutria aspirações a tornar-se a Terceira Roma. Em rigor, o tema de Carr é a fragmentação de uma ordem universal ou internacional, e não o nacionalismo enquanto tal: ele vê o nacionalismo como uma forma especial que a fragmentação assume e especifica, muito lucidamente por que razão tal forma surgiu.

Na opinião de Carr, o sucesso do sistema estabelecido em 1815 deveu-se a um delicado equilíbrio entre interesses nacionais e internacionais: um sistema de livre-comércio internacional, apresentado e aceite como obra da Mão Oculta, e aceitável em larga medida porque engendrava prosperidade e, em parte, porque, pelo facto de a mão ser invisível, muitos não viam que não era impessoal, mas britânica. «O secretismo que velava as actividades da banca de Londres servia para mascarar as realidades económicas àqueles que pensassem em termos tradicionais»([3]). O nacionalismo podia ser humanizado e liberal porque as nações, embora substituíssem os governantes, continuavam a ser clubes de acesso restrito, o comércio livre funcionava e engendrava prosperidade e as ligações da política à economia eram pudicamente ocultadas.

A terceira fase, na periodização de Carr, faz o seu aparecimento por volta de 1870, mas desenvolve-se plenamente depois de 1914. Aqui, Carr invoca três factores: a expansão da nação, que passa a incluir as ordens inferiores ou, por outras palavras, a cicatrização da brecha entre as «duas nações» que caracterizara a primeira parte do século; o deslocamento da atenção para o poder económico; e, finalmente, a difusão do nacionalismo (ou das condições que lhe dão origem). «A socialização da nação tem como corolário natural a nacionalização do socialismo.»([4]) Carr passa depois a reflectir sobre «a aliança entre nacionalismo e socialismo do século XX». Especula também sobre a possibilidade de uma quarta fase, a seguir à pacificação de 1945.

Se olharmos a história da Europa a partir do século XVIII do ponto de vista do aparecimento das nações e do nacionalismo e não do ponto de vista do desenvolvimento de um sistema estatal, chegamos a um panorama algo semelhante ao de Carr, mas de uma perspectiva diferente ou num idioma diferente. Na realidade, a comunidade multi-estatal de governos soberanos do século XVIII, com a sua lealdade comum a uma guilda de cabeças coroadas, às suas regras e protocolo, com o seu profissionalismo e a sua tolerância de neutrais e não-combatentes mesmo entre os seus próprios súbditos, não pertence de modo algum a uma era de nacionalismo. Quando muito, podemos tender a incluir as

([3]) E. H. Carr, *Nationalism and After* (Londres 1945), p. 16.

([4]) *Ibid.*, p. 19.

disposições do Congresso de Viena, uma vez que se tratou de uma tentativa de restabelecer uma ordem dinástico-religiosa numa altura em que as forças destinadas à ruptura se faziam já sentir.

A segunda fase seria a do Irredentismo Nacionalista, que se estende das primeiras sublevações nacionais ao longo da terceira década do século XIX até ao triunfo final do princípio nacionalista, em 1918. Carr sugere que o antigo regime comprou a sua via para uma sobrevivência temporária, na medida em que aos acordos de 1815 se seguiu a prosperidade, algo que aqueles que os tinham elaborado não podiam ter previsto. Mas a prosperidade não era apenas uma espécie de intrusão externa, embora fosse, como refere Carr, uma ventura inesperada para os dirigentes. Foi um subproduto das mesmas transformações sociais que, na terminologia de Carr, socializaram a nação. A sociedade do perpétuo crescimento económico era também a da mobilidade ocupacional, da crescente sofisticação técnica da produção (daqui decorre a necessidade da educação universal) e, por fim, da «semantificação» generalizada do trabalho, se nos permitem o termo, isto é, transformar o trabalho na manipulação de significantes no controlo das máquinas ou na comunicação com outras pessoas. Como consequência, a Alta Cultura tornou-se, pela primeira vez na história da humanidade, a cultura omnipresente de toda a sociedade, em vez de ser obra e privilégio de uma minoria. A expressão «Alta Cultura» é evidentemente usada num sentido sociológico e não de valor: significa uma cultura estandardizada, transmitida por educadores profissionais em conformidade com normas bastante rígidas e codificadas, bem como com a ajuda da literacia, em oposição a «Baixa Cultura», transmitida sem educação formal no decurso de outras actividades da existência, geralmente não especializadas.

A terceira fase seria a do Nacionalismo Triunfante e Contra-Producente, depois de 1918. Como observa Carr, os primeiros sucessos do nacionalismo, os nacionalismos unificadores dos italianos e dos alemães, diminuíram o número de unidades políticas na Europa, ao passo que o período posterior o aumentou acentuadamente. Mas as novas unidades instaladas em 1918 tinham todos os defeitos do que foi chamado prisões de nações (ou talvez devamos dizer infantários de nações e de nacionalismos) que substituíram e mais alguns que traziam de novo. Estavam igualmente povoadas de minorias, mas eram mais pequenas, sem a aura da idade e, muitas vezes, sem chefes experientes, ao passo que as minorias cujo irredentismo tinham de enfrentar incluíam membros dos anteriores grupos culturalmente dominantes, sem hábitos de subordinação e bem colocados para lhes resistir. A debilidade deste sistema em breve se tornou manifesta: no tempo de Hitler e de Estaline, ruiu com muito pouca resistência e sem resistência eficaz (com uma notável excepção, a Finlândia). Vem a seguir a quarta fase, que gosto de caracterizar com a expressão usada pelos nazis para algumas das suas operações de guerra: *Nacht und Nebel.* A coberto da noite e do nevoeiro, do secretismo do tempo de guerra, e também sob a protecção da indignação que se seguiu imediatamente e que permitiu várias medidas retaliatórias, foram possíveis práticas a que, noutras condições, é costume fugir-se. Com efeito, o princípio nacionalista de organização social requer o casamento entre política e cultura: um Estado torna-se protector de uma cultura, a cidadania ganha-se em virtude da participação numa cultura (e também satisfazendo a imagem que decide ter de si própria), e não em virtude da linhagem, da residência, da propriedade ou de outra coisa qualquer. O princípio nacionalista é extremamente difícil de satisfazer nas condições da grande diversidade cultural («étnica»), em que aldeias com línguas muito diferentes se justapõem e em que cultura e linguagem são muitas vezes função não da localização no mapa geográfico, mas do papel e do estrato sociais. A *Gleichschaltung* linguístico-cultural das populações tinha já sido alcançada, no essencial, pelo método de assimilação relativamente humanizado, quer voluntário (por vezes entusiástico), quer, por assim dizer, espicaçado. E agora, a coberto da *Nacht* e do *Nebel,* na obscuridade do secretismo ou autorizados por um *sursis* moral temporário, podia-se empregar, e empregou-se, outros métodos: morticínio em massa e transplantação forçada de populações. Sob os auspícios de Hitler e de Estaline, o mapa etno-político da Europa Central e Oriental ficou muito, embora não completamente, simplificado.

Porque é que o nacionalismo se tornou particularmente tão feroz neste período? Um século de frustração da aspiração nacionalista, seguido, em 1918, de um fandango político em que privilégio e humilhação foram distribuídos à sorte, pode ser um factor. A correlação visível entre prosperidade e grupo cultural, característica do princípio da industrialização, é outro: a diferença entre os remediados e os indigentes produz mais azedume do que essa outra, do período industrial posterior, entre ricos e muito ricos. Havia também sobrevivência do que podemos chamar pensamento campesino-militar: a suposição de que a riqueza e a posição dependem do controlo da terra. (Só o sucesso económico dos vencidos depois de 1945 e o declínio económico de alguns vencedores dissolveu finalmente esta associação de ideias.) E havia também um elemento ideológico. A princípio, a ideologia nacionalista era benigna, quase tímida: pregava o valor e o respeito pelas culturas idiossincráticas rurais em oposição às tendências centralizadoras dos modelos da corte de Versalhes ou do comercialismo e sobretudo empirismo britânicos, contra o universalismo das Luzes em geral. Embora profundamente enraizado na nova *Gesellschaft*, pregava os ideais da *Gemeinschaft* fechada. Mas na metade seguinte do século, a Herder juntaram-se Darwin e a viragem nietzscheana para o biologismo. A comunidade a reformular, revitalizar ou despertar era considerada não apenas cultural mas também genética. A isso há que juntar a opinião de que a crueldade é a condição prévia por excelência e a companheira da verdadeira plenitude humana, em oposição aos valores cosmopolitas anémicos do Iluminismo, que não correspondem verdadeiramente às necessidades do psiquismo humano. Algures nesta miscelânea de factores vamos encontrar a explicação para os excessos realmente extremados do nacionalismo neste período. É interessante que Carr considere a tendência para o totalitarismo inerente ao nacionalismo.

Há uma quinta fase, meia especulação, meia aspiração, dotada, talvez, de uma pequena dose de suporte factual. Em alguns lugares e em certa medida, a industrialização tardia conduz a uma diminuição da intensidade dos sentimentos e hostilidades étnicos. Há um elemento de verdade na tese da Convergência: as sociedades industriais avançadas, pelo menos quando tiveram pontos de partida bastante semelhantes, acabam por se parecer umas com as outras. As diferenças entre as línguas tornam-se mais fonéticas do que semânticas: conceitos semelhantes revestem-se de sons diferentes, mas os conceitos aproximam-se realmente uns dos outros. A abastança generalizada diminui a intensidade dos ódios e dá a todos muito mais que perder em caso de conflito violento. Estes argumentos não são irrefutavelmente fortes e por certo não podem ser tratados como garantes de um futuro harmonioso, mas dão uma centelha de direito à esperança.

Estas cinco fases representam uma descrição plausível da transição de uma sociedade não-nacionalista com uma tecnologia estática e uma hierarquia estável, em que a cultura serve sobretudo para indicar o estatuto dos indivíduos e dos grupos na estrutura geral e não para marcar as fronteiras de uma administração invasiva, para uma ordem nacionalista caracterizada por massas anónimas com mobilidade, que partilham uma cultura letrada transmitida por um sistema educacional, sendo protegidas por um Estado identificado com essa cultura. Se se trata efectivamente de cinco fases normais, naturais, da transição, impõem-se algumas observações importantes relativamente às reais manifestações destas fases na Europa. No seu modo sistemático, foi tudo muito diferente nos diferentes lugares.

Zonas temporais da Europa

Do ponto de vista do impacto étnico sobre a política, a Europa tem, por assim dizer, quatro zonas, todas muito diferentes entre si. De Oeste para Leste, temos primeiramente o litoral atlântico onde, nos tempos modernos ou antes deles, houve sempre estados dinásticos fortes. As unidades políticas com base em Lisboa, Madrid, Paris e Londres estão relacionadas, grosseiramente, embora, como é óbvio, nunca por inteiro, com regiões cultural-linguísticas. Chegada a era do nacionalismo, com os requisitos de homogeneidade cultural dentro das administrações, sejam elas quais forem, foi preciso muito pouca redefinição de fronteiras: o aparecimento da República da Irlanda é o único caso nítido. (Não se sabe bem se as separações entre a Bélgica e a Holanda e entre a Noruega e a Suécia devem contar-se como manifestações de nacionalismo moderno.) Como consequência, nessas zonas há pouco do que poderíamos chamar nacionalismo etnográfico: o estudo, a codificação e a idealização das culturas camponesas no interesse da criação de uma nova cultura nacional. Pelo contrário, nos termos do livro de Eugene Weber, o problema era mais de transformar *camponeses em franceses* e não de inventar uma nova cultura com base na idiossincrasia camponesa([5]). Ernest Renan, que compreendeu a lógica da situação, insistia na ideia de que o nacionalismo se baseia no esquecimento, e não na recordação (ou, poderia ele ter dito, nas memórias inventadas). No seu célebre ensaio sobre este assunto, insiste no facto de os Franceses não poderem invocar com coerência uma definição voluntarista e etnográfica da sua identidade e fronteiras([6]).

A segunda zona temporal da Europa é um tanto diferente. Corresponde, no essencial, ao território do antigo Sacro-Império

([5]) Eugene Weber, *Peasants into Frenchmen* (Londres, 1979).

([6]) Ernest Renan, «Qu'est-ce qu'une nation?, *in Ernest Renan et l'Allemagne*, textos coligidos e comentados por Émile Bure (Nova Iorque, 1945).

Romano. A principal característica desta zona é que as duas culturas que formam a maioria dos seus habitantes foram extremamente bafejadas, durante muito tempo, com uma Alta Cultura bem definida, apoiada por uma vasta classe letrada. Há uma Alta Cultura italiana e germânica desde o Renascimento e a Reforma, quando não há mais tempo. Talvez aqueles que deliberadamente criaram uma literatura germânica no fim do século XVIII tenham tido que uniformizar um pouco a ortografia, mas, não obstante, estavam a fortalecer, não a criar, uma cultura nacional. Em literacia, sofisticação e consciência de si, os alemães não foram significativamente inferiores aos franceses, se inferioridade houve, e o mesmo se aplica à relação entre italianos e austríacos. Portanto, tudo o que o nacionalismo precisava era de dotar uma Alta Cultura existente, adequada à definição de nação moderna, do seu tecto político. Foi necessário haver uma série de batalhas e muita actividade diplomática, mas mais nenhumas medidas, nem mais extremas.

Na terceira zona, mais para Leste, as coisas passaram-se de modo diferente. Foi aí que as cinco zonas anteriormente designadas assumiram a sua forma plena. Sobretudo, não havia ali Altas Culturas bem definidas e apoiadas, nem carapaças políticas a cobri-las e a protegê-las. Havia apenas os velhos impérios sem nação e o mosaico de culturas e diversidades culturais a separar os estratos sociais e a distinguir territórios adjacentes. No casamento entre cultura e administração que o nacionalismo requer, *ambos* os parceiros tiveram de ser criados antes de se poderem unir, o que tornou ainda mais árdua a tarefa dos nacionalistas, e, portanto, muitas vezes mais brutal a sua execução. Ali, quase não havia necessidade de exacerbar os sentimentos e a legitimação da violência propostos por Darwin e interpretados por Nietzsche. A quarta zona situa-se ainda mais para Leste. Partilha a trajectória «normal» com a terceira zona até 1918 ou princípio dos anos 20. Mas nesse momento, enquanto dois dos três impérios derrotados ficavam na poeira da história (foram todos derrotados por 1918, embora não tenham estado do mesmo lado na guerra), um deles revigorou-se de um modo extraordinário, sob uma administração completamente nova e em nome de uma ideologia nova, inspiradora, apaixonadamente adoptada e impiedosamente imposta. Para complicar um pouco mais as coisas, em resultado do avanço vitorioso do Exército Vermelho, em 1945, uma boa parte da Zona Três foi incorporada na Zona Quatro e partilhou o seu destino até ao desmembramento do império revigorado e alargado, em e depois de 1989.

A nova ideocracia teve pelo menos tanto êxito ao manter abafado o nacionalismo como a mistura de *ancien régime* político e o *laissez-faire* económico na Europa do século XIX. Mas não foi apenas uma ideocracia absolutista, foi um absolutismo socialista que não tolerava o pluralismo económico, político ou ideológico. Por outras palavras, destruiu efectivamente a sociedade civil. Não conseguiu, porém, produzir as condições sociais que conduzem ao nacionalismo, isto é, à identificação das pessoas com uma Alta Cultura que define uma massa de gente vasta, móvel, anónima, mas que, no entanto, vê a sociedade abstracta na iconografia de uma comunidade concreta. Resultado: quando o sistema se desintegra, emerge o nacionalismo em todo o seu vigor, mas com pouco do que lhe é rival. Como a Zona Quatro tinha sido artificialmente congelada no fim da segunda fase, resta saber se se vai introduzir na sequência «normal» na fase três, quatro ou cinco — isto é, se será o nacionalismo irredentista, ou os massacres e movimentos de populações, ou uma diminuição dos conflitos étnicos no interesse de uma cooperação federal-cantonal, o que vai predominar. Todos estes elementos estão presentes e ninguém sabe qual se salientará.

Apreciação da análise de Carr

Não seria de esperar que Carr previsse que os pacificadores de 1945 fossem recompensados, como os de 1815 (mas de modo muito diferente dos de 1918, cujo destino estava tão vincadamente diante dos olhos de Carr), com a benesse de uma prosperidade politicamente apaziguadora, embora a uma escala muito maior, mais impressionante e, sobretudo, mais rápida. E também não podia prever que — praticamente ninguém podia — ia ser tão terrível a relativa ineficácia do sistema económico rival, praticado e imposto na Europa de Leste, reconhecido como tal pelos próprios protagonistas políticos, que eles próprios iriam proceder ao seu desmantelamento, a despeito dos custos que isso lhes acarretava (e que talvez não tenham avaliado plenamente quando iniciaram o processo). Portanto, não podia prever que, por volta de 1990, veríamos de novo a proliferação das unidades políticas que observara e deplorara relativamente aos tratados de 1918.

Embora Carr dominasse todos os factos relevantes, não distinguiu formalmente as quatro zonas temporais nem gastou muitas palavras a dizer que as suas diferentes situações tinham lógicas de tipos diferentes. Se tomarmos a zona mais ocidental como modelo de base (acrescentando talvez a Prússia que, afinal, não desapareceu no século XIX, antes acabou por se expandir para vir a tornar-se a Alemanha), é evidentemente tentador ver na era do nacionalismo uma espécie de continuação da emergência de estados soberanos, diferindo apenas no facto de a natureza da soberania no seio de cada Estado ir de uma pessoa para uma população culturalmente homogénea. Surge também como uma espécie de curiosidade, não como questão fundamental, o facto de o impacto do nacionalismo na segunda zona levar a uma diminuição do número de unidades políticas, enquanto na terceira leva à sua multiplicação. Mas o que realmente interessa é: quem é o herói, o sujeito da história? Para Carr, o Estado europeu, ou talvez o sistema europeu de Estado. O nacionalismo e os factores sociais que contribuem para lhe dar origem entram sobretudo como catalisadores do desenvolvimento do Estado. A maneira alternativa de escrever a história é ver na sociedade, ou no próprio nacionalismo, o sujeito, considerando depois o impacto que uma transformação social generalizada e internamente coerente tem sobre os estados. As duas formulações podem, sem grande dificuldade, traduzir-se reciprocamente: por outras palavras, Carr já sabia tudo. Coloca assim o problema:

> Intelectualmente, a transição de Frederico para Napoleão é comparável à de Gibbon para Burke, ou de Goethe e Lessing para Herder e Schiller; o cosmopolitismo das Luzes foi substituído pelo nacionalismo do movimento romântico... A nação, na sua nova conotação popular, veio para ficar. As relações internacionais deixaram portanto de ser regidas pelos interesses, ambições e emoções pessoais do monarca e passaram a sê-lo pelos interesses, ambições e emoções colectivos da nação([7]).

Está tudo aqui, mas o núcleo de interesse acaba por ser «as relações internacionais». O núcleo devia ser, parece-me, a própria sociedade: porque é que tinha mudado internamente, de tal forma que o sujeito da história não era já os monarcas, os proprietários ou outros indivíduos ou grupos estruturalmente identificados, mas populações bastante indiferenciadas no plano interno, com mobilidade, anónimas, unidas pela partilha de uma cultura letrada, que requerem ou exigem um protector político com elas identificado e rigorosamente separadas dos outros grupos por fronteiras nítidas e politicamente subscritas? Esta é a transformação que realmente interessa e merece o lugar central, não é um personagem menor da peça.

As previsões específicas em questões de relativo pormenor não interessam muito. O que talvez tenha maior interesse é o posicionamento da sua análise no conjunto. Aqui, a defesa da sua perspectiva depende obviamente de quem fala, da posição a partir da qual é avaliada. Aqueles de nós que vêem o nacionalismo como um jogo de forças inerente à passagem da sociedade agrária à

([7]) Carr, *Nationalism...*, p. 8.

sociedade industrial sentir-se-ão fortemente inclinados a admirar a sua lucidez e rigor. Carr viu como o nacionalismo se integrou noutras grandes transformações e, por certo, viu mais conexões do que, por exemplo, eu, talvez por causa do seu saber maior e talvez por ser um historiador e não um construtor de modelos sociológicos. Mas viu tudo isso de um ângulo assaz estranho: as grandes transformações entram, por assim dizer, como personagens exógenos, exercendo o seu impacto sobre o que mais o interessava — a ordem internacional. O facto de estas mudanças estarem intimamente ligadas entre si, de fazerem todas parte de um mesmo grande processo e de acabarem por ter um impacto semelhante sobre as «zonas temporais» estruturalmente tão diferentes da Europa, tudo isso — embora ele o tenha sem dúvida reconhecido — não é realçado no seu estudo do nacionalismo. Em certo sentido, ele pergunta o que faz o nacionalismo a um governo ou sistema governativo preexistente, e não por que razão o nacionalismo ocupa agora o centro da cena social. Mas, embora veja tudo de um ângulo diferente, o seu ensaio, injustamente desprezado, continua a ser do maior interesse contemporâneo.

3

Do parentesco à etnia

Uma característica marcante dos séculos XIX e XX é o relevo político do sentimento étnico. O pensamento social liberal do Ocidente e o marxismo estão unidos pelo menos por uma coisa: cometeram o mesmo erro, pois ambos subestimaram o vigor político do nacionalismo. Hoje, passados quase dois séculos de experiência do nacionalismo político, chegou talvez a altura de compreender porque erraram ambos. Devemos tentar corrigir este erro que nos une([1]).

O erro era muito natural. Sabemos agora, de um saber *a posteriori*, que se tratava realmente de um erro. Mas não vamos permitir-nos sentimentos de superioridade em relação aos nossos predecessores. As premissas em que se basearam eram válidas. As suas posições assentavam numa descrição perspicaz e, até ao ponto onde foi, perfeitamente sã do impacto da industrialização sobre a sociedade humana. Se as conclusões tiradas dessas posições perfeitamente válidas acabaram por não condizer com as realidades da situação — se, por outras palavras, o sentimento político nacionalista aumentou em vez de diminuir nesse período —, o facto

([1]) Este ensaio foi originariamente apresentado a um público soviético antes do abandono do marxismo.

ter-se-á devido à intervenção de factores que não teria sido fácil discernir antecipadamente. E talvez ainda não tenham sido correctamente compreendidos. Ao tentarmos interpretar o que aconteceu, corrigimos os nossos erros e os dos nossos predecessores.

As premissas que, plausível e convincentemente, levaram a uma antevisão do declínio do nacionalismo, podem resumir-se como se segue.

As civilizações pré-industriais complexas (em termos marxistas: as sociedades feudal, esclavagista e asiática) são dotadas de uma divisão do trabalho muito complexa, acompanhada, e decerto modo confirmada ou até consagrada, por grande diversidade cultural. Abunda a variedade linguística, etnográfica, gastronómica, ritual, doutrinal. Os povos exprimem e reconhecem a sua identidade nestas características idiossincráticas da sua situação social. O homem não é apenas (como insiste o ditado alemão) aquilo que come, é também o que diz, veste, dança, com quem come, conversa, casa, etc. Frequentemente, *é* aquilo que *não come*.

«Etnia» ou «nacionalidade» é simplesmente o nome da situação que se instala quando muitas destas fronteiras convergem e se sobrepõem, de tal modo que as fronteiras das conversas, da comensalidade agradável, dos passados partilhados, etc., são as mesmas, e quando a comunidade de pessoas delimitada por estas fronteiras é dotada de uma etnonímia e inundada de poderosos sentimentos. A etnia torna-se «política», dá origem a um «nacionalismo», quando o grupo «étnico» definido por estas fronteiras culturais sobrepostas não só está agudamente consciente da sua própria existência como também se encontra imbuído da convicção de que a fronteira étnica tem de ser igualmente política. O requisito é que a fronteira da etnia seja também a fronteira de uma unidade política e, sobretudo, que os governantes dessa unidade caibam na mesma etnia dos governados. Os estrangeiros, pelo menos quando são muitos, não são bem-vindos a essa unidade política, e são particularmente mal recebidos como *governantes*.

É possível avançar esta hipótese para as civilizações pré-industriais: são muito ricamente dotadas de diferenças culturais e, portanto (potencialmente ou na realidade), étnicas, mas, não obstante, são raros os nacionalismos *políticos*. O requisito de cada unidade política ser culturalmente homogénea e, inversamente, de cada cultura possuir a sua unidade política (e de preferência apenas uma), que deve ter a mesma extensão dessa cultura, raras vezes é afirmado e ainda menos instaurado. Pelo contrário: nestas condições, a diferenciação cultural (e portanto «étnica») das várias camadas da população, incluindo os governantes, é altamente funcional, raramente contestada e muitas vezes acaloradamente aprovada. A diferenciação cultural constitui uma espécie de exteriorização ou manifestação visível de diversos níveis e papéis estáveis, diminuindo, portanto, a ambiguidade e a fricção. Os sistemas de escalões e papéis são confirmados e fortalecidos pelos matizes culturais. Diferenças na forma de falar, de vestir, nos modos, na aparência, são indicadoras dos direitos e deveres de quem as possui.

A industrialização destrói a intrincada diferenciação social que encontra a sua expressão e confirmação externas, por vezes muito literalmente a sua sacralização, na diversidade cultural. Marx e Engels insistiram no facto de, no capitalismo, o trabalho se tornar uma *mercadoria* a comprar e a vender à luz da oferta e da procura, sem referência à identidade e à posição social do trabalhador. A noção marxista de «alienação» tinha este facto como elemento significativo.

O capitalismo posterior em nada se assemelha à Manchester de Engels e o «trabalho especializado» contemporâneo perdeu algum do seu carácter indiferenciado, aplanado: como o capitalismo moderno deseja comprar força de trabalho em bruto, indiferenciada, precisa de a importar do Terceiro Mundo (da Índia para os ingleses, da Argélia para os franceses, da Turquia para os alemães). Não obstante, o moderno trabalho especializado retém essa característica de erosão das estruturas que marcou o seu predecessor. O moderno operário industrial já não vem da aldeia, arredado pelas *enclosures* ou pela colectivização: vem dos «dormitórios» das cidades industriais e é preparado para o seu trabalho por um sistema educativo universal. As suas aptidões importantes são *genéricas*; incluem a literacia, a capacidade de ler, interpretar e obedecer a instruções escritas, de operar maquinaria sofisticada, que em pouco tempo se avaria se as instruções forem ignoradas. As aptidões do trabalhador são semânticas: tem de dispor de formação que lhe permita traduzir os preceitos de um manual de instruções na capacidade de carregar num botão ou ajustar um controlo no momento certo. Essas capacidades transferem-se de uma máquina para outra, de um sistema de controlo para outro e transmitem-se nos termos de um código que é geral e está ligado, não a uma guilda, mas a um sistema educativo nacional. Permitem ao operário moderno passar de um emprego para outro, apenas com alguma pós-formação.

Portanto, o moderno operário especializado, como o seu menos afortunado predecessor, o primitivo operário industrial indiferenciado, não está vinculado a determinado nicho social. O sistema de nichos resulta, pois, enfraquecido ou completamente obliterado. O típico operário industrial moderno já não tem a mobilidade geográfica do seu antepassado, ou do seu contemporâneo, o *Gastarbeiter,* e a mercadoria trabalho, que vende, já não é tão indiferenciada que se venda ao peso ou à hora; os seus vínculos com os meios de produção, porém, não são de molde a engendrar um complicado sistema de estatutos, como o que havia na sociedade tradicional, sustentáculo da sua rica, matizada variedade cultural.

E é então esta a premissa crucial, esclarecedora e extremamente persuasiva, comum tanto ao marxismo clássico como à teoria liberal clássica e também a grande parte da teoria sociológica moderna: as condições de trabalho da sociedade industrial são tais, que corroem as próprias estruturas que sustentam a diferença cultural. As diferenças culturais serão aplanadas pela máquina da produção industrial. A etnicidade consiste em sobrepor, reforçar mutuamente as diferenças culturais. Portanto, a etnicidade vai pelo cano abaixo, juntamente com as diferenças culturais que a tornam visível e lhe são essenciais.

Assim, o silogismo que se nos impõe irresistivelmente é o seguinte:

1. A organização social industrial corrói as estruturas sociais.
2. As diferenças culturais emergem da diferenciação estrutural e são sustentadas por elas.
3. A «etnia» consiste em diferenças culturais sobrepostas, mutuamente reforçadas, que levam os seus possuidores a identificarem-se com a sua cultura e a oporem-se aos portadores de outras culturas rivais.

Conclusão

4. Uma estrutura corroída significa perda de diferenciação cultural, a qual, em contrapartida, significa perda de identificação étnica. Por isso, a etnia perde forçosamente o seu significado político.

Por outras palavras: é inevitável o esmorecimento do nacionalismo. Por palavras ainda mais simples: quanto mais industrialização, menos nacionalismo.

Afigura-se-me que não podem restar dúvidas legítimas quando à verdade destas premissas cruciais 1, 2 e 3. Do mesmo modo, será difícil negar que a conclusão, 4, resulta destas três premissas.

Não admira que tantos pensadores de grande distinção tenham aceitado, ou adoptado tacitamente, a validade da conclusão. Além disso, a conclusão continua a conter importantes elementos de verdade.

Não obstante — e este é o nosso principal problema — a proposição 4 *não* é um reflexo rigoroso das realidades políticas dos séculos XIX e XX. Com efeito, o nacionalismo *ganhou* importância. Não por igual, não sem encontrar obstáculos e ocasionais derrotas, mas, no geral, com vigor cada vez maior. Como princípio de organização política, a ideia de que as fronteiras políticas têm de ser congruentes com as fronteiras étnicas, de que os governantes não devem ser etnicamente distintos dos governados, dispõe agora de um destaque e de uma autoridade que nunca possuiu na história passada da humanidade. É um facto que temos de encarar. Confronta-nos com um problema tão intrigante, teoricamente, quanto importante na prática. Mas o argumento que levou tantos pensadores distintos à conclusão oposta era plausível, persuasivo, lógico e baseava-se em premissas perfeitamente válidas. O que correu mal? Que deixámos de fora? Eis uma tentativa de resposta a estas perguntas.

Na sociedade agrária pré-industrial a esmagadora maioria da população leva uma vida de produtores agrícolas e passa-a dentro das fronteiras de pequenas comunidades fechadas («a imbecilidade da vida rural» — Karl Marx). A Rússia, por exemplo, ainda no princípio deste século era um país assim. As consequências culturais desta situação são bastante óbvias. As comunidades aldeãs não possuem os meios nem a necessidade de literacia, nem da arte da comunicação abstracta. As pessoas que passam as suas vidas em contextos sociais estáveis, vivendo situações normais e repetitivas, relacionam-se com as mesmas pessoas, comunicam entre si pela fala, atitude, expressão do rosto: a linguagem é para elas uma forma estilizada de arte, como as suas danças folclóricas, não é de modo algum uma máquina para a produção de mensagens infinitamente variadas e livres de contexto (é esta, na verdade, a definição que Chomsky dá de linguagem). Apenas os estratos superiores da sociedade agrária (e de modo nenhum todos os seus membros) são capazes de usar a linguagem em abstracto, livre de contexto, e de viver uma vida em que essa capacidade desempenhe uma função e seja socialmente aceitável. Para um camponês, falar dessa forma constituiria notória insolência e talvez lhe valesse umas chibatadas. Quem pensa ele que é?

Em geral, há dentro dessas sociedades uma marcada descontinuidade entre Alta Cultura e Baixa Cultura, ou entre Alta Tradição e Pequena Tradição. A relação política entre as duas camadas varia de caso para caso. A Alta Cultura é, por assim dizer, normativa; considera-se modelo de comportamento humano e despreza a Baixa Cultura como distorção ou aberração miserável. Tanto pode tratar a Baixa Cultura com indiferença como com desprezo, ou então pode achar que, num mundo perfeito, a Baixa Cultura se transformaria, à sua imagem.

No seio do Islão, por exemplo, os eruditos, os *ulemás,* são os guardiões da legitimidade moral, política e teológica, e consideram que os desvios populares aos seus padrões corânicos constituem um escândalo. De vez em quando tentaram (nunca com êxito, até ao advento dos tempos modernos) converter o mundo tribal, rústico e urbano das classes inferiores aos seus próprios padrões. O Islão está imbuído de um zelo missionário tanto interno como externo e constitui uma espécie de Reforma Permanente. As circunstâncias sociais reais nunca permitiram que esta jihad interna tivesse pleno sucesso, pelo menos até à chegada da tecnologia administrativa, militar e produtiva moderna: de posse destas tecnologias, a tendência permanente pode chegar, com o tempo, a alcançar sucesso. É este o segredo que está por trás do vigor político do fundamentalismo islâmico contemporâneo, de outro modo intrigante. No hinduísmo, pelo contrário, o estrato bramânico superior tenta, praticamente por definição, monopolizar a perfeição humana, excluindo os outros, por assim dizer, da humanidade plena e impoluta. São as castas inferiores que tentam roubar o fogo sagrado, emulando os seus superiores (um processo descrito como «sanscritização» pelo sociólogo indiano Srinivas). No Noroeste da Europa, o protestantismo, pela importância que dá à literacia, à simetria no acesso à divindade e à sua mensagem, por outras palavras, à universalização da leitura, conseguiu com assinalável êxito diminuir o cisma entre Alta e Baixa Cultura, contribuindo assim para preparar o terreno quer para o capitalismo, quer para a emergência precoce do nacionalismo político.

Os pormenores variam portanto muito de uma civilização agrária-letrada para outra. O que aqui nos interessa é o padrão geral comum: uma descontinuidade entre uma cultura alta, letrada, transmitida pela educação, espiritualmente formulada, e uma cultura baixa oral, transmitida de geração em geração com pouca ou nenhuma intervenção de especialistas culturais a tempo inteiro ou modelos normativos registados por escrito. Esta divisão profunda é a regra e a condição cultural generalizada da humanidade na era agrária. Não está enraizada, como tantas vezes pensam os representantes proselitistas da ordem cultural alta e normativa, na fraqueza humana, ou na depravação das ordens inferiores. Baseia-se nas condições materiais reais dominantes na época, as quais limitam as possibilidades de vida cultural. Os camponeses não podem ser eruditos nem escolásticos: dançam, cantam e vivem a sua cultura, mas não podem lê-la ou escrevê-la. Não é fraqueza da carne, mas exigência do sistema social de produção, reprodução e sobrevivência, o que determina que a maior parte das pessoas não consiga corresponder aos ideais dominantes da sua própria cultura.

A situação laboral do homem industrial moderno é inteiramente diferente. Apenas uma pequena percentagem da população activa lavra a terra. E mesmo aqueles que o fazem, empregam ferramentas que se parecem com as do operário industrial. Um bom tractorista é um homem que domina a semântica do sistema de controlo de uma máquina moderadamente complexa, que sabe usá-la e fazer-lhe a manutenção segundo as instruções de um manual impresso.

Para a grande maioria da população, «trabalho» quer dizer manipulação de significados e pessoas, não de coisas. Trabalho é interpretação, selecção e transmissão de mensagens, não a transformação directa da natureza feita à força. O crescente apuramento da produção industrial significa que o trabalhador já não é um homem que manuseia pá e pica, mas um mestre consumado do sistema de controlo de uma ferramenta mecânica.

O empregado de escritório, quando não está a fazer café, recebe e emite mensagens por telefone, máquina de escrever, telex, etc.

O moderno mundo industrial é um mundo em que, pela primeira vez na história humana, a alta cultura letrada ou transmitida pela educação já não é privilégio e monopólio de minorias. Tornou-se um bem geral da esmagadora maioria da população. O cidadão da sociedade moderna deve as suas habilitações para o emprego, a sua participação cultural, a sua cidadania moral, a sua capacidade de lidar com a omnipresente burocracia, não a capacidades ganhas ao colo da sua mãe ou no adro da aldeia, ou sequer do seu mestre na aprendizagem oficinal: deve-o a capacidades que só se adquirem passando por um sistema educativo geral, exaustivo, a operar dentro de um meio linguístico estandardizado, transmissor de informação contida em manuais e não no contexto cultural e que depende da capacidade bem distribuída de receber, compreender e transmitir mensagens a interlocutores anónimos, às quais reage, independentemente do contexto. Sem essas habilitações qualquer membro de uma sociedade moderna fica indefeso e vê-se remetido às camadas inferiores da sociedade. As pessoas com quem o homem moderno interage não são tiradas de um grupo restrito de conterrâneos da mesma aldeia, que ele conhece perfeitamente; são tiradas de um número extraordinariamente maior de semelhantes de uma anónima sociedade de massas que comunica por meio de uma Alta Cultura abstracta e letrada. Consequência: o investimento ou riqueza de longe mais importante do homem moderno é o seu acesso a essa Alta Cultura letrada comum, que é o meio para chegar a um sistema industrial viável. Como dá valor a esse investimento, torna-se nacionalista. Entrar ou ter acesso a tal sistema depende de dois factores: (1) domínio das capacidade requeridas, como vimos, e (2) detenção de atributos pessoais compatíveis com a imagem que se tem da cultura em questão. Considerámos já a natureza e implicações da primeira condição. Mas a segunda também é importante.

Se o domínio das capacidades necessárias para operar e se adaptar às ferramentas semanticamente sofisticadas da sociedade industrial desenvolvida fosse tudo o que é preciso para se ser membro de pleno direito de tal sociedade, seria de esperar que surgisse uma espécie de internacionalismo industrial tardio, uma fraternidade de todos aqueles que tivessem passado pelos ritos de iniciação aos mistérios da tecnologia moderna. Assim o previram quer os liberais, quer os marxistas, mas não foi o que aconteceu. Na verdade, há *alguns* indícios de tal desenvolvimento; diz-se que há uma espécie de fraternidade cosmopolita do pessoal das grandes empresas multinacionais e algo de semelhante entre os membros das profissões especializadas (homens do petróleo, matemáticos, até uma Internacional informal de militares), que ignoram as fronteiras «nacionais». Mas o cosmopolitismo industrial, se assim lhe podemos chamar, está incomparavelmente menos à vista na nossa época do que a afirmação enfática, por vezes violenta, da delimitação e do sentimento nacionais. Qual é a explicação?

1. A Alta Cultura que, pela primeira vez na história humana, invade sociedades inteiras, não é constituída simplesmente por capacidades formais como a literacia em si, a capacidade de operar computadores, ler manuais, obedecer a instruções técnicas. Tem de ser articulada em determinada língua, em russo, ou inglês, ou árabe, e deve também conter regras para o comportamento na vida; por outras palavras, tem de conter uma «cultura» no sentido em que alguns etnógrafos usam o termo. O homem dos séculos XIX e XX não se limita a industrializar, industrializa *como* alemão, russo ou japonês. Os que são excluídos da nova comunidade são-no não apenas por causa de não terem conseguido adquirir as habilitações necessárias, mas também por as terem adquirido no idioma «errado». A Alta Cultura industrial moderna não é cinzenta, tem uma coloração «étnica», que está na sua essência. A norma cultural integra expectativas, requisitos

e regras que impõem obrigações aos seus membros. Espera-se que um inglês não apenas fale a língua de Shakespeare mas que também seja branco — o que levanta problemas àqueles que por nascimento, língua ou cultura são ingleses, mas por pigmentação não estão em conformidade com o estereótipo previsto. Os polacos ou os croatas devem ser católicos, os persas devem ser xiitas, os franceses devem ser, quando não sempre católicos, pelo menos *não* muçulmanos.

2. É evidente que a industrialização, o advento do moderno equipamento produtivo, não chega a toda a humanidade ao mesmo tempo. Pelo contrário, chega de um modo desigual, criando enormes disparidades de desenvolvimento, grandes desigualdades na riqueza e no poder económico e político. Desenvolvem-se enormes e dolorosas fricções dentro das fronteiras entre populações mais e menos desenvolvidas. São fortes os incentivos à definição de fronteiras e à exclusão, de igual modo nos grupos desenvolvidos e nos menos desenvolvidos. As regiões mais fortemente desenvolvidas aceitam importar mão-de-obra barata das menos desenvolvidas, mas geralmente não lhes agrada partilhar a cidadania plena e o elevado nível da infra-estrutura social com os párias recém-chegados e culturalmente distinguíveis. A penúria e a discriminação levam estes, ou parte deles, para o submundo do crime, o que reforça ainda mais o preconceito contra eles. A situação resultante fortalece os sentimentos nacionalistas de ambas as populações.

Há ainda um outro factor importante. Nas condições do capitalismo ou do mercado livre, as regiões atrasadas não se desenvolvem facilmente, sendo entravadas pela concorrência eficaz de zonas mais avançadas. Precisam de se isolar. Quando já possuem uma efectiva chefia centralizada, esse desenvolvimento prossegue por meio do isolamento e da protecção económicos ou políticos e culturais, com vista a assegurar a desejada força política e militar para a elite em questão e para a unidade a que preside. Se a região atrasada esteve incorporada num império colonial ou territorialmente contínuo, as elites locais percebem a vantagem de instaurar uma unidade separada, dentro da qual possuirão o monopólio do acesso aos cargos políticos e outros, em vez de terem de competir, numa unidade maior, com rivais favorecidos por uma tradição educacional mais consolidada. Segundo todos estes pressupostos, a instauração de uma unidade política separada ligada ao seu próprio sistema de educação estandardizado, e, portanto, ao seu próprio simbolismo e imagem culturais, é atraente e será tentada logo que as circunstâncias sejam favoráveis.

É este, portanto, o nosso cenário de fundo da transição das sociedades não-nacionalistas pré-industriais para as sociedades industriais nacionalistas: nas primeiras, uma grande riqueza de diferenciações culturais, que muitas vezes se interpenetram, não dá, no seu conjunto, origem a turbulência política. Pelo contrário, tende a subscrever e a apoiar as estruturas sociais e políticas existentes. Em contrapartida, a estandardização das actividades produtivas em condições de produção industrial cria um conjunto de unidades políticas internamente homogéneas, externamente diferenciadas, que são culturais e políticas. A unidade política (o Estado) é um protector da cultura, a cultura é o símbolo e a legitimação do Estado. O monarca inglês define-se oficialmente como protector de uma *fé,* mas na realidade o Estado inglês moderno protege uma *cultura,* não uma doutrina. O número de tais unidades no nosso planeta é muito inferior ao das anteriores diferenças culturais. As suas fronteiras reflectem hoje, em parte, os limites de algumas das maiores culturas pré-industriais e em parte os pontos de fricção infectados por um desenvolvimento desigual durante o caminho para a industrialização. Unidades e variantes culturais menores tendem a desaparecer; mas as maiores tornam-se politicamente muito significativas. E isto é o que interessa.

Esta teoria talvez se afirme como fruto do materialismo histórico, na medida em que liga o fenómeno de que se ocupa — o nacionalismo — ao modo de produção básico de uma era em que o nacionalismo se torna predominante. Difere do materialismo histórico clássico em dois pontos: reconhece plenamente o vigor crescente do nacionalismo político — que, afinal, é o problema com que começa a nossa análise — e, em segundo lugar, centra-se, não na propriedade e controlo do capital, mas na natureza e implicações do tipo de capacidades e actividades inerentes às formas de produção modernas.

A teoria explica porque é que o nacionalismo, relativamente discreto no passado, se destaca tanto no nosso tempo. Explica porque é que o predomínio do matiz cultural tem diminuído, enquanto, ao mesmo tempo, o significado político das poucas fronteiras culturais sobreviventes aumenta muito. Em contrapartida, não pode explicar todos os aspectos da situação contemporânea. Não explica, por exemplo, porque é que o nacionalismo alemão se tornou tão virulento durante o período nazi. Ou ainda o vínculo firme dos canadianos anglófonos à unidade política canadiana existente, não obstante o facto de os canadianos anglófonos não sentirem a mínima dificuldade em operar dentro da administração dos EUA.

Que pode esta teoria oferecer àqueles que lidam com a turbulência nacionalista no mundo real?

1. Um sentido da necessidade de um realismo sóbrio. A atracção pela identidade cultural («étnica») não é uma ilusão cogitada por românticos confusos, disseminada por extremistas irresponsáveis e usada por classes privilegiadas egoístas para confundir as massas e ocultar-lhes os seus verdadeiros interesses. Os seus atractivos radicam nas condições reais da vida moderna e não podem ser erradicados, quer por mera boa vontade e pregando o espírito de uma fraternidade universal, quer prendendo os extremistas. Temos de

compreender estas raízes, viver com os seus frutos, quer gostemos, quer não. Infelizmente, o ajustamento às realidades é muitas vezes doloroso. O mundo pré-industrial legou-nos um complexo mosaico de diferenças — e de estratificações — culturais e muitas fronteiras etnicamente cegas. As condições modernas implicam um igualitarismo (cujas raízes são semelhantes às do nacionalismo), que, ao contrário da situação anterior, é profundamente adverso à vinculação do privilégio — ou da falta deste — à diferenciação étnica. Tolera uma boa medida de privilégio, mas não a sua exteriorização cultural ou étnica ostensiva. É também um tanto alérgico à incongruência das fronteiras políticas e étnicas. A correcção de todos estes resquícios de uma era anterior que desafiam a etnicidade nem sempre será agradável e satisfatória. É uma sorte consegui-lo pela mera assimilação e rectificação de fronteiras, sem recurso aos métodos mais brutais que já vimos utilizar neste século (genocídio, transplantação forçada).

2. Há razões para um certo optimismo. A difusão da prosperidade económica pode diminuir a intensidade dos sentimentos étnicos. Quando duas populações, anteriormente em conflito étnico, dispõem ambas, e na mesma medida, de boas perspectivas económicas, então a fricção aguda que a desigualdade do desenvolvimento económico engendra, e se torna visível e ofensiva devido às diferenças «étnicas», vai desaparecendo gradualmente. Podemos pensar em exemplos deste tipo e desejar que se tornem mais frequentes.

Resumindo: as sociedades pré-industriais complexas eram dotadas de estruturas elaboradas e bastante estáveis, de um sistema de papéis a desempenhar. O parentesco não apenas dotava esses papéis de muita da sua terminologia como também desempenhava a principal função no mecanismo de atribuição a cada indivíduo da sua posição. Em consequência da natureza do trabalho na sociedade industrial e da mobilidade ocupacional inerente ao crescimento económico (que, por sua vez, constitui o princípio fundamental da legitimação política), o parentesco perde muita desta sua importância. A terminologia e a ideologia e, em grande medida, o mecanismo de atribuição da posição social são burocráticos e meritocráticos. Mas a natureza do trabalho exige também que os homens se identifiquem com uma Alta Cultura, isto é, uma cultura letrada, transmitida pela escola. A interiorização dessa cultura, a aceitação das suas expectativas, de que depende a admissão da pessoa no seu seio, constituem a sua identidade, em muito maior medida do que no passado. Em certo sentido, a etnia substituiu o parentesco como principal método de outorga de identidade.

A recente investigação soviética neste campo inclui: Yu. V. Bromley, *Natsionalnye Protsessy v SSSR,* Nauka, 1988; também «Natsionalnye Problemy v Uslovyakh Perestroiki», *Voprosy Istorii,* N. 1, 1989; G. Guseinov, «Ideologia Obschchevo Doma», *Vek XX i Mir,* N. 1, 1989; V. I. Kozlov, «Natsionalnyi Voprosy Kontseptsii i Alternativi», *Sovietska Etnografia,* N.1, 1989; I. Krupnik, «Mnogonatsionalnoe Obshehestvo», *Sovietskaia Etnografia,* N. 1, 1989; V. Tishkov, «Narody i Gosudarstvo», *Kommunist,* 1 (1335), Yanvar, 1989; V. Tishkov, «Vse my luidi Razmyshlenie o etnicheskom samosoznaniu», *Znanie Sila,* 4/1989.

4

A traição do universal

La Trahison des clercs, de Julien Benda(*), é talvez o mais célebre sermão sobre a responsabilidade dos intelectuais. A sua tese articula-se contra um fundo de metafísica platónica e ética universalista acriticamente aceite. Meramente pressuposto, desenha-se um reino de valores que vinculam todos os homens. Os *«clercs»* são criticados por abandonarem esses valores e por se prostituírem a ídolos locais e particularistas.

Como descrição de muitas coisas que se tinham passado nos séculos XIX e XX, é sem dúvida bastante rigoroso. O monoteísmo que durante tanto tempo dominara a Europa era exclusivista e universalista: uma verdade e apenas uma para todos, vinculando todos. Aqueles que dela se desviassem pecavam e aqueles que dela se desviassem por causa de uma lealdade para com ídolos locais e específicos eram traidores à verdade. Os teólogos que codificaram a teoria implícita neste credo fizeram-no, de uma maneira geral, em termos platonistas, mesmo quando acontecia serem nominalistas. A verdade era única, incorruptível e dotada de autoridade porque transcendente.

(*) Publicado em 1928. Ed. brasileira, *A Traição dos Intelectuais*, org. Peixoto Neto, 2007. (*N. da T.*)

A tarefa dos intelectuais letrados era preservar, comunicar e impor a verdade que estava à sua guarda e a que tinham acesso privilegiado. Este acesso era dado pelas Escrituras e por uma Instituição Especial ligada à questão da Revelação; e com a Reforma estes dois métodos de validação entraram em conflito aberto. Mas eram unânimes quanto a pressupor e a proclamar uma única verdade universal e vinculativa. A posição, como é óbvio, diferia do platonismo propriamente dito, por personalizar o Transcendente e por adoptar um modo narrativo quanto à maneira como comunica com o mundo, salientando o papel desempenhado pelo Transcendente não apenas fornecendo uma bitola, mas criando efectivamente o mundo. Contudo, à parte estes pormenores, o cenário, o contraste entre um Outro Normativo imponente e um Aqui e Agora subordinado, são genuinamente platónicos. Criou-se uma tensão entre o Outro Transcendente e Autoritário e o Aqui e Agora terreno, transformando o erudito-clérigo num emissário e agente do Outro na terra([1]).

A Reforma, paradoxalmente, reafirmou a universalidade da mensagem, salientando o acesso simétrico e equitativo à mesma; mas semeou também a fragmentação. A sua insistência no vernacular e na literacia prepararam conjuntamente o terreno ao emprego, e, por fim, à autoridade, das culturas locais ou, por outras palavras, ao nacionalismo. A importância dada à autonomia da interpretação criou as condições de um relativismo por oposição ao universalismo.

O Iluminismo desafiou a verdade Revelada e os seus guardiões institucionais, mas uma vez mais não desafiou efectivamente o idioma metafísico em que tinha sido codificada a fé. Os pregadores do Iluminismo tomaram-no como assente e limitaram-se a elaborar uma contra-doutrina praticamente nos mesmos termos, dotada das

([1]) Ver S. N. Eisenstadt (org.), *Axial Age Civilisations*, Albany: State University of New York, 1986.

mesmas pretensões universalistas(2). Se havia conflito entre posições tipicamente naturalistas e o universalismo radicado num transcendentalismo já obsoleto, não as enfrentavam, ou supunham poder encontrar uma via lógica para os tornar compatíveis. (As funções cognitivas dentro da natureza podiam variar, como todos os órgãos naturais; portanto, porque não uma verdade única para todos os organismos, biológicos ou sociais? Mas presumia-se que a verdade única sobre a natureza havia de prevalecer!) Continuaram a ser os guardiões de uma verdade universal e única, embora o conteúdo da mensagem se tivesse transformado. Com efeito, consideravam-se sobretudo mensageiros de uma Revelação secular mas única e encarregaram-se de ser a voz que a propagandeava.

Foi a reacção romântica ao Iluminismo, aparentemente uma tentativa de regresso a formas de vida mais antigas, anteriores às Luzes, o que na realidade repudiou algo que tanto o Iluminismo como a era teológica tinham em comum: o princípio universalista. Afectividade e especificidade cultural, acompanhadas pela negação da primazia do universal, da Razão cosmopolita, ficaram na moda. Foi o princípio da traição dos letrados, tão ruidosamente denunciada por Benda.

A minha opinião é muito simples: *La Trahison des clercs* foi em si um caso de *«trahison des clercs»*.

Permitam-me que ilustre esta afirmação por meio de um exemplo. Suponhamos, por momentos, que uma teoria naturalista do conhecimento é verdadeira. Afinal, não é uma suposição absurda. Podia até ser considerada uma verdade necessária: um exame racional pressupõe que o mundo constitui um único sistema ordenado, ou seja, uma «natureza». Daí que as criaturas que povoam a natureza não possam eximir-se às suas leis: aquilo que cada uma delas considera «conhecimento» não tem relação

(2) Ver C. L. Becker, *The Heavenly City of the Eighteenth Century Philosophers*, New Haven: Yale University Press, 1952.

possível com algo de eterno e transcendente ao sistema. Tem de ser inevitavelmente um conjunto selectivo, funcional, de ajustamentos entre a sua própria natureza específica e o seu meio circundante variável. O ajustamento só pode ser validado pela sua eficácia funcional, não por se conformar com qualquer Norma universal. Está inelutavelmente ligado a circunstâncias transitórias. A relatividade do ajustamento funcional de cada organismo resulta da incorporação de todos os organismos, por mais diversificados, numa única Natureza.

Por outras palavras, está pressuposta na própria noção de Natureza uma espécie de teoria do conhecimento pragmatista ou funcionalista. A Natureza, por sua vez, pode ser vista como corolário inevitável da ideia de razão. A razão opera simetricamente e de um modo ordenado; donde um sistema ordeiro, sujeito a regras e impessoal; por outras palavras, a Natureza é a sombra que ele projecta no mundo. Portanto, um sistema racionalmente investigado adquire inevitavelmente certas propriedades formais que são projectadas nele pelo próprio estilo da investigação. Daí que não possa ser cognitivamente estratificado: nenhuma parte dele pode constituir uma prova especialmente decisiva e pretender ser um ponto em que a Revelação altera a Natureza e forja os factos banais, dessacralizados. Portanto, nenhuma parte da Natureza pode ser sagrada — literal ou coloquialmente. Neste aspecto, e em alguns outros, a Razão corta o seu próprio pescoço. Renuncia ao estatuto de Revelação Secular para adoptar um estilo qualquer. As suas conclusões impedem a atribuição de um estatuto especial, que, ao mesmo tempo, reclama para si.

Mas o conhecimento cujos critérios de validade são basicamente os do ajustamento, da eficácia pragmática, torna-se assim inelutavelmente relativo. O que funciona para um organismo num dado conjunto de circunstâncias não funciona para outro organismo noutro conjunto. Onde param a verdade universal e o dever universal? Mas o seu repúdio foi consequência da elaboração de implicações de ideias ou ideais — Natureza, Razão — que em si pareciam impecavelmente universais e nada oportunistas. Pareciam eminentemente elegíveis para merecerem a defesa e o apoio de uma guilda de letrados leal, isenta de traições, que se tinha limitado a substituir um objecto natural de reverência por um objecto transcendente, mas que, noutros aspectos, aspirava a continuar Como de Costume.

No seu livro, Julien Benda não oferece uma verdadeira defesa de uma metafísica platónico-universalista dos valores eternos vinculativos. A argumentação, por ironia, é até bastante pragmatista: se os intelectuais não agirem como se essa metafísica tivesse efectiva validade e fosse vinculativa, se não exibirem uma lealdade comprovada para com ela, resultarão consequências sociais desastrosas que, infelizmente, já se manifestam na Europa moderna. Se quiserem provas, diz Benda, apontando a Europa entreguerras, olhem à vossa volta, *circumspice*. Argumento forte e muito persuasivo. Há ideologias políticas mortíferas vergonhosamente defendidas por intelectuais traidores. Infelizmente, o argumento, por acaso, também é *pragmático*. Apela para as consequências práticas de perder ou conservar certas opiniões e não para a sua congruência com a verdade eterna. Vamos assim dar a um paradoxo: aquele que prega contra a traição dos intelectuais comete-a também no seu próprio sermão; ora, quem prega essa traição pode fazê-lo por uma lealdade inflexível aos próprios valores que critica. Precisamente porque respeita a verdade, chega à conclusão de que a verdade é específica, pragmática, variável, ligada a determinadas comunidades ou classes. Se o naturalismo e o pragmatismo são válidos, não deverá o investigador leal da verdade dizê-lo francamente?

Este ponto é fundamental e importante: muitos naturalistas, pragmatistas, românticos, irracionalistas, relativistas, que tão notoriamente abundam na história do pensamento dos séculos XIX e XX, chegaram às suas conclusões dentro de um espírito impecavelmente racional, absolutista, universalista. Foi *porque* foram leais ao velho princípio transcendental da objectividade imparcial que revelaram algo que mina esse mesmo princípio. Como obedeciam às regras do procedimento intelectual, relataram lealmente as suas descobertas. Alguns, como Nietzsche, compreenderam muito bem a ironia da sua situação.

É inteiramente possível chegar à conclusão a que eles chegaram, acabar numa reverência para com o particular, o relativo, o funcional, o instintivo, e atingir esse ponto terminal que não participa de nenhuma destas características. Não só é possível como, no contexto da situação intelectual da época, absolutamente a carácter. Os que pregam *la trahison* não a cometeram; mas os que pregam contra ela, traíram.

Embora a generalidade dos pensadores do Iluminismo não tenha compreendido a tensão entre o seu naturalismo e o seu universalismo, alguns dos pensadores do século XIX tiveram consciência dela. Para compreendermos as suas dificuldades, sejamos advogado do diabo dos naturalistas. O processo pode ser lavrado em pelo menos duas esferas: a da moral e a do conhecimento. Na realidade, trata-se das duas arenas intelectuais mais importantes. Vamos primeiro à moral.

Um pensador pode argumentar do seguinte modo: sabemos hoje que o animal não passa de um animal. As suas propensões instintivas não devem portanto surpreender-nos. E também não podemos deixar de reconhecer que são elas que lhe dão vitalidade, vigor e saúde. Só a satisfação das necessidades do instinto lhe proporciona verdadeira gratificação. Os pensadores puritanos e repressivos fulminaram essas forças obscuras do psiquismo humano e pregaram a autoridade de valores mais elevados e mais puros? Não nos iludamos. Dentro do psiquismo humano, não há forças contrárias às tendências obscuras. Aquilo que devia opor-se-lhes em nome de algo Superior não passa de uma forma desviada, pouco engenhosa, distorcida dessas mesmas tendências ardilosamente camufladas. A Vontade negra voltou-se contra si própria. Não é mais pura do que as mais cândidas expressões da nossa natureza animal. Apenas é mais torturada, distorcida, manhosa, contraditória e patogénica. Com este argumento, as velhas verdades da literatura romântica fundiram-se com os corolários inevitáveis das novas informações sobre a humanidade, fornecidas pela biologia de Darwin.

Qual o interesse de exprobrar um pensador deste tipo estigmatizando a sua doutrina como um caso de traição intelectual? A acusação só terá alguma força se, antes de mais, se tiver provado que o que afirma é falso, o que de modo nenhum é óbvio. Pelo contrário: apenas põe por palavras o que parece implícito na realidade que observa.

Tome-se o caso paralelo da teoria do conhecimento. O pragmatismo americano não tem essas afinidades com a literatura ultra-romântica que caracteriza alguma da mais soturna filosofia europeia do século XIX. É, pelo contrário, sóbrio, educado e perfeitamente *salonfähig*. Pode enunciar-se do seguinte modo: as grandes estruturas cognitivas, elegantes, abstractas, associadas a visões transcendentais, mais não são do que o gozo favorito das almas boas, albergadas numa retórica confortável. Era mais ou menos o que dizia William James, quase pelas mesmas palavras. O conhecimento real, o do desbravador de fronteiras — seja no sentido literal ou no sentido da Fronteira cognitiva — é muito diferente: grosseiro, fragmentário, sujo, experimental, específico, transitório. Nada tem de permanente, muito menos de eterno. O diagnóstico pragmatista da ilusão transcendental é bastante diferente da denúncia da rectidão puritana pelo Deus das Trevas, mas as linhas gerais são as mesmas. O pragmatismo jamesiano puniu os grandes simplismos abstractos em nome das complexas realidades terrenas todas misturadas: uma valorização destas era precisamente o seu grande princípio abstracto! Um pragmatista realmente no activo não eleva o seu pragmatismo a princípio formal: para isso, é preciso um amor sincero à verdade abstracta.

Dei versões simplificadas do discurso nietzscheano sobre moral e do discurso jamesiano sobre o conhecimento. Ora, seria absurdo pretender que quer Friedrich Nietzsche, quer William

James eram servos corruptos de um qualquer sector ou interesse regional, que tivessem traído os valores universais por venalidade ou tibieza. Procuravam inquestionavelmente a verdade; e um deles fazia-o mergulhado em tortura interior. Ansiavam descobrir o que são ou podem ser a moral ou o conhecimento, num universo naturalista. Tiraram as implicações das suas ideias com coragem, inocência e coerência. Se as suas *conclusões* parecem entrar em conflito com o quadro universalista platónico, a sua *prática* obedecia aos seus requisitos. Inspirava-os o mesmo ideal, cuja autoridade minavam. Devemos ser contra tais conclusões? Devemos lançar um interdito contra seguir os ventos de uma corrente de ideias, onde quer que elas levem? Será a proibição de determinado tipo de conclusões, ou de um dado tipo de raciocínio, exemplo do respeito pela verdade? Numa fascinante nota de rodapé em *La Trahison,* Benda quase o reconhece. Observa que, embora as suas opiniões fossem repreensíveis, Nietzsche merecia louvor pela sua *vida,* pela maneira devotada como se entregou às preocupações intelectuais. O próprio Nietzsche dissera algo de semelhante sobre Schopenhauer. A questão não é Nietzsche ter dedicado a essas preocupações todo o seu tempo e energia, mas tê-las encarado com total *integridade* e isso reflectir-se no teor dessas conclusões. Dada a situação intelectual em que de facto vivemos, o paradoxo está em que aqueles que pregam as doutrinas naturalistas, e, portanto, não-universalistas, relativistas, podem ser impelidos a fazê-lo pelo seu apego ao ideal de uma única verdade universal. Infelizmente, a verdade revela-se naturalista. Mas quem lealmente procura a verdade verga-se à lógica e à evidência e não censura as conclusões que a indagação honesta lhe impõe. Quem, pelo contrário, censurar essas doutrinas, exibe desse modo a sua falta de respeito pela verdade. Umas pessoas podem tornar-se subjectivistas e relativistas porque o respeito pela verdade as levou a tais conclusões, outras podem ser absolutistas por oportunismo e pelo desejo de acolher a conclusão confortável, seja ou não seja logicamente sancionada.

O naturalismo não é a única questão em que se levanta este paradoxo. Temos também aquilo a que poderemos chamar o problema de Hamlet. Uma defesa firme e resoluta desses valores eternos que, segundo Benda, eram traídos, requer firmeza de carácter, *convicção*. Mas a ética cognitiva que inspirou a moderna explosão do conhecimento contém pelo menos dois pressupostos incompatíveis com tal firmeza. Exige que o investigador não dote qualquer ideia de maior certeza do que aquela que a realidade permite; exige também, o que é mais significativo, que quaisquer convicções aparentemente correctas e dignas de confiança tenham de ser submetidas ao exame dos seus pontos fracos. Descartes codificou uma prática cognitiva que integrava ideias similares, embora não tenha conseguido conservar a necessária firmeza na sua vida pessoal e tenha resolvido agir no quotidiano como se as dúvidas que levantava na sua actividade teórica não existissem. Mas essa separação entre vida prática e vida teórica, que Descartes tinha esperança que fosse apenas temporária, é muito difícil de manter. A moral moderna, com efeito, respeita mais a dúvida honesta do que a convicção mal fundamentada. Aqui, uma vez mais e por vias diferentes, o respeito pela verdade e ao mesmo tempo pela soberania do que é evidente — não serão estes valores eternos? — conduziu também ao enfraquecimento da fibra e da resolução moral.

Consideremos um problema com este relacionado, que emerge da interdependência de todas as coisas e, em particular, da natureza interligada do mundo moderno. Este problema costuma atingir o intelectual moderno sob a forma — *Assinar ou não assinar?* É frequente apresentarem-lhe protestos contra iniquidades numa parte do mundo distante da que é a sua e pedirem a sua assinatura em apoio da denúncia do escândalo em questão. Como ninguém consegue estar plenamente informado sobre os méritos de casos deste tipo, assinar sem fazer perguntas acabará inevitavelmente por levar apoio a causas indignas ou questionáveis. (Contaram-me que quando o principal torcionário da polícia do falecido Xá caiu com o seu senhor, Bertrand Russell e Jean-Paul Sartre foram induzidos a assinar um protesto a favor do homem.) Por outro lado, rejeitar por princípio o apoio a protestos desses é sancionar injustiças gritantes que, pelo menos em certas ocasiões, um protesto vigoroso pode corrigir. É praticamente impossível formular uma regra geral para este tipo de casos. O nosso mundo é hoje tão interdependente que é impossível especificar os limites da responsabilidade de cada um. Quem é verdadeiramente culpado da traição dos intelectuais, aquele que nunca assina, ou aquele que assina qualquer apelo que se exprima numa terminologia plausível e talvez suplicante?

Considere-se o problema congénere do «realismo político». Imaginemos um regime opressivo, não representativo, que domina determinada sociedade, mas que pode, com alguma justificação, invocar o princípio do Mal Menor. O regime pode declarar-se empenhado em prevenir um mal muito maior que grassa no país — em termos de injustiça e falta de liberdade — compatível com as circunstâncias vigentes. Mas sobre nós — apologistas das pretensões do regime — cairia uma calamidade nacional. Pagamos um certo preço para a evitar, mas fazemos tudo o que estiver ao nosso alcance para manter esse preço reduzido ao mínimo. Um «realista» aceitará os argumentos e cooperará com o regime; um «romântico irresponsável» recusar-se-á a fazê-lo. Impressiona-me o facto de, em certos países, haver uma espécie de espectro de posições políticas tal, que, onde quer que se esteja situado, sente-se que as pessoas de um dos seus lados são irresponsáveis, irrealistas e românticas, enquanto as do outro estão completamente imersas no compromisso.

Mas *se* os românticos irresponsáveis podem associar-se e formar a maioria esmagadora, o seu romantismo irresponsável pode subitamente tornar-se uma opinião realista. O anterior realismo parecerá então traição crassa. Acontece é que, em circunstâncias ambíguas e flutuantes, quem pode ter certezas para dizer qual das caracterizações é correcta? Não podemos saber como vão decidir os outros indivíduos. Uma grande maioria de românticos torna-se uma maioria de realistas. Mas se afinal forem uma minoria, são destruidores irresponsáveis do compromisso com o Mal Menor. Só que muitas vezes, quando decidimos, não sabemos o que os outros escolheram.

O que tenho tentado fundamentalmente provar é infelizmente negativo e sem dúvida óbvio. O quadro em fundo — sociológica, epistemológica e moralmente —, em cujos termos os intelectuais foram de vez em quando vituperados por traírem, é infelizmente inadequado. Ele próprio está em conflito com esses valores. É irresponsavelmente complacente, conformista e preconceituoso. Não ilegítima necessariamente a adopção de teorias do conhecimento ou da moral naturalistas. Não está necessariamente errado mostrar dúvida em vez de convicção. Não está necessariamente mal ser-se pouco claro quanto aos limites das nossas responsabilidades. Nem sempre é errado ser-se realista quanto à situação e fugir ao espírito quixotesco. O próprio reconhecimento destas dificuldades é um dever. A tácita adopção de um modelo que não faça jus à gravidade destas dificuldades é em si uma espécie de traição intelectual. A denúncia ruidosa da traição dos intelectuais, que pretende que a nossa situação seja muito mais clara e desprovida de ambiguidades do que de facto é, constitui uma forma de traição à verdade.

O modelo de situação humana em cujos termos a conduta traiçoeira tem sido caracterizada é simplesmente inadequado. O modelo pode ter estado em tempos mais próximo da realidade, mas hoje anda muito distante dela. Pressupõe, por exemplo, que o agente moral conhece os limites da comunidade pela qual é responsável. Para nós, não é assim: pretender estar ligado a toda a humanidade é presunção e comporta o risco de sacrificar obrigações concretas perto de nós a outras, hipotéticas e distantes. Mas circunscrever apertadamente o bairro moral que habitamos é por igual questionável. Os limites da comunidade a que pertencemos não são dados, nem é dada a sua estrutura: o homem que enfrentava um dilema moral no contexto de determinada estrutura institucional tinha uma tarefa mais fácil do que aquele que admite que as autoridades formalmente, juridicamente legitimadas, podem por vezes ser repreensíveis. Nem a nossa moral nem o nosso ambiente material são livres de dúvidas e de ambiguidades. A ética naturalista, ao pretender dotar os nossos valores de uma base terrena e não transcendental, não é por isso irrepreensível e não pode ser condenada sem mais nem menos. Podemos afirmar que a nossa ética cognitiva é de tal ordem que a dúvida é um dever mais grave do que a fé.

Aqueles que se entregaram alegremente ao que muito a propósito se chamou hipocondria epistemológica transitaram depois, às ocultas ou frontalmente, para um permissivismo sem peias: como tudo é posto em questão, tudo é permitido. Está na moda um certo antinomismo metodológico. Mas nada há de mais distante das minhas intenções. Se subestimo as dificuldades, não é com a intenção da dar a ninguém carta branca cognitiva ou moral. Muito especialmente no campo da informação factual sobre o nosso ambiente social e natural, o famoso condicionamento da nossa visão das coisas pela nossa base de dados tem sido, como a morte de Mark Twain, grosseiramente, levianamente e irresponsavelmente exagerado. Mas o reconhecimento de tudo isto não deve levar-nos a fingir que vivemos num mundo moral ou cognitivamente mais fácil do que na realidade ele é. É isto o que reprovo nas versões fáceis do sermão da «traição dos intelectuais».

Não direi que a traição dos intelectuais nunca foi cometida. O desrespeito deliberado pela verdade no interesse da lealdade a uma doutrina por certo é um caso de traição. Quando Jean-Paul Sartre se recusou a reconhecer ou publicar certos factos sobre o estalinismo por considerar mais importante proteger do desespero um sector da classe operária francesa, cometeu, sem dúvida alguma, a *trahison des clercs*. O que afirmo é que não a cometer é muito, muito mais difícil do que nos quer fazer crer um modelo simplificado da situação do trabalho do intelectual. Vivemos num mundo interligado, onde não há esferas nem áreas isoladas. Arrostar com as consequências é terrivelmente difícil. Não podemos fazer tudo ao mesmo tempo, temos de escolher as nossas prioridades e temos de o fazer com base em campos de observação inadequados. Ignorar as consequências em nome da pureza de princípios pode muitas vezes ser um caso de tibieza e de evasão. Não sei como resolver todo o conjunto dos problemas, mas isso não é razão para fingir que o problema não existe, que o caminho da virtude e da lealdade à verdade é claramente visível e que é a torpeza que nos impede de o seguir.

5

O sagrado e o nacional

Conor Cruise O'Brien[1] é excepcionalmente qualificado para escrever sobre nacionalismo e religião. O seu longo relacionamento com a política da Irlanda e a posição de uma coragem sem par que assumiu sobre a questão do Ulster forneceram-lhe boas oportunidades e motivos de reflexão sobre este assunto. O seu trabalho literário inicial andava próximo da questão de saber como é que a alma moderna sente a religião. O seu múltiplo e intenso convívio com as políticas africanas dera-lhe um conhecimento íntimo, por dentro, de toda uma série de conflitos nacionais e religiosos. As suas reacções não são estereotipadas: no Catanga, opôs-se à secessão de um Ulster congolês, no Biafra aguentou a irrupção de um outro, nigeriano. No Ghana, embora mostrasse mais simpatia por um ditador de pacotilha e pelos seus sicários europeus do que eles mereciam, tomou não obstante uma posição firme pela liberdade e pela integridade académica contra as tentativas do ditador de as subverter. Recentemente, voltou a demonstrar a sua independência em relação à África do Sul. É uma lista impressionante e, dada a sua capacidade de pensamento incisivo

---

(1) Conor Cruise O'Brien (1988), *God Land: Reflections on Religion and Nationalism*. Harvard University Press, Cambridge. Mass.

e prosa elegante, mesmo quando politicamente militante, abordamos o seu livro com grandes expectativas.

Mas apenas em parte essas expectativas são satisfeitas. Trata-se incontestavelmente de um livro interessante, por vezes muito divertido, mas tem os seus defeitos. Conor Cruise O'Brien é não apenas analista do nacionalismo, mas também sua vítima. Não quero com isto dizer que ele tenha de viver no temor de que o IRA decida atacá-lo. (Já o ouviram dizer que não vale a pena tomar precauções porque se eles assim decidirem, nada os impedirá de executar a sua decisão.) O que quero dizer é que ele interiorizou, como de início a maior parte de nós, a ideia chave do nacionalismo, isto é, que a nação, seja ela qual for, é a unidade política natural. Ao contrário de alguns de nós, não se libertou de ter essa ideia por certa. Não viu que se trata de uma condição contingente, historicamente limitada, e não de uma verdade universal evidente. Numa obra anterior, *To Katanga and Back,* deu-nos um belo relato do que é ser-se membro de um grupo não dominante. O contexto deste relato tornou claro que se destinava a explicar a sua posição em África. A personalidade africana (como soa datada esta frase outrora expressiva) pode ser ou não ser moldada por factores semelhantes aos que impendem sobre um menino irlandês numa escola inglesa. Mas o tipo de experiência torna-nos efectivamente sensíveis ao significado dos sentimentos nacionalistas.

Não obstante, alguns de nós, embora não abandonássemos um sentido da importância do problema que permaneceu incólume, conseguimos libertar-nos da metafísica social do nacionalismo — a ideia de que a nacionalidade é, dada a própria natureza das coisas, a base da ordem política. Este pressuposto invade o nosso mundo de tal maneira, que a maior parte das pessoas o adopta, sem perceber que se trata na realidade de algo de contencioso. Tomam-no por tão óbvio e pacífico como vulgar prosápia. Devo a Elie Kedourie ter descoberto que eu próprio não passava de prosápia e que há mais formas de discurso além da prosa, apesar de estar em total desacordo com ele quanto à natureza da explicação do facto que ele correctamente vê como contingente. No entanto, ao tratar do problema, Conor Cruise O'Brien e Kedourie pertencem, num sentido muito geral, ao mesmo campo. Ambos procuram a resposta na história das ideias. E a semelhança fica por aí, embora esta semelhança em geral seja muito importante. Kedourie situa a origem do nacionalismo no alto pensamento da Europa ao virar do século XVIII para o século XIX, ao passo que O'Brien vai muito mais atrás, atribuindo grande importância à antiga Israel.

Há, infelizmente, um toque de autismo intelectual no pensamento de O'Brien. O nome de Kedourie não aparece no índice, não há reacção às suas ideias. Na verdade, todos os participantes no que podemos chamar o debate da London School of Economics — Kedourie, Minogue, Anthony Smith, Percy Cohen, eu próprio — são ignorados. E o mesmo destino sofrem outros que deram os contributos nesta matéria, tais como Tom Nairn, Eric Hobsbawm, Michael Hechter, Peter Sugar, Benedict Anderson, Karl Deutsch, Walker Connor, Paul Brass, H. Kohn, J. Brouilly, J. Armstrong e outros. Antropólogos que escreveram sobre ela, como E. Wolf, J. Cole, Peter Loizos, Chris Hann, Abner Cohen, Catherine Verdery ou Frederik Barth são igualmente ignorados. Hugh Seton-Watson é mencionado uma vez, mas só como motivo de chacota, por sugerir que os Ingleses não sabem o que é o nacionalismo. O'Brien pensa, evidentemente, que pode desfiar a meada do nacionalismo quase sem ajuda. É também um tanto estranho encontrar uma análise do papel da religião numa sociedade sem menção dos nomes de Max Weber ou Émile Durkheim. Se O'Brien tivesse prestado atenção a este último pensador, teria pelo menos deparado com a ideia de que a sacralização religiosa do social é a própria essência da religião: daí que o que realmente distingue o mundo moderno não seja uma nova intrusão, especialmente destrutiva, do sagrado, mas o facto de ele aparecer ligado a um novo tipo de objecto social. Teria sido no entanto possível evitar o principal defeito da análise se O'Brien tivesse atentado na tese negativa de Kedourie: os problemas da coesão social e o do nacionalismo *não* são idênticos.

O erro crucial de O'Brien não é algo que seja necessário desenterrar penosamente de entre as suas convicções subjacentes. É claramente enunciado para que todos ouçam:

> Parece ser impossível conceber uma sociedade organizada sem nacionalismo, até sem nacionalismo sagrado, uma vez que todo o nacionalismo que não consiga inspirar reverência é incapaz de ser uma força de coesão eficaz, (p. 40)

Com efeito, o que O'Brien declara inconcebível não só é perfeitamente concebível como constitui a situação política normal da maior parte da humanidade. Sem sacralidade, o poder político pode resistir ou não resistir: isso não é evidente. Mas a maioria das comunidades sociais e políticas que têm existido ao longo da história humana, dotadas de «força de coesão» bastante para sobreviverem durante um período de tempo significativo, *não* se basearam no princípio nacionalista, fosse ele sagrado ou secular. cidades-estados, segmentos tribais, comunidades participativas de todos os tipos, eram geralmente muito *mais pequenas* do que a totalidade dos membros da mesma cultura, ou do que podemos chamar uma «nação». Ao mesmo tempo, havia também muitas unidades *maiores,* estados dinásticos e impérios, cujos vínculos iam geralmente além dos limites do que chamamos nação. Os governantes dessas unidades não se preocupavam em saber se as suas fronteiras iam além dos chamados limites etnográficos ou sequer se os alcançavam. Estavam interessados nos tributos e no potencial de trabalho dos seus súbditos, não na sua cultura. Foi só nos tempos modernos que esta congruência entre os limites políticos e culturais se tornou tema de interesse premente e que, em consequência, uma política sem nacionalismo se tornou praticamente inconcebível. O que temos é que explicar porque é que se chegou a este estado de coisas, em vez de o projectar retrospectivamente sobre toda a humanidade. A egrégia generalização que O'Brien faz de toda a situação que nos distingue paralisa a análise nela baseada. Preocupado com a interessante questão de saber quanta sacralidade é necessária para haver coesão social, parte do princípio de que o nacionalismo é também preciso para esse fim, o que não é o caso.

Como O'Brien junta duas coisas intrinsecamente distintas (embora na realidade se encontrem juntas *no nosso tempo,* por razões que estão por explorar), enuncia mal o seu próprio problema. O que está efectivamente em análise é saber porque é que certos sentimentos dos membros de uma unidade política ficam, por assim dizer, sobre-sacralizados, sobreaquecidos, virulentos e perigosos. Uma boa pergunta. Mas não é a mesma pergunta que ele pensa estar também a considerar, ou seja: quais as motivações do nacionalismo? Porque é que as pessoas, *às vezes,* dão a sua lealdade apenas a unidades definidas por uma cultura comum, ou seja, a unidades *nacionais*? Porque é que a identificação e a lealdade habitam, em certas condições, apenas as colectividades que se assemelham a uma «nação» moderna, isto é, grandes conjuntos anónimos de indivíduos culturalmente homogéneos?

Ao tratar duas questões diferentes com a impressão de serem apenas uma, O'Brien acaba por tropeçar numa selva conceptual que ele próprio plantou. As duas questões são bem distintas e interpenetram-se, dando origem a quatro possibilidades: algumas unidades não-nacionais são frias e outras sobreaquecidas e algumas unidades nacionais são frias e outras sobreaquecidas. O'Brien não chega a ser bem claro quanto a declarar se se ocupa do sobreaquecimento ou do nacionalismo, ou apenas do nacionalismo sobreaquecido. A confusão gera uma análise intrincada e insegura.

Este erro não tem nada que ver com a questão de saber se O'Brien está correcto na resposta que dá à pergunta que realmente (no essencial) formula: se, porquê e em que medida a sacralização e o excesso emocional são realmente necessários para uma adequada coesão social. A sua resposta é que provavelmente são, mas que o que é bom também pode ser a mais. Evidentemente,

O'Brien tem esperança de que as sociedades tenham de bom o suficiente, mas não em demasia, para não se entregarem a excessos.

Pela minha parte, agrada-me ser agnóstico quanto a esta matéria. O'Brien pode bem ter razão em que certa medida de identificação mística e afectiva seja indispensável, ou pode não ter. Não me é claro que as sociedades não possam também basear-se no medo, na inércia, no egoísmo racional ou noutros princípios. Mas é pelo menos possível que a identificação afectiva irracional seja, a longo prazo, indispensável. No entanto, mesmo que assim seja, não resulta daí (nem é esse o caso) que o objecto bafejado por esse afecto obscuro e meio louco tenha sempre que ser um conjunto anónimo de pessoas que partilham a mesma cultura, ou, por outras palavras, uma nação em sentido moderno. Muitas vezes, as pessoas ligam-se muito eficazmente com base na sacralização de relações e lealdades concretas, específicas e nada anónimas que não conseguem estender-se até aos limites da cultura local ou penetrar nela. No passado, era a estrutura social e não a cultura o que mantinha a sociedade coesa; mas hoje isso mudou. Esse é o segredo do nacionalismo: o novo papel da cultura na sociedade industrial e industrializada.

Contudo, vamos ajudar O'Brien reformulando a questão, por forma a que corresponda ao problema que ele efectivamente trata e não ao problema que ele pensa tratar. A questão passa então a ser: já que os homens têm de sacralizar um pouco as suas estruturas políticas se quiserem manter-se unidos, como é que por vezes cometem excessos e acabam por fazer tanto mal uns aos outros?

O'Brien começa a tratar este problema como uma questão intrincada. Declarando corrigir uma recente enciclopédia de pensamento político que não é nomeada (p. 1), afirma, surpreendentemente, que o nacionalismo-ideologia se encontra hoje ultrapassado por uma ideologia internacionalista e positivamente antinacionalista, a saber, o marxismo-leninismo. É bem verdade que o marxismo é formalmente a doutrina oficial e a religião de

Estado numa extensa parte do globo. Contudo, actualmente, nem governantes nem súbditos desses estados têm grande fé nele ou o levam muito a sério. É extremamente difícil encontrar marxistas nas sociedades marxistas, embora seja possível encontrar alguns nas que não são marxistas. Os governantes e cidadãos dos países marxistas continuam a trazer o marxismo na ponta da língua, por uma boa razão. O complexo de instituições e de afirmação ritual que os acompanham e que o marxismo engendrou num tempo em que ainda era levado a sério — isto é, uma era de estagnação atrás — são as únicas barreiras ao caos político. Este caos seria provocado, acima de tudo, pela força genuína do nacionalismo. Desejando evitar esse caos, agarram-se à única linguagem e conjunto de instituições que têm. Agora, não lhes passaria pela cabeça optar pelo marxismo se pudessem voltar ao ponto de partida, mas não podem. Têm de aguentar a situação o melhor que puderem, com as ferramentas rituais e institucionais que por acaso tiverem à mão.

É precisamente este tipo de motivação pragmática que me torna céptico quanto ao argumento de O'Brien, que a sociedade não funciona com considerações prudentes, sem o auxílio da sacralização. Parece que o costume e a fria prudência é que põem as sociedades a funcionar. No entanto, não quero ser dogmático nesta matéria: pode vir a verificar-se que O'Brien tenha razão neste ponto se se provar que não se pode erigir um novo conjunto de instituições sem uma nova fé. Veremos. Mas, de momento, por exemplo, o actual chefe da URSS deixa bem claro que está interessado na perpetuação de um governo leninista de partido único, não por acreditar que seja a solução única e universalmente válida, mas porque a situação histórica contingente que se criou não permite outra coisa. *Tak istoricheski sluchilos* (é esta a história). Ouvi com muito atenção os discursos de Gorbachev na televisão soviética e é para mim bastante evidente que esta é a mensagem que ele tenta transmitir. O leninismo talvez nunca tenha sido tão sumariamente rejeitado. O leninismo um tanto curioso de

Gorbachev é pragmático e ligado a determinadas circunstâncias específicas. Pretende utilizar um partido monopolista de vanguarda disciplinado para operar uma transformação que esse mesmo partido tivera originalmente a missão de evitar, em circunstâncias em que essa transformação é ameaçada, sobretudo, pelo nacionalismo. Descrever esta situação como o eclipse da ideologia nacionalista por uma ideologia internacionalista marxista parece-me bizarro.

Como não conseguiu fazer uma distinção que tem de ser feita (entre a sacralização e a nacionalização da política), O'Brien tenta fazer uma distinção que não pode ser feita: entre nacionalismo como ideologia e nacionalismo como sentimento. (É isto que lhe permite fazer essa declaração assombrosa, de que o nacionalismo como ideologia se desvanece, o que o fortalece como sentimento.) Mas o nacionalismo não é uma sensação informe, flutuante, inespecífica, sem objectivo, uma espécie de fugaz *Angst* sem nome. O seu objecto, como de costume, é muito agudamente definido como o amor por certas categorias de pessoas e o ódio por outras. Este elemento cognitivo, a determinação do objecto do sentir, invade o sentimento, faz parte dele e constitui o seu núcleo «ideológico». E de modo algum se eclipsou. Deus acuda a quem não tiver a cara, a cor ou o sotaque certos no meio de uma multidão possuída pela histeria nacionalista.

Há em toda esta embrulhada um elemento de verdade. O facto é que o nacionalismo, enquanto *teoria* intelectual elaborada, não é muito promovido, nem é de alta qualidade, nem tem qualquer importância histórica. A rigorosa delimitação do objecto do sentimento nacionalista não é obra de uma teoria formal, não é criada pela acumulação histórica de premissas que apontem em certo sentido, mas, pelo contrário, por situações sociais muito terra-a-terra. É por esta razão que sou alérgico a uma abordagem do nacionalismo a partir da história das ideias (que partilham O'Brien e Kedourie, apesar de todas as diferenças no modo como cada um a aplica). Dada a evidente consciência que O'Brien tem do eclipse deste aspecto doutrinário do nacionalismo, é ainda mais difícil entender porque adopta uma estratégia geral que busca as raízes do nacionalismo no desenvolvimento intelectual da humanidade.

Mas, embora os factores sociais sejam enunciados numa espécie de misturada, é esta abordagem intelectualista que dá à tese o seu esqueleto. No princípio era o Verbo. «Enquanto força emocional colectiva da nossa cultura, o nacionalismo tem a sua entrada em cena com um impacto explosivo, na Bíblia dos hebreus» (p. 2). A sacralização política iniciou-se quando a própria divindade se ligou e um território e a um povo específicos. O cristianismo dissolveu esses vínculos ao revogar as fronteiras em redor do povo eleito e ao voltar as costas à política literalmente territorial. O'Brien repete a piada do delegado saudita às Nações Unidas, observando que o Deus do Novo Testamento, ao contrário do Deus do Velho, não se interessa pelo imobiliário. Mas este levantar voo para os céus inverte-se uma vez mais quando o cristianismo é adoptado pelo Império Romano.

> Assim, a pátria romana junta-se à Terra Prometida dos Judeus e funde-a com o céu. (p. 13)

A história subsequente, tal como contada por O'Brien, é demasiado complexa para se resumir, mas a ideia central é que a reterrenalização da religião, iniciada pelos Romanos, é levada mais longe pela Reforma. Por um lado, os protestantes levam mais a sério o Velho Testamento e assim a divindade regressou à sua anterior vocação imobiliária. Por outro, qualquer nação que se tenha colocado firmemente de um lado ou do outro da grande divisória religiosa passou a seguir por uma forte injecção de sentimentos religiosos em sentimentos étnicos e vice-versa, o que, naturalmente, conduz O'Brien ao nacionalismo moderno e à intrusão da paixão religiosa na política, que identifica com ela. Claro que é inteiramente convincente quando fala do nacionalismo irlandês:

> A ideologia nacionalista irlandesa, o republicanismo irlandês... por baixo de uma cobertura pseudo-secular cada vez mais artificial, é nacionalista católico irlandês sagrado. (p. 39)

Acrescento apenas que a minha leitura do material nacionalista irlandês me sugere que a verborreia é muitas vezes não apenas secular como também marxista. Mas é na verdade pura verborreia. Isso dificilmente permite afirmar que o internacionalismo marxista «eclipsa» o nacionalismo. O'Brien tem uma percepção muito mais clara das realidades ideológicas abaixo da superfície quando se trata da Irlanda do que quando se ocupa da URSS. Totalmente convincente sobre a Irlanda, interessante mas dado a paradoxos quanto à França, Inglaterra, América e África, não convém tomá-lo a sério quando fala da União Soviética.

É a partir daqui que O'Brien clarifica a sua posição sobre nacionalismo e religião. A religião/nacionalismo é indispensável à coesão social:

> A racionalidade, o egoísmo e o pragmatismo continuarão a manter-vos coesos ou irão vocês rebentar assim que perderem o vínculo comum da religião nacional? A minha opinião é que vão rebentar. (p. 41)

O «vocês» da citação é o seu público americano.

Mas o que é demais cansa. O'Brien constrói uma interessante escala de nacionalismos: nação eleita (mas susceptível de receber ordem de despejo divina); nação sagrada (eleita, mas com território); e nação divinizada. As duas primeiras, pelo menos, estão sob escrutínio divino, embora no segundo caso a divindade se tenha privado de sanções. Na terceira versão, a nação deifica-se e escapa a todas as limitações. Torna-se a bandeira representativa de toda a santidade. O'Brien tem algumas coisas interessantes a dizer sobre as recentes oscilações da agulha que indica a localização dos EUA ao longo deste espectro. (Mas é estranho ver alguém que estuda a americanização da religião e a sacralização da América omitir a referência à obra de W. Herberg.)

Pensa também que a Revolução Americana foi sobretudo um movimento protestante. Pinta os colonos mais aborrecidos com o namoro entre Jorge III e os seus súbditos católicos canadianos recentemente adquiridos do que com as suas pretensões absolutistas. O papismo perturbava-os mais do que Fisco sem Representatividade. Esta tese leva-o para algumas dificuldades inconfessadas quando se trata de examinar a aliança franco-espanhola dos colonos e outras acomodações. Mas, embora com origens protestantes, o nacionalismo americano foi-se tornando mais ecumenicamente cristão graças aos esforços do cardeal Spellman, do senador McCarthy e de John F. Kennedy:

> O mccarthysmo foi um motor para a promoção social dos católicos na América, em particular para a promoção dos católicos irlandeses. McCarthy, secundado por Spellman, transmitiu a milhões de americanos não católicos anticomunistas uma ideia nova, que os católicos merecem uma confiança especial como raça de anticomunistas particularmente duros... Pessoalmente, estou convencido de que, sem a cruzada de Joe McCarthy nos anos cinquenta, John F. Kennedy podia não ter sido eleito em 1960. (p. 36)

Em suma, o livro contém uma análise interessante da questão de saber em que medida a política administrativa deve ser também religiosa, e se deve sê-lo, condenada que está a ser *em qualquer caso* nacional.

Uma das muitas passagens em que isto se torna evidente é aquela em que na realidade se faz de Espinosa um proto-sionista. Espinosa, diz O'Brien (p. 49), «anda muito perto de afirmar a identidade entre o nacionalismo e a verdadeira religião», até parece que estaria pronto a dançar a *horah* num *kibbutz*. Mas os documentos aduzidos não sugerem nada do género. Mostram que

Espinosa seguia uma teoria política hobbesiana. Sem Estado, tudo o resto se esvai. Mas não é isso que torna o Estado *nacional*. A verdade é que Espinosa, e depois dele o Iluminismo, tendo decretado que só há um mundo, deixa de poder venerar o Outro. Daí para a frente, o dever, a identidade e a lealdade têm de ter bases mundanas. Isso significa que os homens só podem sacralizar este mundo, ou sacralizar dentro deste mundo, se quiserem mesmo sacralizar. (Vimos que O'Brien está convencido, talvez com alguma pena, de que têm de sacralizar.) Mas inferir disto que devemos sacralizar a *nação* é uma conclusão que só colhe se partirmos do princípio de que dentro deste mundo não há outro candidato político. Ora isso é uma restrição abusiva e ilegítima do leque de candidatos. O'Brien admite que, em teoria, a humanidade inteira pode constituir um objecto de veneração alternativo. A seguir, caindo em contradição, não só rejeita esta opção por esta abstracção descorada ser pouco atraente como observa que, seja como for, também se cometeram coisas terríveis em seu nome. Pode uma tentação ser ao mesmo tempo débil mas suficientemente poderosa para seduzir os homens a cometerem atrocidades medonhas?

Mas permanece a questão fundamental. O argumento-por--eliminação que sugere que, uma vez dessacralizadas as divindades e os reis, as nações devem herdar esta aura, simplesmente não funciona. Há outras opções. O verdadeiro problema da compreensão do nacionalismo é: porque é que, das muitas coisas que se encontram neste mundo, que no passado tanta devoção e lealdade atraíram, são precisamente as vastas, anónimas categorias de pessoas-com-uma-cultura-comum que captam a maior parte do afecto político disponível? Uma argumentação por suposta eliminação manifesta serve como desvio fácil, sem valor, relativamente à tarefa central, que é resolver o problema do nacionalismo.

O'Brien defronta também um problema metodológico. É difícil ver como o argumento por eliminação, relativamente simplista, que faz das nações legatários residuais do sagrado depois de os deuses terem desaparecido, é compatível com a via complexa, para não dizer tortuosa, que permite afirmar que chegámos à era do nacionalismo. Qualquer dos dois argumentos, o complexo e o simples, parece remeter para um outro, ocioso: se em todo o caso não temos opção, para quê preocuparmo-nos com os atalhos obscuros de velhas teologias que podem ser o que nos levou aonde estamos? Ou se, por outro lado, chegámos na realidade ao presente impasse por tão tortuoso caminho, então há-de seguramente ter havido muitas esquinas por virar, vias que nos levariam a um sítio diferente se tivéssemos seguido por elas, de forma que as nossas opções teriam sido muito mais numerosas. Acontece que eu acredito que a abordagem pela Via Tortuosa é intrinsecamente um erro. O argumento por eliminação, muito simplesmente, está errado.

Esta dificuldade metodológica vem na realidade pousar no capítulo final, embora seja mencionada muito mais cedo (p. 8). Nas passagens finais, O'Brien garante aos americanos, com toda a razão, que os revolucionários do Terceiro Mundo são primeiro nacionalistas e só em segundo (quando muito) marxistas. (Ignora o livro recente de Roman Szporluk sobre marxismo e nacionalismo, que defende, a meu ver com razão, que os marxistas sabem isto há muito tempo.) Mas como pode o nacionalismo estar tão difundido e no entanto radicar na tradição abraanista? Como emergiu ele em sociedades não penetradas pelo Velho Testamento? Esta difusão incendiária é ainda mais estranha do que a doutrina difusionista de Kedourie, que diz que o nacionalismo é um vírus concebido na mente de Kant e de uns quantos outros pensadores que depois infecta as massas em todo o mundo com uma velocidade e efeitos catastróficos.

O'Brien dá por este problema bastante cedo, mas tenta sacudi-lo, primeiro sugerindo que outros autores deviam explorar as raízes do nacionalismo nas suas terras e acrescentando depois que o nacionalismo é, no entanto, bastante forte entre nós. (Era noutro país e, além disso, o papão morreu.) Mas assim o surto simultâneo do nacionalismo noutros países, devido a causas ainda por explicar, torna-se uma coincidência espantosa. O resultado muito específico de uma evolução longa e muito complicada que se estende desde o Velho Testamento até hoje surge também como o produto final de outras evoluções muito diferentes e quase ao mesmo tempo. Tão notável convergência de vias, aliás distintas e independentes, exige demasiado da nossa credulidade.

Na parte final do livro, há também deslizes mais específicos, algo surpreendentes numa pessoa tão profundamente envolvida na África. Os Somalis são acusados de reverem as fronteiras africanas à luz de «factores tribais» (p. 79). O tribalismo é de facto importante na política *interna* somali (embora oficialmente proscrito e negado, em gritante desafio aos factos); mas quando toca à questão das fronteiras *externas* da Somália, os Somalis têm tantas razões para serem tratados como nação, e não como tribo, como qualquer Estado-nação europeu. Aqui, O'Brien parece descer à prática da «metonímia», em que se chama tribalismo aos nacionalismos dos outros.

Os factores-chave que contribuíram para a vigorosa cristalização do nacionalismo somali são precisamente aqueles que O'Brien destaca na sua análise do papel da Reforma na génese do nacionalismo europeu: uma fronteira cultural é confirmada e exacerbada pela sobreposição de uma fronteira religiosa. Os Somalis são os representantes do Islão no Corno de África, em oposição a cristãos e pagãos, de forma que fé e etnia se reforçam mutuamente. O'Brien faz também uma afirmação estranha: que os Somalis avançam reivindicações territoriais contra o Sudão na esperança de reintegrarem compatriotas situados neste país. Na verdade, não há população somali em nenhum ponto do Sudão e os Somalis não fazem tal reivindicação. As cinco estrelas na bandeira somali representam territórios em Djibuti, Ogaden, Quénia, mais as duas Somalilândias coloniais (britânica e italiana), mas não qualquer parte do Sudão, como afirma O'Brien. Há outro erro estranho e mais geral (p. 72):

> O nacionalismo soviético — nacionalismo multinacional — tem tido muito mais sucesso do que geralmente se admite... Na prática, culminou no nacionalismo soviético, que combinou com êxito nacionalismos culturalmente diferenciados com um nacionalismo político arrasador. O que é importante no marxismo para este sistema não é ser tido por universalmente válido, mas ser a religião nacional da União Soviética.

Experimentem dizer isto a alguém em Tallin, Riga, Vilnius, Erevan, Tbilissi, Baku ou Sochi. Já em 1987, quando foram feitas estas palestras, era uma coisa muito estranha de se dizer e é claro que agora já se sabe que é um absurdo. O marxismo é, na verdade, a doutrina e a linguagem oficiais da União Soviética (nisso O'Brien tem razão), mas já não é uma religião com o potencial sacralizante exigido na argumentação. É mais uma instituição, de certo modo semelhante ao anglicanismo. O'Brien ri-se de Seton-Watson por este dizer que os Ingleses estão inocentes de nacionalismo. Mas note-se que, segundo a própria argumentação de O'Brien, deviam até ser incapazes de nacionalismo. A sua igreja nacional não sacraliza a sua nacionalidade. Um inglês não tem de ser anglicano e os anglicanos não têm de ser ingleses. O'Brien, que chama à monarquia inglesa uma «esquizofrenia teológica», sabe tudo isto. Era costume dizer-se que a igreja nacional sacraliza o Partido Conservador, mas, recentemente, esse vínculo tornou-se muito ténue, para não dizer mais. A sacralização foi efectivamente tentada pelos extremistas, como refere O'Brien, mas a missão da igreja oficial foi precisamente mitigar esse extremismo, combater o «entusiasmo». Tal como a monarquia é valorizada sobretudo por impedir a sacralização da política operacional, assim a igreja será valorizada por impedir a sacralização de outra coisa qualquer.

Na URSS, o marxismo está agora como que anglicanizado. É preservado, tanto quanto o é, não em virtude de qualquer propensão para o venerar — falta «entusiasmo» — mas por ser a única barreira disponível contra a explosão de nacionalismos específicos (incluindo o da Grande Rússia). Acho difícil chamar a isto um eclipse da ideologia do nacionalismo por uma ideologia marxista. A diferença é que, ao passo que os anglicanos tiveram durante muito tempo extremistas à sua esquerda com que se preocupar, o PCUS (B) não os tem, pelo menos nessa direcção. Enquanto a *zastoi* anglicana foi sendo perturbada por inconformistas e metodistas, nunca apareceu nenhum John Wesley *sovietski* a interferir no longo sonho do período Brejnev. Tudo podia ter sido diferente se a *perestroika* tivesse começado durante o degelo kruchtchevista, quando ainda havia alguma fé. Agora é tarde. Os poucos velhos crentes que restam sentem desgosto por esta oportunidade perdida. Não os deixaram seguir a via justa então e agora já não são capazes. Quanto à existência do tal nacionalismo soviético arrasador... recusa-se decididamente a existir e a ser sacralizado, a despeito de todos os esforços. Há alguns *internacionalistas* que gostariam de que existisse, de modo a diminuir os conflitos, mas isso é outra questão.

Tudo isto mostra que o problema do nacionalismo não é a intrusão do sagrado no político (simplesmente pressuposto como intrinsecamente étnico), mas o da tendência para a sacralização e ênfase das nações *no mundo moderno*. Atraem a sacralização, e outros objectos políticos, reais ou potenciais, não. A ideia de que o problema surge da intrusão política excessiva do sagrado enquanto tal, mas que não suscita preocupações especiais, é evidentemente natural num contexto irlandês. Pode bem ser verdade na Irlanda: a *Gaeltacht* por si só não causaria problemas, tal como não causa na Escócia. Sem uma diferenciação religiosa sacralizada, não há verdadeira fronteira cultural na Irlanda. Mas não se pode generalizar esta situação ao mundo inteiro.

6

Um pólo não-nacionalista

O derradeiro livro de Bronislav Malinowski, escrito no início dos anos 40, pouco tempo antes da sua morte, *Freedom and Civilisation,* consistia nas reflexões do principal antropólogo da época sobre o mundo em guerra e as perspectivas de um cenário para o pós-guerra. A notoriedade do autor bastaria por si só para que o livro atraísse de certo modo a nossa atenção, mas seria possível suspeitar que a sua importância não iria além disso. Tais reflexões políticas não estão agora tristemente datadas? Poder-se-á dizer que Malinowski tinha bons instintos liberais, para os padrões da época, mas essa época já lá vai há muito.

Nesse tempo, ainda não se faziam sentir os ventos de mudança que entretanto varreram muito do que para ele era ponto assente. Sem dúvida que se preocupava muito com a cultura e o bem-estar dos nativos, mas de um modo paternalista que não chegava a desafiar os pressupostos de base do sistema colonial. Embora retendo o princípio de que os povos coloniais deviam ser governados de cima — ainda que governados à luz da compreensão e da utilização das suas instituições próprias —, o seu pensamento parecia também enfermar de um idealismo à moda da Liga das Nações, ainda mais datado. Um académico sonhador à mistura com um conservador: teria ele realmente alguma coisa a ensinar-nos? Não deveríamos tratar o livro simplesmente como reflexões de um homem sobre um assunto em que o seu particular génio não brilhara, interessante como exemplo das suas opiniões pessoais, mas sem contribuir para o avanço das ideias?

Esta reacção poderia ser natural, mas seria também errada. As ideias de Malinowski neste campo, longe de constituírem apenas um conjunto de noções ligeiramente avançadas para o seu tempo mas inoportunas para o nosso, na realidade representam, ou exprimem, uma alternativa verdadeiramente radical ao modo como as coisas se processaram. O pensamento político sistematizado neste último livro e que se encontra disseminado por toda a sua obra constitui um excelente ponto de partida para a exploração desta alternativa. Além disso, é agora possível, graças às investigações realizadas por académicos polacos sobre a juventude de Malinowski, compreender as raízes da sua visão da turbulência intelectual e política em Cracóvia e Zakopane, no virar do século. Estas descobertas estão finalmente disponíveis em Inglês (com o título *Malinowski Between Two Worlds,* Cambridge, Cambridge University Press) e é nelas que se baseiam os comentários contidos neste ensaio.

Talvez devamos começar pelo tema da descolonização. A partir de 1945, a descolonização política do mundo passou a ser em grande medida uma realidade. Os impérios ultramarinos descontínuos tornaram-se de todo politicamente inaceitáveis e foram quase por completo desmantelados. Há duas razões para tal. Em primeiro lugar, as próprias nações coloniais começaram a sentir-se culpadas de colonialismo e uma parte significativa dos seus cidadãos ansiosos pelo desmantelamento dos impérios. Em segundo lugar, a Guerra Fria entre os blocos e o impasse nuclear determinaram que os grandes conflitos internacionais fossem disputados por procuração. As colónias abertamente dominadas, especialmente quando territorialmente desligadas do centro de poder, constituem um desastroso ponto fraco para um Estado que aspire conservá-las.

Apoiados pelos inimigos da potência em questão, os movimentos de libertação conseguem impor uma tensão intolerável sobre os recursos e o moral de uma potência colonial com aspirações à persistência. Não vale a pena afirmar a relativa importância da boa vontade desculpabilizada, do temor e do egoísmo tensos no abandono do império. Ambas desempenharam o seu papel e em proporções que, sem dúvida, variaram de caso para caso.

A intuição moral anticolonialista pode formular-se em duas proposições: (1) a desigualdade entre colonizador e colonizado é moralmente intolerável; (2) logo, o colonizado deve ser descolonizado, adquirir a independência política, por forma a tornar-se semelhante ao colonizador, e o mais depressa possível. Os anticolonialistas não fizeram a distinção entre estes dois aspectos. Em geral, consideram-nos um só ou pensam que o segundo decorre, óbvia e inevitavelmente, do primeiro. *Não decorre.* São duas ideias completa mente independentes. É possível afirmar a primeira sem de modo algum adoptar a segunda. Na realidade, era este o cerne da posição de Malinowski: além do mais, tem os seus méritos e direito a, no mínimo dos mínimos, elaboração, quando não aquiescência.

É possível repudiar a desigualdade entre colonizado e colonizador com paixão sem se sentir qualquer necessidade de descolonizar. A simetria moral — embora isso pareça não ter ocorrido a muita gente — pode com igual eficácia ser garantida pelo oposto: colonizar os colonos em vez de descolonizar os colonizados. Aos colonizados nunca se devia ter dado a independência, os colonizadores é que deviam ter ficado sem ela. Não é lógico, mas tem imensa substância.

O argumento contra a descolonização é que africanos, asiáticos e oceânicos que estavam a ser descolonizados não estavam preparados para se governarem sozinhos. É esse incontestavelmente o argumento. Estão tão pouco preparados como os polacos, os ingleses e todos os outros. Nenhuma nação está preparada para se governar. No geral, o que fazem as nações que se governam a si próprias? Combatem-se mutuamente, oprimem as suas próprias minorias e impedem — quando não pior — a livre expressão da sua cultura. Além disso, numa porção muito significativa de casos, as nações só se governam no sentido em que não são governadas por membros de uma outra nação. Mas isso não as salva de ditadores surgidos no seio da sua própria gente.

O passo seguinte da argumentação exige que se defina o que quer dizer governo. Porque foi a governação instituída entre os homens? Quais são as funções dos governos? Qualquer menino da escola em Cracóvia conhece a resposta, embora, por estranho que pareça, muitos professores de ciências políticas do Ocidente não a saibam bem. Os principais papéis a desempenhar pelos governos são: (1) impedir que as nações se guerreiem; (2) proteger as culturas nacionais, pois só elas podem dar significado e riqueza à vida; (3) proteger as nações dos russos. Os governos, às vezes, fazem também outras coisas, mas, em geral, isso é um erro. Contudo, estas três funções realmente essenciais eram na sua totalidade bastante bem desempenhadas pelo Império Habsburgo, pelo qual Malinowski sentia uma indisfarçada admiração e afecto. Muitos outros, em Cracóvia e noutros lugares, acabaram por sentir o mesmo: antes Francisco José do que José, por assim dizer.

Chegamos aqui ao cerne do seu pensamento político, onde encontramos uma tripla equação, em parte implícita mas omnipresente e dominante: Império Habsburgo = Liga das Nações = autoridade indirecta. O primeiro termo da equação foi na verdade explicitamente afirmado por Malinowski. O segundo entende-se se considerarmos a natureza da autoridade indirecta tal como se praticava no princípio do século, em Cracóvia ou em Kano. Costuma pensar-se que se trata do uso de instituições indígenas pelo poder colonial com vista a uma maior eficácia e à diminuição de agressões e despesas. Mas não é esta a sua essência. O que efectivamente conferiu à autoridade indirecta os atractivos que incontestavelmente teve para muitos dos que a ela estiveram ligados foi o facto de satisfazer os requisitos básicos dos dirigentes coloniais: poderem reservar para si certos poderes cruciais preservando ao mesmo tempo uma boa porção da cultura indígena. A autoridade indirecta preserva as danças, as cerimónias, a música e a poesia — quer em sentido directo quer na estrutura das relações interpessoais — que configuraram a cultura local. A autoridade directa, pelo contrário, corrói-a e oblitera-a.

Malinowski não era tolo e não tinha a ilusão de pensar que a autoridade colonial indirecta preservava realmente as instituições e características culturais sob a sua forma original. O mero facto de serem usadas para um novo fim havia de as transformar inevitavelmente. Mas esta mudança cultural garantia pelo menos a perpetuação de uma cultura distinta como coisa vital e operante e não como um espécime de museu.

A ideia de cultura é central à antropologia de Malinowski, que vê os homens não à maneira dos economistas, como prossecutores de objectivos atomizados mediante determinados meios, mas como criaturas que encontram a sua plenitude e satisfação em viverem, dançarem, uma cultura. Malinowski foi um nacionalista cultural não só pela nação a que pertencia mas por todas as nações. Mas não era um nacionalista político e declaradamente não seguia Hegel, supondo que as nações só encontram a sua plenitude e maturidade quando possuem um Estado próprio. Cumprem-se como nações graças à sua cultura, não ao seu Estado, sem o qual passam muito bem. Possuí-lo apenas as faz incorrer em tentações a que geralmente sucumbem.

Não se esperaria que um antropólogo cometesse a asneira de supor que só os grupos dotados de Estado possuem uma cultura rica, intrincada e gratificante. Mas como poderá uma cultura encontrar a protecção e o sustentáculo político necessários sem o Estado? Resposta: pela autoridade indirecta. É precisamente isso a autoridade indirecta: autonomia cultural sem independência política. E qual será o poder que exerce esta autoridade indirecta? Resposta: uma Liga das Nações com dentes. Sabemos que é possível: sabemos que é possível dotar as nações das condições de uma plena expressão cultural sem que ao mesmo tempo se lhes permita inibirem a expressão de outras e combatê-las. Sabemos isto ou pelo menos Malinowski sabia-o porque foi isso precisamente o que fez o Império Habsburgo. A famosa observação, que era uma prisão de nações, é um disparate: foi um infantário de nações.

Claro que há sítios que se prestam melhor à autoridade indirecta do que outros. O norte da Nigéria, por exemplo, prestava-se muito bem e continuou a praticá-la mesmo depois da Independência. Esta espécie de super-Liga ao estilo Habsburgo, uma vez instalada e generalizada, havia de funcionar também excelentemente na Inglaterra. O comissário para a Liga, talvez um arquiduque Habsburgo menor, operaria discretamente a partir de um secretariado discreto mas funcional, localizado num edifício de um subúrbio anónimo de Londres, por exemplo, Neasden. Encomendava-se o projecto do edifício a um arquitecto da tradição Bauhaus. Por outro lado, todas as actividades rituais e simbólicas continuariam sediadas no palácio de Buckingham. Assim, os Ingleses seriam emocionalmente poupados a qualquer exteriorização visível, quanto mais ostensiva, da sua diminuta soberania.

Todas as instituições cujo único ou principal papel é manter e servir a cultura nacional — o British Council, o National Trust, a Igreja Anglicana e por aí fora — funcionariam como anteriormente, raras vezes ou nunca estorvadas pelo comissário/arquiduque, situado a distância adequada e dotado de tacto. A vida ritual e simbólica tornar-se-ia muito mais activa, não menos; a efervescência cultural serviria para mais do que compensar a diminuição de independência política e seus sinais simbólicos, tais como uma taxa de inflação independente. Talvez se pudesse aspirar a um florescimento literário comparável ao da Polónia ou da Irlanda pré-independência ou da Checoslováquia pós-independência. Noutros lugares, por exemplo, na Polónia, o adiantado estado de erosão das instituições ancestrais poderia exigir uma autoridade mais directa ou a invenção de novas instituições, com a sua garantia de antiguidade. Nada disto constituiria problema.

Esta perspectiva, inspirada numa conjugação dos melhores elementos dos governos Habsburgo e colonial, tem os seus atractivos e as suas fraquezas. A protecção universal da autonomia cultural a par das restrições políticas impostas por um centro benévolo são claramente atraentes numa era como a nossa, que sofre do mal oposto — independência política misturada com uma terrível estandardização cultural. Alguns dos problemas que a rodeiam são práticos: de onde viria esse superpoder central, a nova Liga, e onde iria buscar a sua legitimidade moral e um poder coercivo eficaz que teria de funcionar adequadamente? Não tenho resposta para esta pergunta e suponho que Malinowski também não a tinha.

Há ainda um problema teórico: Malinowski viu a plenitude dos homens nas suas diferentes culturas mas teve também que enfrentar e explicar o facto de algumas culturas serem autoritárias, não participativas e destruidoras de outras. E teve dificuldade em justificá-lo com lógica. Se se opta por valores com base num apelo à cultura e ao seu papel na vida humana, é difícil explicar também ao mesmo tempo as tradições más como frutos de uma cultura má. Se a cultura enquanto tal é uma coisa boa, a principal condição da plenitude humana, não se percebe como é que pode haver culturas boas e más. As propostas políticas de Malinowski eram no entanto coerentes com a sua perspectiva antropológica. Na sua antropologia, não se recusava a afirmar a ocorrência da evolução, mas recusava-se a aceitar a sua importância: a explicação das instituições deve ser feita nos termos da sua função sincrónica, não do lugar que ocupam na sequência da evolução. O seu lugar na sequência evolucionária nada explica e também nada justifica. Assim, a sua política assemelhava-se à sua metodologia. Mas diferia profundamente dos evolucionistas, para os quais a distinção entre culturas boas e más está íntima e essencialmente ligada à localização de uma cultura na escada da evolução. Arrumavam as culturas pelo seu «nível» e ligavam tanto a validação como a explicação às sequências evolutivas. Malinowski não fazia uma coisa nem a outra: via bom e mau nas primeiras e primitivas assim como via bom e mau nas mais recentes e complexas. O escalonamento evolutivo não estava numa coisa nem na outra. Embora possa ter sido um tanto cripto-conservador ao desejar que toda a gente sem excepção ficasse submetida a autoridade indirecta, era inteiramente isento da fútil ligação eurocêntrica entre a virtude moral e política e a evolução que grassava no século XIX e que era concebida como se culminasse em nós.

A imagem de um mundo totalmente colonizado em vez de um mundo totalmente descolonizado, em que todas as culturas fossem livres de se exprimir e protegidas mas nenhuma dotada de poder político independente e destruidor, é atraente. Pode não ser exequível ou não o ser ainda. Se alguma vez houver um governo mundial, deverá certamente assumir esta forma. Pensar nas suas condições e consequências não nos deve fazer mal; e Malinowski já começara a fazê-lo nos anos 40.

7

O Kemalismo

A Turquia encerra uma chamada especial de atenção a quem quer que se debruce sobre o futuro das sociedades liberais, sobre o desenvolvimento económico ou sobre o Islão. Situa-se, por assim dizer, na intersecção destas três grandes questões. Todos estes tópicos despertam há muito tempo o meu interesse e, portanto, seria inevitável para mim pensar a Turquia, a despeito de me faltar o saber verdadeiramente especializado.

Difundiu-se no Ocidente a ideia de que há poucas democracias liberais na Ásia e na África e de que as perspectivas da sua emergência ou sobrevivência são escassas. No entanto, há na Ásia três importantes estados — o Japão, a Índia e a Turquia — que continuam a personificar algumas das características fundamentais tão do apreço dos liberais do Ocidente: constitucionalismo e verdadeiras eleições. A sua existência compensa de certo modo o pessimismo inspirado pelo fundamentalismo socialista (que recentemente baixou de tom) na China e pelo fundamentalismo muçulmano do Irão.

Neste trio de anseios liberais destaca-se a Turquia, por duas razões. Paradoxalmente, o governo constitucional eleito tanto é intermitente como está profundamente enraizado. Em segundo lugar, a Turquia nunca foi colonizada ou ocupada. O constitucionalismo indiano, embora nunca interrompido por uma autoridade militar ou ideocrática, pode atribuir-se às instituições legadas pelo Raj britânico. No Japão, a democracia pode explicar-se pela ocupação americana, embora talvez reforçada pelo subsequente milagre económico. A Turquia, pelo contrário, pode afirmar que a sua opção pelas ideias políticas modernas deve nada a uma imposição estrangeira e tudo a um desenvolvimento endógeno. A Turquia escolheu o seu destino, foi ela que atingiu a modernidade política, não lhe foi imposta.

O facto de o governo constitucional eleito ser periodicamente interrompido — somos tentados a dizer pontuado — por golpes militares pode interpretar-se, de um ponto de vista liberal, tanto a uma luz favorável como a uma luz desfavorável. Significa, evidentemente, que a democracia liberal não teve um percurso fácil. Mas significa também que o empenho no governo constitucional é suficientemente profundo para garantir que este acabe por ser reposto. É um costume antigo e venerado noutros países para que um qualquer coronel ou general que tome o poder salvar a nação, anunciar que o faz apenas como medida de emergência temporária: a ordem civil será reposta na primeira oportunidade. O mais ardente desejo do coronel ou do general é entregar de novo o poder e regressar ao quartel. A simpática excentricidade dos militares turcos parece ser cumprirem o que dizem. Em devido tempo, põem efectivamente o prometido em prática sem necessidade do estímulo de uma derrota militar. Há uma velha piada, de Mark Twain, suponho, que diz que deixar de fumar é fácil: ele já o fizera muitas vezes. A classe militar turca pode dizer que pode demonstrar o seu grande apego à democracia: tem-na reposto muitas vezes. Há quem só pronuncie uma vez a abolição da democracia, o exército turco fá-lo repetidamente.

Por mais jocoso que este argumento pareça, possui alguma força, pelo menos para um observador superficial como eu. O primeiro paradoxo turco é que a tradição kemalista engloba um profundo apego à ocidentalização, uma ocidentalização concebida em termos oitocentistas. Pretende-se que inclua os valores e instituições que à época se cria terem em si o segredo do poder económico e militar do Ocidente. No entanto, o guardião e garante decisivo desses valores, firmemente determinado a entrar em cena sempre que eles estejam sob grave ameaça, é uma instituição que, pela sua função, tradição e estilo, poucas afinidades electivas tem com eles: *o exército*. Os Turcos são dezembristas de sucesso e a sublevação dezembrista tornou-se uma instituição permanente.

Uma outra característica importante da via turca para a modernização é que a sua ideologia não está orquestrada com pormenor excessivo. Fosse qual fosse a influência que Durkheim ou qualquer outro pensador ocidental possa ter tido sobre a *intelligentsia* turca, não há uma *Sunna* da modernidade altamente articulada. Este facto distingue claramente a Turquia de outros países que se modernizaram «sob a bandeira do marxismo». Há certas semelhanças com o Brasil, com o seu positivismo militar paternalista e leviano. Portanto, o apego à modernidade pode ser profundo sem estar rigidamente atado a uma doutrina elaborada e restritiva. Há sem dúvida um corpo de *hadith* kemalista, mas não é suficientemente específico para pressupor demasiadas opções na via turca para o desenvolvimento.

Tem-se a impressão de que o compromisso turco pela modernização da política e da sociedade tem, ou teve inicialmente, características otomanas e corânicas. A nova fé, tal como a antiga, está ligada ao Estado, constitui a sua legitimação e é em si por sua vez justificada pela força que confere ao Estado. O Estado mantém-se um tanto afastado da sociedade, não tanto, ao que parece, por influência de Adam Smith e dos seus seguidores, mas por uma espécie de recuperação do Círculo da Equidade: o Estado existe para ser forte, manter a ordem, promover o bem e eliminar o mal, não para se imiscuir na produção. A *raya* existe para produzir o suficiente para manter o Estado dentro do estilo a que estiver acostumado e para obedecer. Como salientou Paul Stirling, nas primeiras décadas da sua existência a república kemalista transformou os níveis superiores da sociedade, o Estado e as instituições intelectuais ou ideológicas superiores, mas não tocou na grande massa do campesinato([1]). Só mais tarde o crescimento urbano e a migração para as cidades levou a que as grandes mudanças envolvessem também o resto da população.

Lembro-me bem da minha primeira visita à Turquia, que ocorreu durante os anos 60. Fui convidado, o que de certo modo me surpreendeu, para uma conferência organizada por uma associação de ciência política e dedicada ao tema da religião e do seu papel sociopolítico. A especificação do tema geral feita antes da conferência era abstracta e anódina: a religião é uma instituição social importante e impõe-se compreendermos o seu impacto social, informava a papelada. O resumo programático da conferência era algo mais longo e de tom mais académico, mas a ideia era essa. Ninguém poderia discordar das suas afirmações inócuas ou aprender muito com elas. Quando cheguei à conferência, porém, vi que as preocupações dos seus participantes turcos se definiam com muito mais rigor e aprendi muito com eles. As suas preocupações podiam também resumir-se com brevidade e vigorosamente: como havemos de impedir o campesinato anatólio e a pequena burguesia das cidades de votar no partido, ou em qualquer partido que prefira jogar a cartada religiosa? Era esse o problema.

Era evidente que a elite turca enfrentava um dilema interessante. . A herança kemalista de uma ocidentalização firme incluía a democracia e o secularismo. O silogismo subjacente fora: o Ocidente é secular e democrático. O Ocidente é forte. Temos de ser fortes. Por isso temos de ser seculares e democratas. Temos de ser democráticos para sermos fortes (pois o Ocidente democrático é forte). Portanto, o portador e garante da força nacional, o exército, tem também de velar pelos pressupostos da força. Se esses pressupostos contiverem elementos contrários a uma

([1]) Paul Stirling, «Social change and social control in republican Turkey», in *Turkiye Is Bankasi. Papers and Discussions: International Symposium on Ataturk* (1981), 1982.

organização militar e hierárquica, o exército, à sua maneira leal e disciplinada, aplicá-los-á na mesma.

Até aqui, tudo bem. Mas o que acontece se se descobrir que não se pode, pelo menos neste país em particular, ser não só secular como democrático? O que acontece se, assim que se fazem verdadeiras eleições, uma porção excessiva do eleitorado votar pelo partido que apela à religião? E se depois esse partido, vitorioso, puser em perigo a herança kemalista? O que fazer então? Se a democracia secular for abolida pelo voto, o que fazer?

Evidentemente, aqueles que forjaram a tradição não previram bem este problema e não chegaram a preparar uma boa resposta para ele. Não há uma solução teórica boa, embora alguns intelectuais estejam obviamente a tentar elaborá-la. Mas encontrou-se uma espécie de solução na prática política. Referi qual era mas talvez, na minha ignorância dos pormenores e dos matizes, a tenha simplificado e adulterado.

No essencial, esta solução pareceu-me cifrar-se no seguinte: temos de ter eleições livres. Se o resultado for contra nós e der a vitória eleitoral a oportunistas religiosos ou aos que pretendem servir-se deles, aceitaremos com lealdade o veredicto. Pelo menos temporariamente. Mas se os vencedores forem demasiado longe, o exército, como guardião da *Sunna* kemalista, avança e enforca o principal traidor da Tradição. O nosso respeito pela tradição manter-se-á firme e, passado algum tempo, voltaremos a instaurar a ordem civil, eleições e essas coisas. Se a situação anterior se repetir, teremos de repetir também a nossa intervenção. Que ninguém tenha dúvidas a esse respeito. Há um monumento ao exército em Ancara que tem a forma de uma gigantesca baioneta erecta. Se bem li o seu simbolismo, diz muito claramente: se a *raya* e/ou os seus representantes eleitos forem demasiado longe, entramos em cena e sabem muito bem o que faremos. Também o faremos se extremistas, da religião ou do esquerdismo, ou de ambas as coisas, passarem os limites. Já o fizemos antes e fá-lo-emos de novo. Ficam avisados. Somos os Guardiões da Tradição.

A consequência parece ser uma nova versão da política cíclica, embora algo diferente da velha e famosa teoria de Ibn Kaldun. Sempre que um recuo popular em relação à Tradição passa dos limites permissíveis, os guardiões da tradição nacional impõem de novo, de cima, uma purificação kemalista. Como ambos os protagonistas desta situação são talvez levados por um impulso interior para continuarem a agir de modo costumeiro, não deve haver razões para que este pêndulo não continue a oscilar para sempre. A conferência em que pude fazer estas observações, sem dúvida superficiais, teve lugar há tanto tempo que alguns dos *ansar* do Ataturk ainda eram vivos e estavam presentes. Deles e dos que os rodeavam era possível obter uma impressão do clima moral da primeira geração de Jovens Turcos. A discussão voltou-se para um anúncio de jornal, publicado por um grupo de proeminentes intelectuais pouco depois de um dos golpes militares. O anúncio explicava porque é que os signatários tinha considerado o golpe necessário e legítimo. Uma pessoa que fazia uma comunicação à conferência observou que a declaração era uma espécie de *fatwa* kemalista. Outra pessoa apressou-se a criticar o comentário fervorosamente, salientando que não se tratava de uma verdadeira *fatwa* porque... Esqueci as verdadeiras razões que levavam a que não preenchesse plenamente os requisitos de uma verdadeira *fatwa,* mas as razões eram numerosas, precisas e formuladas com eloquência e formalismo jurídicos. Quem levantava estas objecções era obviamente mais do que um mero *alim* do kemalismo, sendo também um *alim* propriamente dito: estava perfeitamente à altura de fornecer um relatório completo, pormenorizado, exaustivo e fiável da teologia e da jurisprudência relevantes para a noção de *fatwa.* O episódio ilustrou e confirmou uma coisa de que eu tinha começado a suspeitar: o espírito em que se formulava e defendia o kemalismo era, pelo menos na primeira geração, uma espécie de perpetuação do Grande Islão. O espírito projectava-se sobre uma doutrina nova. O conteúdo era novo, mas a forma e o espírito não.

Depois da conferência fomos levados numa excursão ao campo. Foi agradável descobrir o melancólico encanto do planalto e das montanhas da Anatólia. De um ponto de vista de iniciação política, o ponto alto da viagem consistiu na visita a um clube educativo numa vila (esqueci-me do nome desses centros, mas li mais tarde um artigo sobre eles de um turcologista israelita[2]). Tivemos uma longa conversa com o homem trabalhador e dedicado que dirigia esse centro. Era um missionário convicto da fé secular progressista entre os pagãos da Anatólia. Homem obviamente dedicado, não faltava aos seus deveres, houvesse o que houvesse e por maior que fosse a falta de estímulo. Mas a sua experiência em geral entristecia-o visivelmente muito e o que o mantinha no exercício da profissão era uma firmeza interior, não o sucesso ou os estímulos exteriores. Por mais convincente e lúcido que fosse, o Iluminismo que levava até aos aldeãos não tinha qualquer eco nos seus corações e era pequeno o impacto a título permanente. Ouviam, mas, mal tivessem meia oportunidade, voltavam ao *hajj*. Sem dúvida muitos missionários anteriores, por exemplo, puristas muçulmanos que se esforçavam por arrancar os rústicos aos seus santuários locais, terão sentido o mesmo.

Tudo isso há uma geração. Os *ansar* de Kemal já não estão entre nós. O mais recente golpe foi espoletado por uma situação que foi além da mera reencenação do derrube de Menderes: a justificação crucial foi não tanto a suspeita de traição à herança kemalista, mas a incapacidade de um governo civil em conter uma assustadora escalada de violência das extremas esquerda e direita. Lembro-me de ir a passear em Ancara no dia do funeral do assassinado, o n.º 2 do direitista Coronel Turkes: a tensão era palpável e omnipresente. Era necessária uma presença militar em massa para a conter.

(2) Ehud Houminer, «The People's House in Turkey», *Asian and African Studies*, Anuário da Sociedade Oriental de Israel, vol. 1, 1965, Jerusalem, p. 80.

Seria presunçoso uma pessoa de fora dogmatizar sobre o que aconteceu. Mas fiquei impressionado com uma explicação psicológica proposta por Serif Mardin e uma outra, estrutural, de Paul Stirling. Serif fez-me notar que antigamente todo o turco continha duas almas, um «macho latino» e um sufi. O kemalismo fez todos os possíveis por destruir o sufi e agora tem de lidar com o macho entregue a si próprio. Paul Stirling salientou o facto de o kemalismo ter inicialmente transformado apenas as camadas superiores da sociedade e das organizações políticas, deixando intactos quatro quintos da sociedade. Quando as transformações económicas e a emigração romperam este vasto resíduo, não havia uma forma organizativa pronta para o receber. A visita a um *gecekonde* com Paul como guia e intérprete e uma longa e elucidativa conversa com o patrono local tornou esta situação visível e concreta. O patrono conservara os seus vínculos com a aldeia natal, mas talhara uma bela posição na cidade. Esta posição dependia inevitavelmente de uma dupla capacidade: ligar-se à rede de protecção e apoio acima dele e saber controlar a sua clientela local. Dava a impressão de ser um homem de grande habilidade política e de grande moderação, alguém que não empregaria desnecessariamente a violência mas que, se necessário, teria a resolução e a energia suficientes para a usar.

Impressionou-me também o facto de a geração seguinte de intelectuais já não adoptar o kemalismo dentro do espírito *ulama*. Pelo contrário, tinham-no interiorizado numa versão muito mais frouxa e maleável. A primeira geração conhecera e absorvera o Islão propriamente dito e provavelmente teve de se debater com ele no seu próprio íntimo, ou pelo menos teve de se precaver contra ele. Não tinham outro equipamento espiritual e tiveram de o usar e de o voltar contra si próprio. Haviam travado a luta interior com a ajuda da única arma que possuíam: uma mentalidade moldada numa escolástica fundamentalista, rígida, sem compromissos.

Os membros do batalhão moral seguinte, em contrapartida, ao reflectirem sobre o conflito endémico entre a fé moderna e a tradição popular, estavam mais ansiosos por encontrar um compromisso e desse modo escapar à tensão que se agravava. Erarn fisicamente capazes de o fazer. O argumento subjacente encontra-se num artigo de Nur Yalman([3]), Reza mais ou menos como segue: o secularismo kemalista inspirava-se numa familiaridade exclusiva com, e no repúdio do isento Grande Islão do *establishment* religioso central, segundo o pressuposto de ser *isso* o Islão. Era sem dúvida desejável repudiar essa forma. Mas é um erro pensar que equivale a *todo* o Islão. É apenas uma sua versão especial. Não deveremos pôr antes os olhos no Islão mais humano, terra-a-terra, mais terreno, embora menos ortodoxo, das aldeias da Anatólia? Olhemos o povo. Não encontraremos aí uma fé mais flexível e aberta e um conjunto de valores compatível com as novas aspirações seculares, mais perto das verdadeiras tradições e talvez capaz de dar a uma nova sociedade um apoio valioso? A obra de Serif Mardin sobre o movimento semi-moderno, semi-sufi do revivalismo anatólio leva na realidade este argumento um passo mais longe: não haverá um grande potencial de harmonia externa e interna, de adaptação ao mundo novo nas tendências espirituais indígenas e endógenas do Islão popular e dos seus chefes espirituais?

Se algo existe nesta demanda, talvez possa emergir uma nova síntese que satisfaça ambas as necessidades. No relato de Serif Mardin, um exemplo pode ser o movimento Nurci, que tem as suas raízes no misticismo popular anatólio, mas foi elaborado por um pensador consciente do desafio da modernidade e desejoso de integrar as suas lições. A obra de David Shankland, até agora em grande medida por publicar, sobre o Alevi anatólio e as suas ligações ao kemalismo, vem em apoio desta tese. Outrora, os russos, vacilando entre populismo e marxismo, perguntaram ansiosamente se a Rússia poderia acompanhar o capitalismo e ir

---

([3]) Nur Yalman, «Islamic Reform and the Mystic Tradition in Eastern Turkey», in *European Journal of Sociology*, vol. 10, 1969, n.º 1, p. 41. Ver também Serif Mardin: *Religion and Social Change in Modern Turkey: The Case of Bediüzmán Said Nursi*. Albany: SUNY, 1989.

a direito da comuna aldeã para o socialismo. Do mesmo modo, esta tendência intelectual parece exprimir a aspiração de ir a direito do santuário rural para uma religiosidade tranquila, moderna, iluminada, que ultrapasse a fase de fundamentalismo puritano escrituralista a que os iranianos e grande parte do mundo árabe parecem ter-se entregado. Se tal viesse a acontecer, a via turca para a modernidade ideológica seria na realidade bem original. Há também o facto de, em certa medida, a Turquia ser o reflexo das «pequenas nações» da Europa Oriental. No seu caso, como os camponeses partilham mais ou menos a mesma cultura, têm de se tornar uma nação adquirindo a sua própria *Alta* Cultura, Estado e elite. Na Turquia, uma elite militar-administrativa preexistente, bem habituada a ter e a governar o seu próprio Estado, teve de adquirir a sua base popular e quase contingentemente descarregou sobre o campesinato anatólio. Assim levou esse campesinato, não exactamente de livre vontade, para a zona europeia em que a modernidade é nacionalista e não para o Médio Oriente, onde é fundamentalista.

Mas talvez tudo venha a revelar-se mais prosaico. Investigações recentes levadas a cabo por Richard e Nancy Tapper numa próspera cidadezinha do Oeste da Anatólia levam-nos a pensar na possível emergência de uma Média Turquia, por analogia com a Média América, onde a respeitabilidade e a normalidade encontram a sua expressão numa desabusada mistura de republicanismo kemalista e islamismo urbano, fundindo as identidades turca e muçulmana numa teia aparentemente contínua de símbolos e sentimentos, como outrora estiveram fundidas as identidades otomana e islâmica. Ser um bom cidadão e um bom muçulmano são coisas que podem voltar a andar juntas(4).

(4) Nancy Tapper e Richard Tapper, «The Birth of the Prophet: Ritual and Gender in Turkish Islam», *Man*, vol. 22, n.º 1, Março de 1987 e «Thank God we are Secular!: Aspects of Fundamentalism in a Turkish Town», in L. Caplan (org.), *Studies in Religious Fundamentalism*, Londres, 1987.

O Império Otomano foi excepcional no mundo muçulmano por ter escapado, pelo menos nas suas zonas centrais e passados os seus inícios, a essas duas características notórias do mundo de Ibn Kaldun: a base tribal da organização e a fragilidade do Estado. Ali havia uma elite recrutada individualmente, não tribalmente, colectivamente, associada a uma versão muito desenvolvida do sistema de administração fragmentário. Uma classe dirigente do tipo dos mamelucos dominava um conjunto de comunidades religiosas com administração autónoma, mas coercivamente fracas. As duas coisas talvez andassem ligadas: o sistema fragmentado era mais óbvio nas partes eficazmente governadas do império e muito menos na periferia marginal, onde sobrevivia o mundo de Ibn Kaldun.

A via turca para a modernidade parece singularmente original. A ideologia modernizadora concentrou-se no secularismo e no Estado e esteve relativamente isenta de compromissos rígidos com doutrinas económicas e sociais. Os sucessores dos detentores de *timar* saíram-se reconhecidamente menos bem, no ponto de vista económico, do que os últimos samurais. Terá isso acontecido por uma classe feudal hereditária ter um melhor sentido da gestão económica do que uma categoria de prebendários destituíveis, nomeados pelo centro(5)?

A via turca para a modernidade evitou também um nacionalismo enfaticamente ético quando, logo antes da aventura de Enver Paxá, voltou as costas ao panturanianismo. Essas características vieram a revelar-se uma grande vantagem em comparação com, por exemplo, sociedades que se modernizaram em nome do marxismo (para não falar daquelas cuja reafirmação se faz em nome do fundamentalismo muçulmano). A ideologia formal do marxismo — contrariamente à sua imagem popular — é absurdamente

(5) Ver, por exemplo, L. Metin Kunt, The Sultan's Servants, Nova Iorque, 1983, ou Huri Islamoglu-Inan, *The Ottoman Empire and the World-Economy*, Cambridge, Paris, 1987.

ultraliberal, na verdade anarquista, na sua visão a longo prazo da política e da economia. Considera uma economia auto-regulada e um Estado verdadeiramente em vias de desaparecimento, indo assim estranhamente mais longe do que os princípios da doutrina do *laissez-faire* dos liberais. Os liberais querem pouco Estado, os marxistas recomendam e antecipam, em teoria, a ausência deste. A visão pessimista e brutal que os marxistas têm da vida política aplica-se apenas a sociedades de classes e para um prazo relativamente curto e não se destina a ser aplicada à ordem que ainda não chegou.

Só na sua praxis o marxismo se torna autoritário. As realidades do desenvolvimento económico e da gestão de uma sociedade industrial avançada revelaram-se incompatíveis com tais aspirações ultraliberais. Portanto, são as pressões concretas e talvez as tradições locais, e não a doutrina, o que impele as sociedades marxistas para um centralismo extremo, rígido e ineficaz. Quando este centralismo se revela um íncubo atrofiante, não há instrumentos conceptuais para o enfrentar. Portanto, o problema agrava-se seriamente com a falta de um sistema de ideias dentro da doutrina que seja capaz de o resolver. Como teoricamente se supõe que estes problemas nunca se porão, não há linguagem interna à ideologia em que articulá-los. Os ideólogos do movimento foram então obrigados a fazer batota para injectarem algumas noções na sua análise. E isto, como é óbvio, é precisamente o que tentam fazer hoje em todo o mundo socialista. O kemalismo, graças à sua relativa falta de espessura doutrinária, tem a sorte de não enfrentar este problema. As cláusulas nele inscritas — secularismo político e constitucionalismo — são salutares, mas não excessivamente específicas. Noutras questões, não é exactamente inspirado, mas também não se cala. É capaz de desenvolvimento pragmático sem ter de ficar preso a uma trela doutrinária.

É assim que relaciono a experiência turca com aquelas que são as minhas preocupações teóricas persistentes. Só posso reconhecer que não sou um perito nestas reflexões algo amadorísticas, pelo que aqui estão as minhas desculpas.

8

Iluminismo contra Fé

Dois factos de relevo tiveram lugar no século XX: a natureza física revelou a maior parte dos seus segredos e tornou-se claramente manifesto, contrariando a fé vibrante que muitos até então albergavam, que o mundo social não tinha nada do género para revelar.

A natureza física é agora a nossa escrava humilde e desprezada. Quase nada temos a temer dela, embora tenhamos tudo a temer dos efeitos da manipulação socialmente descontrolada e talvez incontrolável que dela fazemos. Mas no que toca à compreensão das leis do desenvolvimento social, são poucos ou nenhuns os progressos verificados. Pelo contrário, testemunhámos o colapso total da mais elaborada, mais bem orquestrada teoria da sociedade, nascida no século XIX, uma teoria que se tinha tornado também religião de Estado e objecto de fé parcial ou total para uma enorme secção da humanidade.

A morte dramática do marxismo é talvez um acontecimento tão importante como o triunfo da física. Donde a vida de Andrei Sakharov ser talvez a vida de uma era: esteve profunda e intimamente envolvido nesses dois acontecimentos maiores. Viveu o triunfo da física e a catástrofe do marxismo. Mais do que qualquer outro indivíduo, contribuiu para acabar com o monopólio nuclear, estabelecendo assim o equilíbrio do poder — ou do terror —, que é o facto estratégico fundamental da segunda metade do século. Contribuiu para forjar os meios de destruição que regem a distribuição do poder no nosso mundo. Foi também ele, talvez mais do que qualquer outro indivíduo (quando muito, haverá dois outros capazes de com ele rivalizar) quem ajudou a romper o *statu quo* ideológico interno da nossa sociedade. Por isso, contribuiu também para desmantelar o equilíbrio intelectual do poder que durante tanto tempo definira o mundo que habitamos.

Que espécie de homem era este e como chegou ele a fazer o que fez? O homem que emerge destas memórias é extraordinariamente atraente. Se dividirmos os Russos em apolíneos e dionisíacos, os Turguenieves e os Tchekoves de um lado, os Dostoievskis e os Tólstois de outro, não ficam dúvidas sobre a qual dos lados pertence. Perante o seu destino, o que é espantoso é a pouca quantidade de turbulência, angústia, dúvida e ressentimento que entraram no seu espírito, não obstante o terrível tratamento que acabou por sofrer, e quanto nele havia de moderação, optimismo, confiança e harmonia.

O seu alinhamento de base quanto à questão que assombrou os Russos surge muito claramente no livro, quando evoca o tempo em que o levavam à igreja, em criança. Recorda a disposição radiante da minha mãe e avó ao regressarem da igreja depois da comunhão. Mas não posso esquecer os andrajos sujos dos mendigos de igreja profissionais, as velhas meio loucas, a opressão, toda a atmosfera de Bizâncio, da Rússia anterior a Pedro, *o Grande*; e a minha imaginação retrai-se de horror ao ver o barbarismo, as mentiras e a hipocrisia do passado transportados para o nosso tempo.

A Bizâncio que tão apaixonada e inequivocamente repudia é um termo de código para algo de muito mais lato do que um mero estilo litúrgico. No parágrafo seguinte continua a qualificar este desabafo e salienta que há muito a admirar entre «os que são sinceramente religiosos» de um qualquer credo: alguns dos seus melhores amigos são religiosos, por assim dizer. Mas não precisa de dizer que também se encontram pessoas boas entre os adeptos do Iluminismo. O seu alinhamento, o seu repúdio da Rússia anterior a Pedro, é óbvio. O contraste com a grande maioria que se opõe, que prefere a Rússia de antes à Rússia de depois de Pedro e que se opõe ao bolchevismo não por divergir do Ocidente, mas por ser ocidental, não podia ser mais claro.

O pai de Sakharov era também físico e um escritor de sucesso de livros de divulgação da física e, facto que não deixa de ser significativo, propôs e praticou valores mais tarde perpetuados pelo seu filho:

> O meu pai tinha uma frase favorita que exprimia a sua ideia de harmonia e sabedoria: «Um sentido da moderação é o maior dom dos deuses.» Aplicava-a... a todos os aspectos da vida... era a favor de uma abordagem ordeira, sistematizada... da política — o meu pai diria que o que mais falta aos bolcheviques é equilíbrio.

Sakharov prossegue dizendo que estes pontos de vista tiveram sobre ele uma enorme influência, mas que um fermento, um conflito interior, fez da moderação «uma coisa que só me era possível atingir com grande esforço». A impressão geral que o livro deixa não se limita à de que este esforço foi bem-sucedido; é também a de que os obstáculos íntimos não foram tão temíveis como ele pensara. Goza de certo modo com o leitor ao salientar a sua «aversão à autoflagelação e à busca da alma»: o livro, diz ele, é «de memórias, não é uma confissão». Por aqui se vê que houve muito tormento íntimo que ficou de fora.

À luz do conteúdo do livro, eu diria que — e isto em nada diminui o seu triunfo, bem pelo contrário — a despeito das espantosas transformações que teve de sofrer, elas foram mais inspiradas pelas suas confiança e continuidade íntimas do que por uma crise interior. O rapaz repelido pela Rússia anterior a Pedro foi o pai do homem que acabou por se revoltar contra a Bizâncio estalinista e brejnevista e chegou a esse posicionamento sem cataclismos interiores. Se tal serenidade não passa de uma máscara — e conto que a questão venha a ser muito discutida —, é, porém, para mim, muito convincente. Há uma espécie de *bluff duplo* e não, apresso-me a acrescentar, uma perfídia deliberada. Parafraseando Groucho Marx, sinto-me tentado a afirmar que Sakharov *parece* sereno, mas não se deixem enganar! Ele *é* sereno.

Aos dez anos, foi fisicamente intimidado por um grupo de rapazes mais um adulto para dar informações sobre outro rapaz, que depois foi assassinado (embora, como é óbvio, ele na altura não soubesse que isso iria acontecer e o assassínio, com todas as probabilidades, teria ocorrido de qualquer modo). Observa que o episódio continua a pesar-lhe. O mais significativo é que, de um ponto de vista estrutural, episódios semelhantes repetiram-se muito mais tarde, apenas com uma diferença: o bando passou a ser de rapazes do KGB. Em pelo menos duas ocasiões, homens perseguidos foram ter com ele a pedir ajuda, ajuda que ele não podia dar, e foram mortos pouco tempo depois, possivelmente *porque* procuraram o seu auxílio, ou então para o intimidar.

Se na realidade existia em Sakharov uma continuidade e estabilidade subjacentes, é preciso não interpretar este ponto num sentido exagerado e ultraliteral: ele não nasceu dissidente. As coisas não eram assim tão simples, assim tão contínuas e suaves. O teor básico da sua alma é o de um homem em paz consigo próprio e com o mundo, *mesmo quando o mundo não o merece*. Se isto é uma força ou uma fraqueza, é difícil saber. Permitiu-lhe conseguir o que conseguiu e o que conseguiu foi imenso. Pode também significar que, embora ele se conte entre os mais eficazes reformadores de um mundo a necessitar desesperadamente de reformas, não se conta entre os seus mais profundos analistas. Foi precisa uma evolução complexa e prolongada para o transformar num crítico declarado desse mundo, mas, a despeito de uma perseguição verdadeiramente espantosa (nomeadamente durante o período de exílio em Gorky), nunca se isolou dele por completo e nunca no seu coração o odiou. A moderação nunca o abandonou — excepto, talvez, quando os seus perseguidores tentaram provocá-lo insultando a sua mulher.

> Cresci numa era marcada pela tragédia, pela crueldade e pelo terror, mas foi tudo mais complicado do que isso. Muitos elementos interagiram, produzindo uma atmosfera extraordinária: o impulso revolucionário persistente, a esperança no futuro, o fanatismo, a propaganda omnipresente, as tremendas transformações sociais e psicológicas...

Inicialmente, na sua pior fase, o terror mais confirmou do que minou a sua crença: era uma espécie de testemunho de sangue das grandes mudanças que iam tendo lugar.

> Quase nenhuma família ficou incólume e a nossa não foi excepção... Foi a crónica de tragédia da nossa família excepcional? Todas as famílias que conheço sofreram baixas e muitas perderam mais dos seus membros do que a nossa.

Mas prossegue dizendo que não sabia se os seus pais albergavam ideias sobre estas matérias e que se sentia satisfeito por absorver a ideologia comunista sem a questionar. Quanto ao nacionalismo, recorda o período inicial em que o termo «Rússia» tinham uma ressonância quase indecente, sugestiva de nostalgia pelo período pré-revolucionário e também do retorno do culto do orgulho nacional, nos anos 30.

> Mas a atitude da minha família para com a cultura russa nada tinha de chauvinista e não me lembro de ouvir uma única observação denegridora de outras nacionalidades, bem pelo contrário.
>
> Agora já não parece impossível que o Estado possa adoptar abertamente uma ideologia de nacionalismo russo... ao mesmo

> tempo, o nacionalismo russo está a tornar-se mais intolerante, também nos círculos dissidentes. Isto serve apenas para confirmar um ponto de vista cuja origem se encontra na minha juventude.

A sua atitude perante o marxismo era, creio, característica de muitas pessoas daquela geração: ao falar dos seus anos de estudante, refere que nunca lhe passou pela cabeça perguntar se o marxismo seria a melhor ideologia para a libertação da humanidade, ao mesmo tempo que sentia indiferença, quando não repulsa, pelas suas características externas — o lamarckismo antiquado de Engels, o uso primitivo das fórmulas matemáticas por Marx, a superficialidade da obra de Lenine sobre teoria do conhecimento, e o jargão... Acrescenta ainda uma crítica poderosa e original de sua autoria: não lhe servem livros que podem ser usados como capachos.

A mistura entre aceitação generalizada dos princípios do marxismo oficial, com indiferença não apenas perante as conotações teológicas como pelas suas doutrinas mais salientes (embora afirme que o materialismo é «bastante razoável») é típica do seu tempo. E também isso é significativo. Há dissidentes, por exemplo, Djilas, ou Wittfogel, cujo desencantamento do marxismo assume a forma de uma descoberta de respostas não marxistas para questões marxistas. Para o melhor e para o pior, não é este de modo algum o caso de Sakharov. O marxismo acabou por simplesmente passar por ele, com o seu escolasticismo da espessura de um capacho («formalismo alemão oitocentista», nas suas próprias palavras), matemáticas infantis e tudo. Quando emerge das trevas da credulidade, entra, quase imperturbável, para o sol do Iluminismo (tê-lo-á alguma vez deixado?) onde o bom senso, a ciência e a mera decência humana constituem guias adequados. Não há, para o melhor e para o pior, uma verdadeira contra-teoria social. Talvez isso esteja também na essência dessa *perestroika* que ajudou a implantar: mais um compromisso pragmático do que uma Reforma coerente.

A serenidade interior distingue-o também de outros, portadores de cicatrizes profundas da experiência soviética — por exemplo, o seu amigo Valentin Turchin, agora radicado na América, cujos notáveis *Inertia of Fear* e *The Scientific Worldview* (Columbia University Press, 1981) descrevem uma experiência verdadeiramente cartesiana: se todo o ambiente social é feito de um tecido de falsidade, se o raciocínio circular e a coerção se associam para formarem um verdadeiro Demónio Maligno, como é possível escapar às suas garras e emergir para a verdade? Como será possível atingir a confiança e a certeza? Poder-se-ia pensar que esta é uma experiência comum a quem quer que tenha perdido a fé na URSS; mas no caso de Sakharov, quer a ciência, quer a clareza da Rússia depois de Pedro e antes dos Bolcheviques, a que ele presta lealdade, proporcionam um sólido terreno de fundações. Do mesmo modo, as cicatrizes exteriores — eram muitas — não chegam a penetrar realmente na sua alma. Há outros dissidentes — Amalrik, Zinoviev — que dão a impressão de se sentirem permanente e profundamente conspurcados pela indigência generalizada da Bizâncio estalinisto-brejnevista, pela sua pavorosa ubiquidade e intrusão. Sentem-se não apenas indignados como também contaminados pela imundície. Consequentemente, parece-lhes difícil quando não impossível falar do sistema sem sarcasmo, com uma espécie de esgar com laivos de desgosto de si. Nada disto se encontra em Sakharov.

A inigualável e persistente moderação de Sakharov e a sua tendência para ver (e entender) os dois lados de uma questão evidencia-se constantemente. Por exemplo, depois de descrever a sua aceitação por um instituto de investigação em física e o início do seu trabalho, comenta o estatuto filosófico da física moderna, com todos os seus processos contra-intuitivos e inconceptualizáveis (invisualizáveis). Refere a posição dos instrumentalistas — que sustentam que «tudo o resto deve ser encarado como "aparelho matemático", um sistema de conceitos secundários não aberto a interpretação directa» — e daqueles que, como Einstein, procuram meramente uma interpretação mais concreta e intuitivamente aceitável e são repelidos por «um Deus que joga aos dados». Sakharov vê méritos em ambas as posições. O marxismo contém elementos realistas e instrumentalistas e considera serem estas questões as mais relevantes para a sua própria posição, mas Sakharov não se digna sequer comentar a opinião marxista na matéria.

Quer trate de sistemas sociais rivais ou de filosofias da ciência rivais, Sakharov tem um espírito aberto e a sua tendência é para buscar o compromisso. Não é compulsoriamente atraído para o realismo ou para o instrumentalismo. É interessante que este homem, nitidamente capaz de firmeza e resolução morais, seja, nas questões teóricas, tão claramente propenso à abertura de espírito e à dúvida. Representa o ideal de beleza do Iluminismo: moralmente firme, mas aberto em matérias de fé. A sua firmeza moral não precisa de se fortificar com dogmatismos. Poder-se-ia dizer que é completamente isento do fanatismo da sua coragem.

Viveu as realidades normais da vida soviética. Em 1947, Sakharov e a sua primeira mulher estão prestes a arranjar uma casa no centro de Moscovo, o que teria facilitado muito o problema de ir trabalhar no centro de investigação. Na sua ausência, o KGB visitou a sua mulher e propôs que, em troca de ajuda nas dificuldades domésticas, ela relatasse às escondidas todos os encontros do seu marido. À sua recusa seguiu-se, no espaço de dois dias, a expulsão do novo lar. Acabaram por arranjar um quarto no hotel da Academia das Ciências, o que o pôs em contacto com Sergei Vavilov, depois presidente da Academia das Ciências soviética, precisamente na mesma altura em que o irmão de Vavilov, o biólogo Nicolai Vavilov, estava a morrer nos campos. Sergei Vavilov era obrigado a avistar-se com Lisenko todas as semanas, embora coubesse ao mesmo Lisenko a maior responsabilidade pela morte do irmão de Vavilov. Sakharov conta que Vavilov foi induzido a aceitar o cargo por pensar que de outro modo iria para o próprio Lisenko, com previsíveis consequências catastróficas. Como refere

Sakharov, o paradoxo que é um irmão a morrer de fome na prisão e o outro cumulado de honrarias era extremo, até para aquela época, e, no entanto, de certo modo, até a resume. Na verdade, o caso está longe de ser único: o notável conto de Lev Razgon «A Mulher do Presidente» trata do destino, muito semelhante, da mulher de Kalinine, por acaso também da de Molotov. A diferença era que o presidente Kalinine defendeu arduamente a sua mulher ao passo que Molotov a renegou.

Na vida de Sakharov, as opções não se limitavam a escolher a lealdade a sistemas ou à questão da interpretação realista ou instrumentalista da física. Uma grande questão na vida de Sakharov foi a opção entre ciência pura e aplicada. Na realidade, nunca se livrou de remorsos nesta matéria:

> Ao recordar o Verão de 1947, sinto que nunca antes ou depois estive tão perto do nível mais elevado da ciência, do seu ponto culminante. Lamento, evidentemente, não ter estado à altura da tarefa (aqui, as circunstâncias não servem de desculpa).

O primeiro convite para participar nos trabalhos de física nuclear aplicada surgiu em 1946 — acompanhado por uma promessa de boa habitação e outros incentivos de valor — e Sakharov recusou: não tinha trocado uma fábrica de munições pelas fronteiras da física apenas para as abandonar de novo ao cabo de pouco tempo. A oferta foi renovada em 1947 e mais uma vez recusada. Mas em 1948, observa ele, ninguém se deu ao trabalho de pedir o seu consentimento. A inclusão numa unidade de pesquisa acabada de formar resolveu-lhe o problema habitacional: ele e a sua família conseguiram um quarto, demasiado pequeno para uma mesa de jantar (tinham de comer no parapeito da janela), partilhando a cozinha com dez famílias e os lavabos com um número maior não especificado, sem banheira nem chuveiro. Mas era no centro de Moscovo. Sakharov comenta:

> estávamos encantados... acabavam-se os hotéis barulhentos ou os senhorios caprichosos... começaram então quatro dos mais felizes anos na vida da nossa família.

Sakharov não tem reticências quanto à felicidade que acompanhou o seu trabalho na bomba:

> Ninguém me perguntou se *queria* ou não fazer parte daquele trabalho. Não tive qualquer opção na matéria, mas a concentração, a absorção total e a energia que pus no trabalho eram minhas... Gostaria de explicar a minha dedicação, sobretudo a mim próprio. Uma razão... foi... a oportunidade de fazer «física soberba»... A física das explosões atómicas e nucleares é um verdadeiro paraíso teórico... Uma reacção termonuclear — a misteriosa fonte de energia do Sol e das estrelas, o sustento da vida na Terra mas também o potencial instrumento da sua destruição — estava ao meu alcance. Tomava forma ali, em cima da minha secretária.

Mas não é tudo o que há sobre a questão. Sakharov não estava apenas a fornecer armas aos dirigentes da URSS em troca da oportunidade de se entregar à «física soberba». Pelo contrário, afirma que se sente *confiante* (itálico meu) em que a paixão pela física não seja a sua motivação prioritária. Podia, afirma ironicamente, ter encontrado outro problema que o mantivesse divertido. Mas não: pensava ser este trabalho *essencial* (itálico seu). Diz, por estas mesmas palavras, que se considerava um soldado nesta nova guerra científica.

Porque é que esta guerra era justa ou justificável? Fala do princípio da paridade estratégica e da dissuasão nuclear, acrescentando que estes princípios «ainda hoje parecem em certa medida justificar intelectualmente a criação de armas termonucleares e o nosso papel no processo». (Mais tarde, como dissidente, havia de aconselhar o Ocidente a garantir a paridade: a sua atracção pelo princípio da paz baseado na paridade parece profunda.) Mas acrescenta ainda que o seu zelo inicial e o dos seus colegas era mais inspirado pela emoção do que pelo intelecto. Conhecia, evidentemente, não apenas a «monstruosa força destruidora» como também o seu preço:

> as baixas resultantes de negligência nas normas de segurança e o uso do trabalho forçado nas nossas indústrias mineira e metalúrgica.

Sakharov, um homem bom (como tal o tenho), ajudava a construir uma arma pavorosa para Estaline e Beria usarem, embora familiarizado, por experiência própria, com a natureza do regime, ainda que soubessem perfeitamente bem que a fabricavam com recurso ao trabalho escravo e ao preço da morte de muitos dos operários; mas esse conhecimento apenas

> inflamava o nosso sentido dramático e inspirava-nos a fazer todos os esforços para que os sacrifícios — que aceitávamos como inevitáveis — não fossem em vão.

É este um dos grandes paradoxos da vida de Sakharov e estas suas memórias, de uma honestidade admirável, ajudam a compreendê-lo. É de uma coerência soberba e nunca deixou de segurar — ou de equilibrar — os falcões do Ocidente. Exprime a sua simpatia por Robert Oppenheimer, que chorou no seu encontro com Truman, e por Edward Teller, que enfrentou um certo ostracismo pela sua defesa determinada do desenvolvimento da bomba H. Mas afinal, Teller tinha razão e foi precisamente (é Sakharov quem o diz) a experiência que Teller teve do comunismo na Hungria, em 1919, que lhe deu o rumo certo. Se o Ocidente não tivesse feito o que fez

> a reacção soviética teria sido... explorar a fraqueza do adversário à primeira oportunidade.

Falcões do mundo inteiro uni-vos, poderia alguém ter observado com sarcasmo, ao ouvir isto.

Mas há mais. Há dois fios condutores nesta posição de Sakharov, que contêm também a chave da sua evolução subsequente. Um, é que a dissuasão e o equilíbrio nucleares funcionam: só mais tarde se deixou imbuir do sentido da sua precariedade. O outro foi a sua crença transitória numa espécie de simetria tosca, com mérito moral, entre dois sistemas sociais; mais tarde, ficou também em grande medida, mas não inteiramente, persuadido da incorrecção desta posição de recurso.

Sakharov observa que o seu destino posterior tem uma semelhança impressionante com o de Oppenheimer, mas que nos anos 40 e 50 a sua posição era «praticamente o reflexo» da de Teller: «bastava substituir URSS por EUA». Uma intrigante nota de rodapé à história desprende-se da opinião de Sakharov segundo a qual, se os EUA não tivessem fabricado a bomba H tão cedo, a URSS também não o teria feito, não por relutância, mas simplesmente porque os primeiros trabalhos soviéticos foram «fruto da espionagem». Nessa fase, se os americanos não tivessem qualquer coisa que valesse a pena roubar, os soviéticos não teriam tido bases para começar.

Sakharov foi morador da «Instalação», «a cidade secreta onde viviam e trabalhavam aqueles que trabalharam em armas atómicas e termonucleares» durante uns 20 anos, até ser revogada a sua autorização, em 1968. A Instalação tinha interessantes problemas de gestão laboral: prisioneiros com penas compridas, sem nada a perder, tendiam a revoltar-se e efectivamente tinham-se revoltado numa ocasião anterior, sendo impiedosamente reprimidos. A força de trabalho foi então reposta com prisioneiros com penas (relativamente) curtas, que, em consequência, não eram tão propensos a medidas desesperadas. Mas isso deu por sua vez origem a um novo problema: que fazer com eles quando acabassem de cumprir a pena? Libertá-los de imediato estava fora de questão, podiam revelar o local da Instalação. Havia uma solução simples e elegante:

exilá-los em Magadan e lugares semelhantes, onde não pudessem contar histórias.

Certa ocasião, um investigador perdeu uma peça secreta de um dispositivo nuclear e foi preso. Teve a sorte de conseguir persuadir os seus interrogadores a procurarem nos canos de esgoto. O KGB isolou a área onde os canos de esgoto debitavam para o rio e passou três dias à pesca em excremento gelado. Encontraram a peça perdida. O acusado foi posto em liberdade, mas despedido. Porém, Sakharov observa secamente que uma pessoa que tem ao mesmo tempo segredos de Estado e buracos nos bolsos não se pode deixar ir embora, nem arranjar emprego, nem informar ninguém do seu compromisso. Apenas um indivíduo excepcionalmente corajoso ousaria associar-se-lhe. Contudo, sobreviveu e agora escreve ficção científica para uma revista popular de ciência, o que parece um final não apenas apropriado como invulgarmente feliz para a história. Todo este episódio tem verdadeiro sabor a vida soviética.

Comenta Sakharov:

> Incitavam-nos a entregar-nos ao nosso trabalho mediante uma feroz concentração num único objectivo e quiçá também mediante a proximidade do campo de trabalho e da regulamentação rigorosa. Víamo-nos no centro de um empreendimento colossal em que se despendiam recursos colossais. Partilhávamos a determinação geral de que os sacrifícios feitos pelo nosso país e pelo seu povo não fossem vãos. *Por mim, era assim que me sentia.* (Itálico meu)

Quanto à «grande» ciência, ia perdendo a esperança de a fazer. Tinha uma ideia em que desejava trabalhar e falou dela a um físico seu colega, que se riu e disse: «Com que então, queres fazer física a sério, já não queres ser fazedor de bombas.» Sakharov acrescenta que era praticamente impossível combinar duas ocupações tão radicalmente incompatíveis.

Aqui está, portanto, a linha de base: um cientista a trabalhar na produção de armas devastadoras para um regime que ele sabe tratar mal o povo, numa instituição estreitamente ligada a um campo de concentração e a utilizar trabalho de lá; mas profundamente entregue ao empreendimento porque os sacrifícios justificam o objectivo, que é atingir a paridade nuclear. Como saiu ele desta linha de base para a sua posição ulterior?

Um factor foi o destino das outras ciências além da física. Sakharov sabia que a física e a biologia são duas ciências cruciais e o lisenkoísmo continuava a dominar a genética. A posição excepcionalmente forte de Sakharov dentro do sistema tornou-se evidente por volta de 1950, quando uma comissão visitou a Instalação para inspeccionar o pessoal e lhe perguntaram que pensava ele da teoria cromossómica da hereditariedade. Aceitar a genética mendeliana era considerado, observa ele, sinal de deslealdade. Sakharov, não obstante, respondeu com a verdade: que a teoria cromossómica lhe parecia cientificamente correcta, o que não provocou nada pior do que uma troca de olhares entre os membros da comissão. Um homem menos importante foi ameaçado de despedimento por ter dado a mesma resposta. Claro que a genética se tornou uma questão crucial para Sakharov quando começou a preocupar-se com os efeitos dos ensaios nucleares.

Ao mesmo tempo, avistava-se frequentemente com Beria, um homem que, como refere noutro passo, se servia da sua posição para andar por Moscovo de limusina a escolher mulheres que os seus capangas lhe levavam depois a casa para uma espécie de violação pela *nomenklatura*. Em dada ocasião, Beria surpreendeu-o ao perguntar-lhe se tinha dúvidas para esclarecer.

> Estava absolutamente desprevenido... (mas)... perguntei: «Porque é que os nossos novos projectos estão a andar tão devagar? Porque é que estamos sempre atrás dos EUA e dos outros países, porque é que estamos a perder a corrida tecnológica?»... não sei que tipo de resposta esperava. Vinte

> anos mais tarde, quando Turchine, Medvedev e eu fizemos a mesma pergunta... respondemos que a culpa era... da falta de instituições democráticas... e da falta de liberdade intelectual.

Aqui está o busílis. Foi a conclusiva derrota na corrida tecnológica e económica que persuadiu homens de boa vontade de que a mudança era essencial. Se o marxismo soviético tivesse sido capaz de continuar a persuadi-los de que o sacrifício, por mais terrível, valia a pena porque acabaria por levar a uma vida melhor, primeiro para o homem soviético e depois para toda a humanidade, muitos deles teriam continuado a acomodar-se aos horrores.

Portanto, a princípio, os sacrifícios eram uma espécie de sacramento a confirmar a ordem nova. Mas em meados dos anos 50 Sakharov andava preocupado com as consequências genéticas dos ensaios nucleares. Quando exprimiu esses temores a um jovem general da KGB, que respeitava, este protestou:

> A luta entre as forças do imperialismo e do comunismo é uma luta de morte. O futuro da humanidade... depende do seu resultado... as vítimas não interessam.

Ao reflectir, escrevendo estas memórias, Sakharov pergunta a si próprio se o general era sincero ou apenas dado à grande retórica e conclui que provavelmente era as duas coisas.

Quando escreve as suas memórias, Sakharov considera

> esse raciocínio... erróneo por princípio. Sabemos muito pouco das leis da história. O futuro é imprevisível; não somos deuses. Todos temos de aplicar padrões éticos a todas as acções... em vez de confiarmos na aritmética abstracta da história.

A princípio não pensava assim e foi a perda de fé no projecto histórico (aceite nos seus contornos, mesmo se contestado ou ignorado nos seus pormenores) que o impeliu para esta mistura de moralismo intuitivo e agnosticismo histórico justificativo. Esta afirmação, tomada em separado, aproxima-se perigosamente de dizer que melhor será sermos morais porque de qualquer maneira não podemos ser eficazes. A sua posição real é mais complexa, mas é isto que uma parte de si afirma.

Sakharov é admiravelmente cândido quanto à sua reacção à morte de Estaline:

> Também eu me entusiasmei, à época... numa carta a Klara, obviamente para ela e mais ninguém ler, escrevi: «Estou sob a influência da morte de um grande homem. Penso na sua humanidade.» Não garanto esta última palavra, mas era qualquer coisa do género. Em breve passaria a corar de cada vez que recordava estes sentimentos... Não sei explicar isto bem, afinal, sabia bastante dos crimes horríveis que tinham sido cometidos... mas ainda não tinha o retrato completo, e, além disso, havia ainda muita coisa que desconhecia. Algures na minha cabeça estava a ideia de que... o sofrimento é inevitável durante as grandes transformações históricas... Mas acima de tudo sentia-me comprometido com o objectivo que pensava ser o mesmo de Estaline: a seguir a uma guerra devastadora, construir um país suficientemente forte para garantir a paz. Apesar de tudo o que tinha visto, ainda acreditava que o Estado soviético representava uma alternativa de futuro.

Em devido tempo, havia de perder a sua fé. Inicialmente, substituiu aquilo a que chamava «teoria da simetria»:

> Comecei... a encarar o nosso país como qualquer outro... todas as nações são oprimidas.

Com efeito, a simetria não resulta, tanto em política como em física; mas Sakharov não é capaz de a condenar de imediato.

> Acabei por perceber que a teoria da simetria precisa de ser apurada... o nosso regime assemelha-se a uma célula cancerosa. E no entanto não pretendo ser tão categórico no meu juízo como pode parecer. Rejeitei por fim a teoria da simetria, mas há nela alguma (muita) verdade. E a verdade nunca é simples.

Em meados dos anos 50, quando se torna extraordinariamente bom a fazer bomba, começa também a preocupar-se seriamente com o efeito genético dos ensaios. E isto trá-lo para a praça pública por dois caminhos distintos: os seus cálculos relativos às consequências dos ensaios levaram-no a sentir azedume contra o poder continuado do lisenkoísmo; e envolve-se na luta pela suspensão dos ensaios.

Kruchtchev (que no balanço Sakharov considera positivamente) autoriza a publicação do artigo de Sakharov sobre o controlo dos ensaios; e também os suspende, embora resulte depois que a suspensão dura apenas sete meses, perante o que, na opinião de Sakharov, foi uma injustificada falta de resposta do Ocidente. Sente muito orgulho pelo seu contributo para o Tratado de Moscovo de 1963, que limitou os testes atmosféricos e de outros tipos; e em 1964 consegue também com êxito opor-se à eleição de um notório lisenkoísta para o estatuto de académico.

Os meados dos anos 60 são cruciais: volta a pedir trabalho científico («O principal mérito do texto de 1965 era devolver-me a confiança em mim próprio enquanto físico teórico») e envolve-se também num caso de defesa dos direitos cívicos (protestos contra uma sentença de morte por um crime trivial e dúbio) e na oposição à reabilitação de Estaline. Nesta conformidade, vai ver Kolmogorov, o autor da moderna teoria das probabilidades. Agrada-me verificar que Sakharov tem fortes dúvidas quando ao valor pedagógico da «nova matemática» (aprovada por Kolmogorov) e observa que

> Euclides serviu muitas gerações antes do advento de Bourbaki.

Sakharov é então influenciado também por Roy Medvedev (com quem mais tarde cortou relações) o qual, diz ele, o ajudou a «escapar do meu mundo hermético». Interessante: critica Medvedev precisamente pelo mesmo erro que me parece encontrar no pensamento do próprio Sakharov:

> Não podia aceitar a tendência de Medvedev para atribuir todos os acontecimentos trágicos dos anos 20 e 30 às idiossincrasias da personalidade de Estaline. Embora Medvedev concordasse em princípio que estavam em acção causas mais fundamentais, o seu livro não as examina. Continuamos a ter de esperar pelo futuro para termos uma análise satisfatória da nossa história.

Não que Sakharov atribua tudo a um só homem: mas não são muitos os que se mostram determinados a defender essas causas fundamentais cuja ausência ele deplora no relato de Medvedev.

A Primavera de Praga de 1968 é, evidentemente, outra pedra basilar e Sakharov formula então as suas ideias sobre «convergência». Mas para ele, «convergência» não é bem a mesma coisa que os sociólogos do Ocidente entendem pela palavra, para quem significa uma teoria um tanto cínica que postula que a industrialização mais recente e o domínio dos empresários sobre uma sociedade de consumo produzem uma mesma sociedade em toda a parte, daqui decorre que não se deve levar demasiado a sério as diferenças entre instituições não-económicas e climas políticos. Sakharov e os seus colegas sabiam perfeitamente que essa teoria não tem qualquer verdade; conheciam também as instituições não económicas do poder soviético que mantiveram o atraso no crescimento tecnológico e económico e esta falha convenceu Sakharov e outros, primeiro de que não estava ali o futuro, e a seguir de que a simetria regular, afinal, não se verifica. O que Sakharov entende por uma «convergência» num sentido normativo, como política a seguir, é que: o confronto deve ser substituído pela cooperação, incorporando as características meritórias de ambos os lados no mesmo compromisso geral.

O ano de 1968 assinalou também o seu primeiro encontro com Soljenitsine, um confronto sem dúvida destinado a ser objecto de muitos estudos e a ser tratado como mais um epítome da cisão da alma russa. Soljenitsine, facto significativo, censura-o precisamente nos mesmo termos em que o fez a voz do *establishment*. «Convergência está fora de questão.» O homem do aparelho tinha dito a Sakharov: «O que você escreveu sobre convergência é um disparate utópico.» O *establishment* queria bater o Ocidente na corrida materialista, ao passo que Soljenitsine queria que a Rússia escolhesse uma outra corrida: nem queria saber do anseio de Sakharov por um alinhamento com os adeptos ocidentais do Iluminismo. Mas a equipa Turchine-Medvedev-Sakharov decidiu apelar aos dirigentes da União Soviética e pedir democracia e liberdade intelectual no interesse do crescimento científico e económico. Isto, mais a «convergência» no sentido sakharoviano, estava evidentemente destinado a dar dois temas orientadores à *perestroika*. Soljenitsine criticou esta abordagem pela sua moderação conciliatória, preferindo o confronto aberto com o regime. Sakharov observa que o que o seu grupo queria era precisamente uma ponte entre o Estado e a sociedade.

Foi em 1970 que Sakharov, já viúvo, conheceu Lusia (como gostava de lhe chamar) Bonner, que, em 1972, se tornou a sua segunda esposa. A sua influência sobre ele é, claro, matéria de evidente interesse tanto para as autoridades como para Soljenitsine: a fascinante luta triangular entre Sakharov (Rússia iluminista pós-Pedro, *o Grande*), Soljenitsine (Bizâncio ante-Pedro) e as autoridades (Bizâncio ante-Pedro disfarçada pelo jargão materialista?) não é meramente ideológica, mas intensamente pessoal, *à la russe*. Numa reunião de famílias em 1973, Alya Soljenitsine sermoneava os Sakharov pela sua preocupação excessiva com a educação dos filhos: havia mais crianças na URSS sem oportunidade de uma educação decente! Com espírito, Lusia Bonner replicou:

> Não me venhas com essa merda do «povo russo»! Fazes o pequeno almoço para os teus filhos, não é para o povo russo!

Sakharov comenta que os sarcasmos de Lusia sobre o «povo russo» devem ter soado a blasfémia naquela casa...

Lusia Bonner irritava evidentemente tanto o aparelho como Soljenitsine, e pelas mesmas razões. Ambos ficavam furiosos com o seu peso sobre Sakharov. A sua ascendência, mista de judeus e arménios, não podia ser melhor como bandeira vermelha para os racistas da Rússia. Soljenitsine acusa Sakharov de violar uma lei moral que obriga pessoas da sua posição a lutar sem se preocuparem com o direito de emigração e pelo facto de o ter feito «por deferência para com pessoas que lhe são próximas, por ideias que não são suas. Tal foi a inspiração dos esforços de Sakharov... especialmente no apoio ao direito de emigrar, que parecia tomar precedência sobre todos os outros problemas» — uma alusão clara à alegada influência de Lusia distorcendo aquilo que, segundo Soljenitsine, deveria ser uma prioridade para Sakharov. Este comenta que há algo de demoníaco em tudo isto, reminiscente dos Protocolos dos Patriarcas de Sião...

Sakharov aproveita também para ajustar contas com *O Carvalho e o Bezerro* (não é o nome de um *pub*, é o livro de Soljenitsine sobre a dissidência, de onde foi tirada por Sakharov a citação acima). O que diz é bem claro. Depois de admitir a justeza de algumas das críticas de Soljenitsine ao Ocidente, prossegue, dizendo:

> A falta de unidade do Ocidente é o preço que ele paga pelo pluralismo, pela liberdade e pelo respeito pelo indivíduo... Não faz sentido sacrificá-los a uma unidade mecânica, de caserna... a desconfiança de Soljenitsine em relação ao Ocidente, ao progresso em geral, à ciência e à democracia leva-o a romantizar um modo patriarcal de viver... a esperar demasiado da Igreja Ortodoxa Russa. Considera a região não conspurcada do nosso

> país, o nordeste, um reservatório de povo russo onde as pessoas podem limpar-se dos males morais e físicos causados pelo comunismo, uma força diabólica importada do Ocidente... Se o nosso povo e os nossos dirigentes alguma vez sucumbirem a tais ideias... os resultados podem ser trágicos.
>
> Discordo de Soljenitsine quanto ao papel da religião na sociedade. Para mim, a crença religiosa, ou a falta dela, é uma questão puramente privada.

A primeira conferência de imprensa de Sakharov, dada a 21 de Agosto de 1973, foi também aquela que suscitou maiores reacções. Depois disso, o cenário acelerou-se rapidamente e entrou também para o domínio público da imprensa internacional: greves de fome, o prémio Nobel, as audiências Carter, muita perseguição pelo KGB, incluindo roubo de manuscritos (nomeadamente, versões anteriores destas memórias), convulsões de um neto provavelmente induzidas pelo KGB, viagens ao estrangeiro de Lusia para tratamento médico, mais envolvimentos em casos de direitos cívicos, mais física teórica, também e por fim a guerra do Afeganistão e a oposição a ela. O clímax é o exílio para Gorky e uma perseguição extrema, constante, horrível. O KGB já não podia matar ou, pelo menos, não matou Sakharov. Foi, porém, instruído ou autorizado a persegui-lo e à sua família e surge um bizarro bando de patifes brincalhões com tendência para os truques assassinos. A lógica da situação não é inteiramente clara: já não era possível silenciar eficazmente Sakharov, mas as autoridades não podiam tolerar a sua presença em Moscovo e assim optaram por fazer-lhe a vida em Gorky num inferno, sem contudo impedirem com eficácia a comunicação entre ele e o mundo exterior. Pareciam ter aproveitado o pior de dois mundos, mas talvez calculassem (e tinham razão) que assim desencorajavam o apoio a Sakharov no interior da URSS. A mudança nas preocupações de Sakharov, das questões gerais da limitação do armamento e da liberalização para casos individuais de direitos cívicos, foi prosseguindo e com base nisso foi denunciado por outros dissidentes, por Soljenitsine, bem como pelas autoridade. Os inimigos de Lusia atribuem-lhe as culpas. As tentativas das autoridades de a vilipendiarem atingirem um ponto alto em 1976 e 1977.

Não restam dúvidas quanto à intensidade do amor de Sakharov por Lusia ou do seu amor pela ciência e pela física. Durante o exílio em Gorky, voltou também à ciência fundamental e à cosmologia. Há uma especulação que descreve como demasiado fantasiosa para uma comunicação científica (e com razão), mas que não obstante tem por digna de menção nestas memórias, e que diz o seguinte: suponhamos que a expansão do universo é seguida de uma fase de recontracção que termina nessa situação super-densa que precedeu o Big Bang primordial. Sendo assim, ficamos com uma série de universos, de tal modo que o fim de um constitui também o começo do seguinte. É admissível que, durante o período de vida extremamente longo concedido a cada um desses universos, a inteligência se desenvolva a tal ponto, que seja capaz de vislumbrar um método de transmissão de informação de um universo para o seguinte por meio de um código que de algum modo sobreviva ao estado super-condensado — mais ou menos como, suponho, a caixa negra dos aviões se destina a sobreviver ao seu despenhamento e a preservar informações valiosas, embora os meios despendidos fossem, como é óbvio, incomensuravelmente mais sofisticados.

A especulação é por certo temerária, mas parece-me muito significativa: surge muito próxima de uma passagem em que Sakharov descreve também o ritmo da sua vida com Lusia durante o doloroso exílio de Gorky. De seis em seis semanas, mais ou menos, Lusia estava autorizada a ir a Moscovo por dez ou quinze dias. Isso significava contacto com o mundo exterior, e, portanto, a continuação da luta. Deixava-lhe comida no frigorífico. É nítido que Sakharov pensava a vida sem ela como uma espécie de limbo em que tinha de viver para atingir o ciclo seguinte da vida real com a sua presença. Mas valia a pena, pois tornava também possível a transmissão de informação de e para o mundo fechado de Gorky. A especulação cosmológica sobre universos intercomunicantes, falando uns com os outros em códigos não apenas transculturais, mas transuniversais, através da treva extrema de matéria comprimida a um ponto inimaginável, pode ter ou não ter mérito: mas não seria, para Sakharov, uma parábola da sua situação em Gorky?

O exílio termina finalmente pela mão de Mikhail Sergeievich Gorbachev, qual *deus ex machina,* e um novo capítulo da *perestroika* em que Sakharov estava destinado a desempenhar tão importante papel estava prestes a começar. O livro, infelizmente, termina aqui.

O que valem estas memórias? Duvido que haja outro livro capaz de transmitir tão vivamente, tão multilateralmente e (creio) tão rigorosamente as realidades e opções da vida e da sensibilidade soviéticas durante o último meio século. A vida e experiências de Sakharov alargaram muitos dos segmentos cruciais da vida soviética: admita-se que passou tempos privilegiados, mas, contrariamente à acusação de Soljenitsine, conheceu também a miséria soviética corrente e toda a pressão das perseguições. Moralmente, percorreu quase todo o espectro, desde uma aceitação típica, característica do período em que o sistema ainda acreditava em si próprio e transmitia fé às próprias pessoas que oprimia e frequentemente matava, até à dissidência crítica mas reformista e moderada, característica de uma corrente importante no seio da *perestroika.* O seu percurso não vai muito além daqueles que rejeitaram Ivanburg totalmente e com incontroláveis espasmos de nojo, que aguentam para ficarem fora do alcance da reforma racional e a quem o pessimismo parece saber bem; também não abraça a posição daqueles que querem mudar o sistema mas num sentido romântico-místico, anti-racional e antiocidental. Então o que defendia ele, quem representava?

Penso que responde a esta questão quando cita, e aprova, numa parte anterior do livro, a seguinte caracterização da *intelligentsia* russa:

> Na Rússia do fim do século XIX havia uma coisa de importância fundamental: uma *intelligentsia* sólida, de classe média e profissões liberais, dotada de princípios firmes baseados em valores espirituais. Esse ambiente produziu revolucionários empenhados, poetas e engenheiros.

O importante quanto a essa classe é que não apenas sobreviveu como se expandiu numericamente durante o período do poder soviético. Claro que grande parte dela deu também ao regime o tipo de apoio que o próprio Sakharov de início lhe prestou. As suas fileiras engrossaram com a educação universal e com a expansão do número de empregos que só servia para pessoas com instrução. Os valores dos membros desta classe assemelham-se aos de Sakharov, embora poucos sejam os que podem comparar-se-lhe em estatura. Foi sempre óbvio para mim, muito antes da *perestroika,* que por cada dissidente heróico havia um grande número de pessoas que interiormente partilhavam e adoptavam os valores inspiradores da dissidência, mesmo se lhes faltasse o desespero, o heroísmo ou a posição privilegiada que tornavam possível a opção pela dissidência declarada. A sucessão, primeiro de algumas revelações sobre o estalinismo, depois do sentido de miséria do brejnevismo e finalmente do pleno impacto do fracasso económico-tecnológico e do atraso acabou por, com o seu impacto cumulativo, afastar esta classe da sua lealdade ao regime. (Foi Brejnev, não Estaline, quem destruiu o marxismo: o terror adaptava-se conceptualmente, a permanente ineficácia da miséria, não.) Sempre esperei que surgisse na União Soviética uma certa liberalização devido ao lento crescimento e impulso desta classe, avançando devagar como uma duna irresistível. O que não previ (e penso que ninguém poderia tê-lo previsto) foi que através de Gorbachev a quantidade se transmutaria em qualidade: o movimento insidioso e calado desta *intelligentsia* tornou-se uma enxurrada, causando uma transformação radical de todo o clima moral na União Soviética.

Mas isso significou também que toda a estrutura corre perigo. Se ruir, deixará de ser possível o tipo de gradualismo que Sakharov proporcionava. Aqueles que contribuíram para erodir o primeiro *ancien régime* secular pela Razão já não serão os seus herdeiros. Contudo, pelo menos até agora, a classe e o espírito que Sakharov representou ganharam peso e talvez exerçam uma influência decisiva. É uma classe agora mais numerosa, talvez mais confiante, e tem a autoridade da sua competência técnica; o tom que usa talvez encontre eco numa população parcialmente aburguesada e instruída e talvez cative também aqueles a quem assustam as alternativas mais extremistas e que têm algo a perder. Resta saber se esta classe vai agora subir realmente ao poder e se estará em posição de trazer para a prática o espírito que Sakharov personificava, o seu profundo respeito pela ciência e uma genuína capacidade de dúvida e abertura de espírito.

9

O preço do veludo

Tomás Masaryk e Václav Havel[1]

Entre Masaryk e Havel há semelhanças marcantes, mas também algumas diferenças. São ambos «presidentes-libertadores» que ajudaram a criar, ou pelo menos a dar forma à transição de um regime repudiado para o regime mais liberal que veio a ser ratificado pela nação. Com efeito, Masaryk viu ser-lhe atribuído esse titulo; de certo modo, tenho o pressentimento de que o mesmo não sucederá com Havel. Ambos eram/são intelectuais e moralistas, profundamente preocupados com a base moral da política e, em particular, com a base moral da sua própria participação na política. Ambos fizeram parte, nos dias que antecederam a vitória, de uma pequena minoria de oposição ao regime que acabaram por substituir.

Havel opôs-se a um regime vil e excepcionalmente repelente até para os padrões, severos nestas matérias, do «socialismo real»; Masaryk, pelo contrário, opôs-se a um regime cuja condenação permanece profundamente contenciosa e que ele próprio só

(1) Este capítulo baseia-se numa recensão a *Summer Meditations on Politics, Morality and Civility in a Time of Transition*, de Václav Havel (1992). Traduzido por Paul Wilson. Faber & Faber, Londres.

veio a rejeitar numa idade muito avançada e sob o impacto de circunstâncias algo excepcionais, após uma prolongada hesitação íntima. A grande façanha moral de Havel foi desafiar frontalmente o regime comunista e mostrar como havia pelo menos uma pessoa com a fibra moral necessária para o fazer. O que Masaryk fez, antes da sua fatal decisão anterior, durante a Primeira Guerra Mundial, não foi desafiar o regime — era seu participante activo enquanto deputado e de outros modos —, mas lutar por causas morais, ainda que impopulares, que muitas vezes enfureciam mais os seus compatriotas do que o regime. Tomou uma posição firme para desmascarar manuscritos fraudulentos destinados a demonstrar glórias medievais checas e uma posição firme numa acusação de assassínio ritual contra um judeu, a despeito do facto de no seu íntimo, como mais tarde confessou a Karel Čapek, nunca ter vencido uma reacção instintiva de negação relativamente aos judeus. Para irritação da vanglória nacional e do antissemitismo dos seus compatriotas — que estranha via para a fama ou notoriedade política para um homem que deixou a sua marca na cena mundial como grande dirigente nacionalista! Mas há lógica neste paradoxo: o seu nacionalismo só se justificava, como explicou nos seus escritos, porque a execução do seu programa era ao mesmo tempo a execução do plano moral histórico inerente a ele.

Em ambos os casos — e isto é muito significativo — a transição do *ancien régime* repudiado para uma nova ordem mais democrática teve a subtileza de um veludo. A cumplicidade, ao longo da transição, com o regime anterior denunciado tem implicações profundas para a natureza dos problemas morais enfrentados pelos respectivos Mestres de Cerimónias, por assim dizer, de cada uma das Transições. Isto é particularmente verdadeiro no caso de Havel. A declaração original de Estado checoslovaco em Praga, a 28 de Outubro de 1918, tem um significado histórico-filosófico profundo para Masaryk, que ele expôs em toda uma série de obras: punha fim aos vínculos que prendiam a nação checa à dinastia Habsburgo, que representava o absolutismo teocrático e a Contra-Reforma. O absolutismo político, diria Masaryk contundentemente, derivava do absolutismo da Igreja: «a teoria do absolutismo do monarca e do Estado mais não é que uma intromissão dos teóricos do absolutismo e da ditadura clerical» (!), como afirma na p. 573 de *Světová Revoluce* (Praga, 1925). Os absolutistas do Estado, embora ansiosos por se libertarem da tutela eclesiástica, ansiavam ainda mais herdar algo da sua infalibilidade. Na sua obra, desde cedo salientou o modo como a infalibilidade do bolchevismo e da Contra-Reforma levaram, por caminhos idênticos, à Inquisição. A sua rejeição pronta do leninismo baseava-se precisamente — nisso assemelha-se a Russell — no facto de ter visto, na sua espantosa propensão para doutrinas e sentimentos de Infalibilidade, precisamente as características que rejeitava (mesmo na sua forma atenuada, mitigada pela idade) no regime que acabou por derrubar. É importante acrescentar que os comentários de Masaryk às realidades bolchevistas se baseavam num conhecimento íntimo da Rússia, profundamente afectuoso, mas sem ilusões. Mas a questão principal é o *significado* da primeira revolução checa deste século para o seu chefe reconhecido (que, afinal, era filósofo e professor). Que significado teve para ele, como se coadunou ela com o significado mais vasto da história?

O que o acontecimento veio a significar para Masaryk é óbvio. É um duplo significado, embora os dois temas se relacionem e se confirmem mutuamente. Por outro lado, a instauração do Estado checo não é um acontecimento isolado: não há absolutamente nada de *sinn-feinesco*, de «nós sozinhos», de auto-suficiência nacional orgulhosa no pensamento de Masaryk; não se trata de seguir sozinho, quer ideologicamente, quer na acção política. Bem pelo contrário: o que promove e, aliás, torna exequível a revolução checa é o facto de fazer parte de um processo global muito mais amplo, a que serve de exemplo a substituição da teocracia e do absolutismo pela democracia que, por acaso, traz consigo a independência ou a autodeterminação das nações. Não há o mais leve elemento ou afirmação a desafiar a vontade de uma nação: a independência nacional ganha validade e torna-se possível por fazer parte de um processo muito mais amplo e *profundamente moral.* Há uma espécie de caminho alternativo no pensamento de Masaryk que é característico do espírito checo moderno, ou o foi até há pouco tempo, e que inspirou tanto a sua filosofia como a sua estratégia política. O objectivo político tinha de ser proposto como corolário da tendência histórica geral e a estratégia consistia sobretudo em fazer coisas que persuadissem os representantes da opinião pública mundial de que os checos eram membros de pleno direito do clube da história mundial. Tinha pouca vontade de confundir a aceitação dos Checos pela História com a aceitação pelos Checos do Grande e do Bom do Ocidente e por isso misturou política nacional com a criação de uma imagem e com propaganda nacional e, sem querer, criou a ilusão de que o empreendimento teria êxito, de que a nação seria salva. Acreditar ou pressupor tudo isto era sobrestimar a firmeza e a dedicação à Orientação Democrática da História nos dirigentes ocidentais. Não admira que Munique fosse um trauma para a nação que se tornou, em considerável medida, discípula reverente de Masaryk.

Portanto, muito depende do facto de ele ter de facto entendido correctamente esse processo histórico mais vasto: alguns dos seus compatriotas, antigamente e recentemente, têm as suas dúvidas e o debate relativo à leitura que Masaryk fez da história é um dos temas mais interessantes da vida intelectual checa. Por sinal, o livro de Masaryk de 1925 foi em devido tempo traduzido para Inglês com o título *The Making of a State* [*A Construção de um Estado*], sendo que o título checo significa *Revolução Mundial.* A versão inglesa pode justificar-se por dar ao leitor uma informação muito mais fiel do verdadeiro conteúdo do livro, que é uma fascinante descrição das actividades e pensamento de Masaryk durante o período da Primeira Guerra Mundial e que culminou na instauração da República. Uma razão subsidiária para o título inglês é que os editores ocidentais não gostavam do tom bolchevique dado por *revolução* no título. Mas num sentido mais profundo, o título inglês é um tremendo erro de tradução: os Checos não estavam a criar o seu Estado por um acto de vontade caprichosa ou de oportunismo, estavam, segundo Masaryk, a criá-lo porque isso fazia parte de uma tendência geral que era universal e profundamente moralizada. Masaryk queria que ficasse bem claro que não iriam vê-lo ocupado a criar o Estado a não ser que fosse patente que tal estava moralmente correcto e a história tivesse decretado que assim deveria ser. E estas duas condições estavam ligadas entre si, pois a história não faz coisas de ânimo leve ou sem uma boa causa. Tal como os homens que redigiram a Declaração da Independência americana, Masaryk não se ia pôr a criar o Estado de ânimo leve, sem a devida causa e sem uma profunda reflexão filosófica. Não à Formação do Estado sem Justificação Filosófica! A vitória do nacionalismo checo foi a vitória da democracia, da razão, da sobriedade, do cepticismo, do individualismo. Não são coisas que se tomem de ânimo leve.

Mas, e este é o segundo tema na interpretação que Masaryk faz da grande transformação, os Checos não estavam apenas a entrar no cortejo da política, atrasados e sem terem contribuído muito para a propaganda. Outrora, no fim da Idade Média e início da Era Moderna, tinham estado no cerne e na vanguarda do movimento a que agora se juntavam de novo e esse era o significado profundo da história checa. A proto-Reforma hussita dos checos no princípio do século XV foi crucial e seguiu-se-lhe a prática socialmente radical dos Taboritas («Tabor é o nosso programa», era uma das palavras de ordem de Masaryk); a defesa militarmente brilhante deste movimento por Jan Žižka, num desafio às forças cruzadas e imperiais; e um pouco mais tarde, ao tempo da monarquia constitucional de Jorge de Poděbrady, com o seu esquema historicamente prematuro de paz e segurança internacionais. Tudo isto mostra que os Checos não foram beneficiários passivos, mas sim contribuintes distintos para esse movimento que em 1918 já durava há muito e que, entre outras coisas, instaurou o Estado checo.

Os Checos tinham sido privados deste papel distinto e pioneiro na tendência mundial para a democracia pelo desfecho da Batalha do Monte Branco e todo o significado da revolução de Masaryk foi precisamente a inversão, ao cabo de 300 anos, do veredicto dessa batalha. Otto von Bismarck foi outra pessoa que, ao que parece, passou uma vez uma noite inteira a ponderar «e se» a Batalha do Monte Branco (que decidiu, em 1620, a vitória da Contra-Reforma no território checo e durante 300 anos excluiu os Checos do mapa político da Europa) tivesse corrido de outro modo: a Boémia checa teria permanecido protestante, teria alinhado pela Prússia protestante, a Áustria continuaria a *ser* uma marca insignificante e a Boémia protestante teria ajudado a Prússia a dominar o vale do Danúbio e a abrir o caminho para Bagdade. (Sonhar em começar o *Drang nach Osten* no século XVII pode parecer anacrónico, mas deixemos passar.) Os opositores de Masaryk, como ele próprio refere (*The Making of a State,* p. 595), invocam o devaneio de uma noite de Bismarck para justificar o catolicismo e austrofilia: que bem fizemos em termos perdido no Monte Branco, pois de outro modo os prussianos ter-nos-iam germanizado ao usarem-nos como seus aliados protestantes. Trata-se, evidentemente, do argumento do austro-eslavismo, claramente enunciado em 1848 e muito falado na era de Adolf e Josef: sem algo como o Império Habsburgo do Danúbio, nós (e outras pequenas nações da Europa central e de Sueste) ficamos apanhados entre o expansionismo germânico e a autocracia russa. O próprio Masaryk se preocupava muito com esta última e não foi insensível à força deste argumento durante os seus anos de juventude.

Mas vamos ao que interessa: para Masaryk, os momentosos acontecimentos de Outubro de 1918 tornaram-se de uma assentada o cumprimento do mais profundo desígnio da história e uma correcção muito atrasada da distorção histórica, velha de 300 anos, sofrida pela sua nação. Sendo assim, seria de esperar pelo menos um pouco de drama e de sangue, especialmente tendo em atenção o facto de alguns dos que tinham lutado pelo pendor moral da história terem sido executados por alta traição contra a monarquia, Habsburgo. Nem por sombras. Embora a designação ainda não fosse corrente, a revolução e transferência de poder de 1918 tinha já o seu carácter de veludo. Masaryk salienta a natureza calma e nada sanguinária deste golpe de Estado *(převrat)*. Distingue-a de uma revolução e observa que só teve lugar depois de uma revolução em Viena e depois da derrocada da frente austríaca em Itália. Tudo foi feito mediante negociações, não pela violência. Levou quinze dias a completar o processo: os problemas técnicos, observa Masaryk, tornaram impossível resolver as coisas mais depressa. As novas autoridades começaram por ser reconhecidas pelas antigas como *conjuntamente* competentes e corresponsáveis (o que viria a ser repetido na segunda declaração histórica de democracia, por Havel, contra uma autocracia muito mais maléfica). Decerto não foi por acidente, observa Masaryk, que as novas autoridades começaram por tomar conta do ministério dos abastecimentos, assegurando desse modo o controlo dos militares *(The Making of a State,* p. 475). De outro modo, refere, os militares constituiriam um sério perigo para a ordem política acabada de proclamar, mas com os abastecimentos sob rigoroso controlo poderiam ser subjugados.

No caso de Havel, a transição foi igualmente cortês e, por assim dizer, técnica. Havel ajudara a derrubar um regime excepcionalmente maléfico e totalitário (o que em justiça não se poderia dizer da ordem desalojada por Masaryk), mas tudo parece ter sido uma questão de pedir e obter: «... até o presidente comunista se demitiu a nosso pedido [*sic*]», observa com prazer e um toque de surpresa. Esta revolução processou-se efectivamente no idioma dos requerimentos e demissões.

Tempos houve em que os checos costumavam atirar os agentes das potências estrangeiras das janelas do Castelo de Praga: da primeira vez, para cima dos piques; da segunda para um macio monte de esterco; mas da terceira vez, um pedido bem-educado de demissão é cortesmente aceite, e, já agora, o Sátrapa Assistente dá uma volta e torna-se o novo Primeiro Ministro. Não foi atirado de uma janela do castelo Hradčany. Desta vez, não teria havido um monte de esterco macio para amortecer a sua queda. Está tudo dentro da tradição.

O que é interessante é que o Castelo de Praga já conheceu neste século praticamente toda a gama de regimes possíveis: o tradicionalismo da Contra-Reforma Habsburgo, o liberalismo de Masaryk, Hitler, um curto interregno, o estalinismo, outro interregno, o brejnevismo e agora Havel. Mas sempre os detentores de poder que estavam de abalada negociaram, regatearam um pouco, quando puderam, e *assinaram.* O presidente Hácha assinou para Hitler, o general Toussaint, comandante da guarnição germânica em Maio de 1945, negociou a sua retirada com a Comissão Nacional Checa. Até K. H. Frank, o último *Reichs-Protektor,* ao descobrir que os negociadores checos não gostavam de se lhe dirigir, preferindo os soldados alemães, se demitiu educadamente para ajudar às negociações. (Isso não o salvou, porém, de ser publicamente enforcado em Praga cerca de um ano mais tarde.) Beneš entregou o país aos comunistas, Dubček assinou para Brejnev e Masaryk e Havel contam-nos ambos o seu trabalho de tabeliães da política. Havel, por exemplo, narra com orgulho (*Summer Meditations,* p. 23) como até o abandono da palavra «socialista» na designação oficial do país, de que «noutros países ex-comunistas se tratou... numa hora», foi em Praga elaborado com solenidade parlamentar. Vendo bem, Praga deve possuir um cabedal de experiência de Notariado Político único, as faculdades de Direito deviam realmente instituir uma cadeira especial desta disciplina. (Toda esta minúcia processual nem sempre impede que tenha lugar um certo morticínio após pelos menos algumas das transferências negociadas do poder, nomeadamente, em Maio de 1945 e a seguir a Fevereiro de 1948, mas isso é outra história.) Isto não é necessariamente mau: porque é que as mudanças hão-de ser sempre consagradas pelo sangue, porque é que os parceiros do passado e do presente não hão-de conseguir atravessar as revoluções? E manter as regras de cortesia? Mas pode também, eventualmente, suscitar problemas morais. A questão não foi para Masaryk exactamente o mesmo que para Havel, mas é interessante vermos como cada um deles enfrenta o respectivo dilema.

O problema de Masaryk é que tinha de explicar porque é que o Império Habsburgo, que durante tanto tempo apoiara, tinha afinal de ser destruído. Podia não ter sido tão mau se não tivesse sido adoptado até mais ver. Masaryk, que viu claramente os efeitos do infalibilismo contra-reformista e bolchevique, não considerou a possibilidade de um autoritarismo higienizado, mitigado, poder ser um aliado útil numa democracia. Muitos lhe sentem agora a falta: antes Francisco José do que José! O próprio Masaryk concordava (*The Making of a State,* p. 449) com este facto: «afinal quase todos nós apoiámos e defendemos a necessidade de um império austríaco para o mundo inteiro!.» Então, o que é que tinha mudado? O Império Habsburgo não conseguira melhorar, diria Masaryk, e portanto a Primeira Guerra Mundial tinha de ser vista como um confronto entre o bem democrático e o mal autoritário. Como observa um dos seus mais eloquentes e ambivalentes críticos, Václav Černý (*T. G. Masaryk in Perspective,* org. M. Čapek e K. Hrubý, SVU Press, 1981, p. 106), isto levou-o a uma ou duas contradições. Uma resulta da inclusão um tanto estranha dos czares no campo da democracia liberal. A outra era mais grave: sobrestimar uma revolução democrática supostamente sem ambiguidades e aparentemente triunfante em definitivo, a «Revolução Mundial» que deu ao seu livro o título checo original.

Esta convicção tardiamente adquirida levou ao silogismo implícito e profundamente insinuante, que imbuía a educação na república instaurada por Masaryk. O Ocidente é democrático, o Ocidente é forte, é democrático porque é forte e forte porque é democrático e porque é nesse sentido que vai a história mundial. Entrámos para este esplêndido movimento mais cedo do que muitos outros, já no século XV, fomos injustamente destituídos do nosso direito de nascença, mas agora estamos de novo a salvo no lugar que nos pertence, realmente a salvo, pois o Ocidente democrático é poderoso e no mundo corre tudo bem. Fiz a minha educação primária e dois anos e meio de secundário em escolas de Praga e só posso dizer que esta mensagem emanava, sem ambiguidades e confiadamente, dos retratos do presidente-libertador que adornavam todas as salas de aula. Premissa maior: a história universal é o nosso guia e garante. Premissa menor: a história universal escolheu a democracia e o Ocidente como seus agentes, portanto, são irresistíveis e os seus aliados (nomeadamente, nós próprios) estão a salvo.

O que acontece às pessoas que interiorizam muito profundamente o silogismo, nomeadamente a sua premissa maior, e de repente são sujeitas a uma impressionante e traumatizante demonstração da falsidade da premissa *menor?* Foi precisamente isso que aconteceu aos checos em 1938 e 1940. Munique demonstrou que o Ocidente não era firme nem leal aos seus acólitos democráticos. Como poderia ter dito Thurber, não há segurança nos números, nem na democracia, nem em nada. A derrota humilhantemente rápida do exército francês, antes elogiado como o melhor da Europa, em 1940, concluiu a lição. E se a premissa maior continuar a ser persuasiva e a Tendência histórica ainda tiver autoridade? Mas já há uma premissa menor: a história parece estar a adoptar uma nova força a Leste, capaz de derrotar os alemães que derrotaram os franceses. A expulsão de três milhões de alemães, o medo da vingança alemã (um medo muito aceso depois de 1945) e a recordação de Munique, tudo junto impeliu os hesitantes para a mesma conclusão: não se pode pensar em resistir a Estaline.

Não desejo caricaturar Masaryk. Não se trata de Masaryk ter abraçado a democracia simplesmente por considerá-la forte e vitoriosa. Apreciava-a por razões bastante independentes e morais mas também estava convencido de que se devia adoptá-la por causa de um manifesto destino histórico. E aqui o problema não é apenas o veredicto da história não ser assim isento de ambiguidade, como insistem os seus críticos (Patočka, Černý, *Masaryk in Perspective*), mas outro mais grave: o silogismo que ele preparou, e que o sistema educativo colocado sob a sua autoridade inculcava, conduz inevitavelmente — dada a substituição da premissa menor falsificada pelo que então parecia ser a premissa historicamente correcta — à aceitação passiva de 1948.

A verdade é ao mesmo tempo irónica e amarga, mas inelutável: a filosofia da história de Masaryk acabou por resultar em 1948. Nada podia estar mais longe dos seus desejos ou valores, mas as leis férreas da lógica levaram a essa conclusão. Se é a *Revolução Mundial* que dá o sinal de orientação política correcta a Praga, mas se (à luz dos acontecimentos subsequentes) a democracia ocidental se revela débil, desleal e um agente ineficaz da grande tendência revolucionária, mas um arauto mais poderoso e firme surge a leste... pois bem, então, a conclusão é fácil de tirar. Aqueles que levaram a cabo e aqueles que aceitaram o golpe comunista de 1948 agiram em harmonia com o silogismo que Masaryk lhes tinha ensinado tão insistentemente: continuaram a respeitar a premissa maior que afirmou a autoridade da História Universal, simplesmente substituíram a premissa menor desacreditada por Munique por outra, relativa ao que então parecia o impulso dominante da história, e procederam de acordo com a conclusão. A *Revolução Mundial* tinha de ser instaurada em Praga.

O problema de Havel e a solução de Havel são bastante diferentes. Havel não enfrenta, como Masaryk, a estranha questão de saber porque é que se tinha voltado contra um sistema que aceitara e adoptara durante tanto tempo e dentro do qual trabalhara em situação confortável. Masaryk conta abertamente como, no princípio da primeira guerra, foi visitar o vice-rei Habsburgo em Praga, homem de quem se dizia ter na sua posse uma lista de pessoas a prender que incluía o nome do próprio Masaryk. «Era um homem decente e era possível falar bastante abertamente com ele.» Que caseiras, que *gemútlich* eram nesse tempo as relações pessoais-políticas! Não, Havel não enfrenta este problema; o sistema a que se opôs era inequivocamente repelente e Havel sempre se lhe opusera, pagando por isso um preço considerável.

O problema de Havel não é porque foi que se voltou tão tarde contra um sistema antes considerado tolerável, digno e susceptível de reformas, mas sim porque é que, face ao derrube desse sistema, se tolera tanto da sua herança. Porquê tudo tão aveludado? Porquê tentar reafirmar o velho aparelho escolhendo um dos seus para primeiro primeiro-ministro livre? Porquê tanta preocupação com a continuidade técnica do governo, de certo modo mais justificável em 1918 — o *ancien régime* tinha a legitimidade da antiguidade genuína e não tinha na sua consciência horripilantes crimes contra a humanidade, ao passo que o regime comunista era culpado de 40 anos de mendicidade sustentada, morticínio, chantagem constante com os seus cidadãos mediante a perseguição educativa aos seus filhos; e era também culpado de alta traição e de colaborar com um ocupante estrangeiro. Há, claro, boas razões para usar de brandura com os que colaboravam com o totalitarismo e para lhes deixar os seus lucros: é melhor deixá-los enriquecer mais do que levá-los a contrabandear o seu dinheiro para fora do país; e é melhor deixá-los tentar salvarem-se convertendo-se ao mercado, investindo no capitalismo os fundos roubados ao comunismo, do que levá-los para a via chauvinista. (Uma das razões para a separação da Checoslováquia é que o aparelho checo parece ter escolhido a primeira opção e o eslovaco a outra, e as duas estratégias não se misturam.) Além disso, são muitos aqueles que, de uma maneira ou de outra, estiveram comprometidos com o regime anterior, demasiados casos limítrofes, demasiadas ambiguidades factuais. Há uma teoria plausível que sustenta que é muito mais fácil liberalizar as ditaduras de direita do que as de esquerda porque há a possibilidade de oferecer aos velhos detentores de poder a conservação da sua riqueza como recompensa por largarem o poder, ao passo que no totalitarismo de esquerda só há poder, não há riqueza, no sentido técnico, para conservar. A Revolução de Veludo checa parece dar o exemplo contrário: lucros mal ganhos, informação e posições internas são utilizados pelo velho aparelho para ocupar posições de novos-ricos. Pode ser bom para a economia, mas, mesmo assim, deixa um mau sabor na boca de muitos, incluindo o próprio Havel.

A queixa que Havel exprimiu com mais vigor refere-se ao declínio moral: «a sociedade libertou-se, mas, de certo modo, comporta-se pior do que se estivesse agrilhoada» *(Summer Meditations,* p. 2). Há muita coisa que pode ser questionada em ambas as partes desta declaração. Ter-se-á a sociedade libertado? Logo na página seguinte, o próprio Havel recorda que «uma mancheia de amigos e eu passámos anos a bater com a cabeça nas paredes por dizermos a verdade sobre o totalitarismo comunista rodeados por um oceano de apatia.» Esta sociedade tinha aceitado o regime comunista sem entusiasmo mas com resignação, em tal medida que, quando a libertação caiu do espaço sideral, os libertados, muito literalmente, não puderam acreditar na sua sorte e continuaram a olhar por cima do ombro, nervosamente, não fosse virem aí mais tanques para pôr fim àquilo tudo, embora desta vez não houvesse lugar de onde pudessem vir tanques.

Há uma contradição gritante entre creditar a vitória à sociedade acusando-a ao mesmo tempo — infelizmente com razão — de apatia. E duas páginas depois, mais uma vez, reivindica a vitória, agora não para a sociedade em geral, mas para o seu próprio estilo moralista: «O comunismo foi derrubado pela vida, pelas ideias, pela dignidade humana» *(Summer Meditations,* p. 5). Terá sido? Masaryk defendia a sua opção política decisiva com uma filosofia da história interessante, estimulante, contenciosa e que se revelou amarga e fatal para a nação politicamente reinstalada em seu nome, mas que merece análise. A filosofia política de Havel — decência sem compromissos face à ditadura miserável, cínica, oportunista e sem escrúpulos — é heróica e humanamente admirável; quando, porém, é apresentada como *teoria* para derrubar ditaduras, ou quando ele vai ao ponto de dizer que este foi o único meio de o fazer *(Summer Meditations,* p. 5), torna-se absurda, indefensável, e pode facilmente ser refutada com elementos fornecidos pelo próprio. Podem atribuir-se dois sentidos à palavra de ordem de Havel em *Living in Truth:* pode significar (1) não permitir que um regime maligno nos induza a afirmar falsidades e (2) não nos deixarmos embarcar em altas ilusões só porque nos fazem sentir melhor. O que Havel tem a dizer sobre (1) é soberbo. Mas não é nada fácil passar-lhe um boletim de saúde limpo por (2).

Esta contradição no pensamento de Havel é criticada, por exemplo, por um tal Peter Fidelius (pseudónimo adoptado nos tempos da clandestinidade, mas que o autor prefere continuar a usar) na *Literárni Noviny,* um semanário literário de Praga, a 6 de Junho de 1992. Ou o comunismo foi destruído por uma coisa que não foi a nossa sociedade, diz o autor, ou a nossa sociedade não pode estar tão podre como Havel a pinta: ele, Fidelius, diz-se inclinado para a segunda alternativa. Mas a primeira opção parece ser formulada a partir de uma fonte surpreendente: Petr Pithart, primeiro-ministro dos territórios checos depois da Revolução de Veludo, que começa por observar que apenas usara essa expressão entre aspas: o que quer dizer não é que não tenha sido de veludo, mas que não foi nenhuma revolução. Com brutal candura, diz que se recusa a usar a palavra revolução, que não houve conflito, que o poder comunista em decomposição só tinha durado tanto porque *«nós»* o tolerámos, que das sociedades comunistas similares tínhamos sido os últimos e chegado dez minutos depois da meia-noite. E prossegue, acusando as autoridades pós-veludo (em que claramente se inclui) de ligeireza culposa e de benevolência, nomeadamente, pela sua brandura para com os velhos detentores do poder no Ministério do Interior. O texto onde se citam estes comentários (*Necensurované Noviny,* n.º 12, 1992, um quinzenário) fá-lo com um irónico *Sem Comentários,* como a dizer: «olhem quem fala...»

Pithart é um antigo dissidente, antes disso comunista que, enquanto dissidente, escreveu e publicou, em *samizdat* e no estrangeiro, sob o pseudónimo Sládeček, uma notável análise da história checa e da culpa comunista (de que participava), chamada simplesmente *'68*. Pithart tem claramente tendência para a *mea culpa* auto-analítica.

Destas três posições, a de Havel, a de Fidelius e a de Pithart, a terceira é que deveria parecer correcta. O comunismo não foi destruído pela sociedade nem pela honestidade, podia dominar a primeira e conter ou corromper a segunda; foi, quer queiramos quer não, destruído pelo consumismo e militarismo ocidentais, mais um surto de decência e ingenuidade por parte do Kremlin. Perante uma dupla derrota tanto no consumo como na corrida aos armamentos, as chefias soviéticas preferiram liberalizar politicamente, na expectativa simplória e rapidamente refutada de que depressa conseguiriam melhorias económicas. Diga-se em seu abono que fosse como fosse lhes agradava uma certa liberalização, embora a liberalização económica fosse contra os anseios da sociedade. Consequentemente, a Europa de Leste, parte dela apática, parte dela com aspirações a muito menos liberdade do que lhe caía do céu, fica livre.

Portanto, os moralismos de Masaryk e de Havel não defrontam o mesmo problema. Masaryk era um pouco puritano, além de moralista. Não se limita a ver a ligação entre Contra-Reforma e Infalibilismo marxista; também não gosta do catolicismo pelo seu transcendentalismo que leva os seus acólitos ao misticismo sexual tão notoriamente presente na literatura modernista, essa que Masaryk detestava abertamente. São os católicos, não os protestantes, que são propensos a isso. Esta posição meteu-o em dificuldades no caso de D. H. Lawrence, obrigado a declarar uma excepção.

Tanto Masaryk como Havel podem ser acusados de terem levado demasiado a sério a divisa nacional dos Checos: *A Verdade Acima de Tudo*. Não se pode confiar que assim seja sempre, até a longo prazo, e como disse Keynes, a longo prazo estamos todos mortos. Masaryk usou como sua premissa de base uma perspectiva de posição dominante da democracia no processo histórico contemporâneo, perspectiva que deixou ficar mal os que confiaram no tempo, na era de Hitler e de Estaline. Para lhe fazer justiça, diga-se que Masaryk parece ter abraçado essa perspectiva quando sentiu necessidade de justificar a sua opção na guerra de 1914-18: antes tinha lutado em duas frentes, defendendo o realismo social concreto contra os historicistas românticos mais extremistas. Havel, um dramaturgo soberbo mas um amador enquanto teórico da sociedade, deu a sua confiança não a uma teoria geral da história, mas à vitória final da mera decência. Quando afirma que é preciso manter a decência haja o que houver, só podemos admirá-lo. Quando diz que isso é politicamente eficaz e que não há outra via, aí temos de divergir. As ilusões não fazem bem a ninguém.

O que realmente venceu em 1989 foi o consumismo e a adopção por toda a Europa de um sistema que satisfaz os seus imperativos em alternativa a um outro que não os serve e que ainda por cima é opressivo e miserável. A democracia e a decência ganharam uma corrida livre para a vitória a reboque de um triunfo consumista, e devemos sentir-nos devida e profundamente gratos por isso, mas é perigoso iludirmo-nos supondo que deveram a vitória aos seus atractivos políticos intrínsecos. Num mundo ideal seria assim, mas no mundo tal como ele é, duvidamos. Claro que devemos admirar aqueles que bravamente se ergueram em defesa da decência mesmo quando essa atitude não era vitoriosa, era perigosa e é por isso que tanto Masaryk como Havel merecem a nossa admiração. Mas tal não significa que tenhamos também de aceitar as suas teorias gerais a explicar porque é que a vitória era certa. A verdadeira lealdade para Masaryk está em respeitar a verdade, por mais desagradável, e não as suas opiniões específicas sobre história.

Os dois homens diferem consideravelmente no que têm para oferecer quanto a esse ponto. A teoria de Masaryk é elaborada com mestria académica; é também controversa e acabou por, mais tarde, levar a nação num sentido que ele teria odiado. A teoria de

Havel é uma teoria que ele só afirma quando formula o seu credo, mas também se revela errada quando Havel descreve concretamente o que na realidade aconteceu ou quando, nas suas esplêndidas peças de teatro, põe a nu a mecânica dos acontecimentos. O comunismo não foi, infelizmente, derrubado pela vida, pelas ideias, pela dignidade humana, como ele afirma. Nos seus momentos de realismo, na sua obra literária e descritiva, Havel pensa melhor. Aí descreve, com soberba ironia, precisamente como é que a verdade não está acima de tudo. A sociedade que Havel conhece e analisa tão bem, e agora também acusa, aceitou o comunismo sem entusiasmo mas com resignação. A concepção de democracia de Masaryk era algo protestante e puritana, e suponho que ele se terá sentido embaraçado por alguns aliados que adquiriu na sua segunda ascensão (uma cultura popular permissiva e a Igreja da Contra-Reforma). Provavelmente, teria partilhado alguma da desilusão de Havel e deplorado certos aspectos da cena contemporânea menos aceitáveis para Havel.

Mas há uma ligação entre os dois homens. Havel é suficientemente filho da república de Masaryk para reconhecer explicitamente o princípio que orientou o primeiro Estado checoslovaco, segundo o qual só *catedráticos* devem estar à frente do Estado. Quando se põe a sonhar alto e pinta o idílio da Checoslováquia que está a tentar construir (*Summer Meditations*, p. 102 e ss.) diz expressamente: «À frente do Estado estará um professor de cabelos grisalhos que seja... encantador». É realmente o modelo Masaryk de presidência. A Primeira República só teve presidentes professorais: quem não fosse catedrático, ou sequer académico, não se candidatava. Até o rival potencial de Beneš para a presidência, que foi crítico de Masaryk enquanto historiador, era um *professor* rival. Se a altura da derrocada do marxismo tivesse sido outra, Praga teria tido sem dúvida um presidente-professor em Jan Patočka e ter-se-ia mantido a tradição. Mas os tempos mudaram ou então não havia nenhum professor disponível com um *curriculum* apropriado.

Portanto, o professor ofereceu-nos uma teoria geral do que está a acontecer e devia acontecer, embora o dramaturgo brilhantemente descreva como é que o que realmente se passa se pode manipular, ao mesmo tempo que diz algo muito diferente nas suas profissões de fé. Talvez precisemos de uma combinação das duas coisas. Os Franceses têm Racine para lhes dizer como devia ser e Corneille para lhes dizer como é realmente; os Checos têm, em Havel, uma pessoa que desempenha ambas as tarefas, uma como teórico, outra como dramaturgo. Mas será interessante ver se são os professores ou os dramaturgos que dão melhores presidentes.

10

Renascer pela Base

Os primórdios esquecidos do Renascimento Nacional checo

Jan Patočka é geralmente reconhecido como o filósofo checo mais importante do período do pós-guerra. Mais tarde, entrou para a arena política ao fundar *Carta 77* em protesto contra a chamada «normalização» da Checoslováquia, isto é, contra a instauração do estalinismo-de-rosto-humano na esteira da repressão da Primavera de Praga de 1968. Morreu de uma hemorragia cerebral logo a seguir a um prolongado e zeloso interrogatório da polícia, possivelmente em consequência dele.

Patočka foi uma personalidade notável que, como tantas vezes acontece em filosofia, fascinava o seu público independentemente de o que dissesse ser compreendido ou inteligível. Em filosofia, seguia a fenomenologia e era um devoto de Husserl, de quem foi aluno e discípulo, bem como dos filósofos gregos clássicos. Tinha grande admiração pelos ingleses que editaram e deram a conhecer os pré-socráticos. O que entendi das suas aulas, a que assisti em 1945, foi que, na sua opinião, algo de tremendo tinha acontecido à condição humana com o advento do pensamento grego. Aparentemente, marcara e distinguira para sempre todos os que tivessem estado sob a sua influência. Muito mais do que isso não entendi, mas a intensidade do seu estilo levou-me a continuar a ir às aulas. O seu pensamento e estilo eram complicados e quando lhe falei disso e disse que as suas frases tinham uma forma quase germânica ele aceitou o comentário com prazer dizendo que a língua checa precisava de qualquer coisa desse género se se quisesse usá-la para algo mais do que comprar e vender. Tinha esperança de tornar a língua menos plebeia fazendo-a mais rebuscada; em filosofia, isso significava que se tornava obscuro, mas as suas ideias sobre a história checa são inteligíveis e extremamente interessantes. Patočka não tinha aversão ao complexo estilo germânico e a presente obra foi na realidade escrita em alemão. (O volume contém o original e uma tradução checa, embora não feita pelo próprio.)

As circunstâncias da composição do texto são interessantes. Foi originalmente escrito nos negros anos iniciais da normalização, o princípio dos anos 70, sob a forma de cartas dirigidas a uma sua amiga alemã que vivia na República Federal. Talvez por pudor, os editores recusam-se a revelar o nome da receptora dessas cartas. O segredo, contudo, não foi guardado, pois ela é identificada num estudo de Patočka por Erazim Kohák (*Jan Patočka: Philosophy and selected writings;* recensão no *TLS* de 5 de Outubro de 1990). Os editores observam também que não podem ser dadas respostas ambíguas à questão de saber se se trata de um texto pessoal ou se Patočka contemplaria a sua eventual publicação. Algumas observações pessoais e idiossincrasias estilísticas sugerem a primeira hipótese. Existe uma versão dactilografada corrigida de aproximadamente metade do manuscrito e a outra parte existe apenas numa única versão, mas numa cópia limpa. Os acontecimentos de 1968, que constituíram o passado imediato e o cenário decisivo da situação em que a obra foi escrita, não são mencionados, mas não é ilegítimo pensar que o livro é realmente acerca deles.

Aqui temos um importante pensador a explicar a história e o carácter da sua nação a uma mulher que pensava (como me sugeriu uma pessoa familiarizada com os antecedentes deste livro) juntar-se a Patočka em Praga. Aqui temos um homem que tenta explicar uma tragédia familiar, por assim dizer, ou melhor, a fraqueza da família que tinha engendrado a tragédia, a uma associada em perspectiva que pode vir a morar no ambiente da família e, evidentemente, ao fazê-lo, está também, como é natural, a explicar estas coisas a si próprio. Haverá poucas nações na Europa (embora talvez haja algumas) que vivam nos termos de uma intimidade constante com a sua história como os Checos. Para eles, o historicismo é praticamente uma maneira de viver. Patočka cita o historiador da literatura checa, Arne Novák: «O historicismo checo está há muito ao serviço da ideia nacional checa e podemos sem exagero afirmar que é o mais poderoso agente da educação nacional.»

Os Checos não têm uma história pátria humorística (falta alguém escrevê-la) que resuma os *clichés* folclóricos da história checa, mas neste livro temos um relato, não engraçado, mas pelo menos astuto e por vezes extremamente áspero, feito por um importante pensador, da construção da identidade histórica da sua nação. A história checa tem duas entradas em cena: os acontecimentos originais tal como as coisas foram, antes do quase desaparecimento da nação, no fim do século XVII, pelo menos como organização vertical muito bem equipada, e a redescoberta, reinterpretação e utilidade política mitigadas dessa mesma história durante a ressurreição nacional que começa algures por volta do virar do século XIX ou imediatamente antes.

Na primeira generalização, Patočka permite-se distinguir os Checos de todos os seus vizinhos, Alemães, Austríacos, Polacos e Magiares: todos eles, observa, foram buscar a sua classe política aos estratos superiores, livres para as tarefas da política. Isso pode ter as suas desvantagens, acrescenta, pois esses homens agiram mal, só que pelo menos agiram, não eram meros eruditos e secretários (Patočka sente particular antipatia pelo arqui-secretário Beneš). A despeito de vários cataclismos sociais, estes vizinhos continuaram a ser nações soberanas até à Segunda Guerra Mundial e foram buscar os seus valores à classe senhorial. A fatalidade checa foi a falta de algo semelhante, diz ele, por isso os Checos são muito diferentes dos seus vizinhos nas maneiras de pensar e de sentir, mesmo quando adoptam as suas ideias. Tomáš Masaryk foi uma excepção, mas permaneceu isolado e não deixou sucessores. Os Checos, diz Patočka, foram a primeira nação a renascer com sucesso pela base (exemplo a seguir nos Balcãs e no Báltico). Por esta mesma razão, os Checos, não apesar mas por causa da sua exiguidade (em termos de qualidade, não de quantidade), têm um significado que transcende o local: foram (não são estas palavras as que ele usa) pioneiros do nascer-do-nada.

Ironicamente, mas talvez com razão, Patočka vê o nascimento de uma verdadeira identidade moderna checa no período barroco e no catolicismo (embora a mitologia nacionalista se tenha fixado em devido tempo nos Hussitas proto-protestantes do princípio do século XV). Houve primeiro «a esperança de que os Habsburgos aprendessem a avaliar correctamente o significado da terra checa e levassem a sua sede para Praga... a esperança de que uma contra-reforma voluntária, implantada com intensidade máxima, restaurasse o lustro do nome checo aos olhos da Europa católica».

Assim, os primórdios ora esquecidos do renascimento nacional checo, muito ao contrário da imagem recente, tinham sido católicos e não protestantes. Isso teria levado à criação ou à invenção do grande santo católico checo, João Nepomuceno, com base na confluência de duas figuras, uma delas fictícia (com direito a uma nova série de celebrações na cidade de Nepomuk, este ano, embora Patočka não possa ter sabido disto). A figura fictícia foi alegadamente um mártir, atirado ao Vlatva da Ponte Carlos num ponto que está assinalado, por se ter recusado a revelar os segredos do confessionário a respeito das andanças da rainha (um respeito pela vida privada dos personagens reais que talvez tornasse João Nepomuceno querido na Inglaterra contemporânea).

Aqui a intriga adensa-se e emerge um padrão geral. Ao contrário da sua imagem recente, o nacionalismo checo começa dentro do catolicismo e em oposição ao Iluminismo: «A pátria checa não apenas era atrasada como era excêntrica na direcção oposta, num movimento de recuo. Quando chegou o Iluminismo sob a forma de uma nova ordem escolástica teresiana... havendo perspectivas de progresso social apenas para quem estudasse em alemão, o carácter checo seguiu o princípio oposto. Fortaleceu a resistência ao Iluminismo.» E no entanto, prossegue Patočka, esta nova maneira de ser checa, a exiguidade, foi também muito estimulada pelo temido Iluminismo — através da emancipação dos camponeses operada por José II. Os lavradores checos eram a nação e passaram a poder migrar para as cidades onde ficavam sujeitos à justiça do Estado como ninguém. Nasceu um nacionalismo mais linguístico do que territorial, a que a nobreza permaneceu alheia. Começa aqui o que Patočka chama desassombradamente a pequena Checónia. (Esta ideia não deixa de ser útil quando se trata de compreender o primeiro governo da nova República Checa.) As polaridades de Patočka são agora claras: de um lado, nacionalismo linguístico, igualitarismo e exiguidade; do outro, um Estado territorial, um patriotismo translinguístico, um sentido da nobreza das tarefas. A História levou a nação checa para a opção que ele claramente desaprova. Na perspectiva de Masaryk, os checos eram reformadores prematuros, uma vanguarda vigorosa do progresso que acabaria por recuperar a herança a que tem direito com a vitória final da democracia sobre o medievalismo, em 1918. Patočka, pelo contrário, vê os Checos perderem a sua oportunidade, primeiro devido à irresponsabilidade da aristocracia e depois ao seu entusiasmo religioso, sendo estas duas coisas juntas que os privam de um Estado e os condenam a renascer a partir de baixo, pagando o preço da mesquinhez psíquica.

O tema subjacente à tese de Patočka é com efeito uma espécie de Anatomia da Pequenez — mas tomando pequenez num sentido não apenas quantitativo. Aqui, o pequeno não é belo [*small is* not *beautiful]*, pelo menos neste tipo de pequenez. O extraordinário analista contemporâneo do nacionalismo histórico, o checo Miroslav Hroch, obtém algo de semelhante, usando as palavras de tal modo, que faz dos Dinamarqueses uma grande nação e dos Ucranianos uma pequena nação: o que ele quer dizer é que os primeiros têm uma sociedade completa, ao passo que os segundos tiveram de criar tardiamente os seus órgãos sociais mais elevados, acrescentando-os a um organismo antes incompleto. Esta acepção e a posição que a inspira são bastante semelhantes às de Patočka. A pequenez torna-se aqui uma noção complexa com uma série de constituintes: patriotismo linguístico e não territorial a reflectir uma visão fragmentária desprovida quer da antiga unidade medieval, quer da sua sucessora/substituta, mais voltada para o que divide os homens do que para o que os une; a construção de uma sociedade a partir de baixo, mediante uma luta tenaz mas mesquinha por cada exígua vantagem — pequenos objectivos e pequenos ganhos, nada de visões grandiosas, igualitarismo. As Grandes, pelo contrário, seriam hierárquicas (socialmente completas), afectas a uma unidade humana englobante e não ao provincianismo, e dotadas de visão, capazes de produzir indivíduos que tomem decisões ambiciosas, totais, e enfrentem graves sacrifícios.

A questão que preocupa Patočka, com angústia e amargura, é a maneira como a Astúcia da Razão histórica deu aos Checos a opção errada, e isso é para ele um grande desgosto. Encontra alguma consolação ao reflectir que os Checos, pelo menos, foram pioneiros nestes tipos de pequenez, exploraram o seu potencial social. Os primeiros pecadores foram os aristocratas da Boémia medieval, grandes *frondeurs*, que, irresponsavelmente, coarctaram as aspirações das dinastias Premislida e Luxemburgo à criação de um Estado forte (uma espécie de missão a Leste?), aceitaram prontamente os lucros da posse das terras trazidos pela reforma religiosa, mas perderam o interesse assim que viram a terra firmemente nas suas mãos. Patočka de modo algum partilha o convencional entusiasmo checo pelos Hussitas, embora não negue a sua grandeza. Mas era grandeza numa causa discutível e Patočka tem as suas dúvidas em incluir retrospectivamente João Hus numa espécie de clube humanista. Disfarça mal a sua antipatia por esse último avatar da Reforma checa, Petr Chelčický, com o seu ultra-igualitarismo (rejeição de todas as hierarquias, religiosas e políticas, por intrinsecamente pagãs) e o seu pacifismo. (Tal como os extremistas ingleses mais tarde, os zelotas checos vieram de um zelo revolucionário para um subsequente pacifismo.)

Patočka não parece portanto nada entusiasmado com o período hussita. Masaryk sentia-se desiludido com ele porque na última parte do século XV a aristocracia traiu o campesinato, aumentou os seus próprios privilégios opressivos e desse modo perdeu a via do igualitarismo religioso dos Hussitas para um igualitarismo moderno. Como bons democratas sociais, os nobres da Boémia do século XV não passam claramente no exame. As críticas de Masaryk não desdenhavam salientar que os valores que defendia eram susceptíveis de uma acusação de anacronismo. Os Hussitas, como insistia o seu opositor católico, o historiador Pekař, pertencem à Idade Média e à Igreja, que muito declaradamente não queriam abandonar, e não às Luzes. Patočka, porém, não se pode queixar de os Hussitas não terem sido capazes de decisão firme ou de sacrifício total (incapacidades que preenchem as suas queixas dos checos modernos), por isso não escapam aos seus critérios que, de certo modo, são mais intemporais do que os de Masaryk: o culto do heroísmo é mais frequente do que o secularismo democrático liberal. Mas Patočka parece não ligar muito ao seu igualitarismo. O igualitarismo dos entusiastas religiosos emite uma carta, uma espécie de precedente e justificação, uns quatro ou cinco séculos mais tarde, que guia o igualitarismo menos heróico dos servos libertados por graça superior, que Patočka detesta. Deplora também a incapacidade de construir um Estado boémio fortemente monárquico, não étnico e hierárquico, que evidentemente teria preferido, quer essa incapacidade se deva ao egoísmo aristocrático, quer ao entusiasmo religioso popular ou à crise provocada como reacção a esse entusiasmo.

No virar do século XIX, observa Patočka, a aristocracia e parte das Luzes eram apenas patrióticas (isto é, com os olhos no país e não numa das suas duas línguas), ao passo que os conservadores e os românticos se voltavam para um nacionalismo linguístico que define a nação em termos de língua comum e não de cidadania comum. No princípio do século XIX houve um filósofo padre-professor em Praga, Bolzano, de origem em parte italiana, em parte austríaca, uma grande figura reconhecida no Ocidente como precursor da moderna filosofia da matemática e da ciência e antepassado indirecto de Wittgenstein. Mas teve também muita importância localmente, pois amava tanto a teologia e a humanidade como amava a matemática. Esse outro amor levou-o a simpatizar com o patriotismo não étnico da Boémia, que seria bom para os checos menos favorecidos (quase uma definição, pois os que nessa época subiram na sociedade germanizaram-se) e uma teologia que na verdade tratava o verdadeiro catolicismo como um Iluminismo codificado, um amor tolerante pela humanidade e não uma pretensão à Revelação exclusiva. (Não admira que Bolzano tivesse os seus problemas com as autoridades eclesiásticas.) Noutro local, Patočka exprime o seu desgosto pelo facto de a Boémia não ter seguido a opção política de Bolzano, desgosto mais tarde partilhado com J. P. Stern no seu *The Heart of Europe* (1992). Mas não seguiu.

Portanto, o nacionalismo de estilo novo nasceu sem o benefício do Iluminismo, nu ou apresentado como a verdadeira mensagem escondida do catolicismo, como teria sido pela mão de Bolzano. Mais exactamente, este nacionalismo era hostil ao conteúdo intelectual do Iluminismo, onde via centralização e germanização (Iluminismo queria dizer que o alemão substituiria o latim como língua burocrática), embora as reformas institucionais trazidas pelas Luzes (emancipação dos camponeses) tenham ajudado muito este nacionalismo fornecendo-lhe oportunidade e clientela. Esta tendência modificou-se depois com os eslovacos do reino da Hungria, onde a Contra-Reforma não conseguira penetrar, que descobriram, a par do historiador Palacký, o significado de Hus e do seu período, ligando assim esse ambiente à anterior tendência checa não católica. Foi portanto esta, diz ele, a base sobre a qual, lentamente, se erigiram uma nova nação e sociedade: «enraizada no povo, mas conservadora, por muito tempo destituída de impulso revolucionário, cautelosa, apalpando o terreno, desprovida de meios materiais, a adquirir, até certo ponto, o seu equipamento espiritual, mas com uma tenacidade camponesa e imbuída da vontade de não consentir que a eliminassem.»

Desde o Iluminismo que os Checos são uma nova nação, no sentido em que, ao contrário da antiga sociedade checa, unificada e hierárquica, relativamente indiferente à língua, criaram uma nova sociedade igualitária baseada na *língua materna*. Era uma sociedade de servos libertados. Mas não foram eles que se libertaram, para isso teria sido necessário um acto revolucionário. *Foram libertados* por um decreto do governante: pensavam de um modo muito menos radical do que o seu dirigente-libertador. Viram as vantagens da libertação, mas no fundo eram conservadores porque a tradição, que os ligava à pátria checa, era em princípio a antítese de qualquer tipo de iluminação.

Patočka é efectivamente duro para com os seus compatriotas no esforço para compreender uma certa mesquinhez da alma. Fala duas vezes do escritor judeu alemão Moritz Hartmann que, nos anos de 1840, publicou em Leipzig um poema intitulado «Elegia Boemiana», em que exprime desprezo por uma nação que se alienou das suas melhores acções (a revolta hussita, afinal?) e sobrevive traindo a sua herança. Hartmann compara desfavoravelmente os Checos com os Polacos, cuja desgraça provoca mais compaixão do que a tragédia checa do Monte Branco (1620), uma espécie de Batalha do Boyne ao contrário (ganham os católicos), só porque os checos, na altura, tinham abjurado o seu passado anterior a 1620. Isso, evidentemente, devia-se à mudança e estava de facto a mudar no momento em que Hartmann publicava o seu poema. Palacký redescobria os Hussitas e transformava-os em mito nacional, ao mesmo tempo que dotava a monarquia Habsburgo de um novo papel e justificação, já não o campeão da Contra-Reforma, mas o protector das pequenas nações da Europa Central (sobretudo eslavas) contra o expansionismo germânico e a autocracia russa.

A Batalha do Monte Branco praticamente define as fronteiras entre o Estado hierárquico, aberto, poli-étnico da nostalgia de Patočka e a comunidade claustrofílica, igualitária, tacanha, definida linguisticamente que ele condena e que reemerge século e meio mais tarde depois das «trevas piores que na Sibéria» (frase de Hartmann) que se seguem à batalha, batalha que durou umas poucas horas, com poucas baixas e que, com toda a evidência, não cativou a nação à época. Como salienta Pekař, os mercenários que serviram do lado que perdeu no Monte Branco não se podem comparar com as massas populares erguendo-se espontaneamente em apoio aos Hussitas, uns dois séculos antes. Pekař pensava também que, embora o Monte Branco tivesse sido na realidade uma tragédia nacional, uma vitória protestante, em vez de preservar a cultura checa, teria levado a uma germanização ainda mais eficaz do que a que se verificou sob os auspícios dos Habsburgos e da Contra-Reforma. No Monte Branco, encontraram-se duas religiões rivais, mas eram uma só na sua tendência para germanizar a Boémia. Por isso Pekař acha que a Contra-Reforma contribuiu na verdade para preservar a nação checa, embora Patočka insista no facto de a nação checa tal como a conhecemos ter tido efectivamente a sua origem no período barroco que se seguiu à batalha. Nem católicos nem protestantes celebram a batalha, a questão está muito esbatida. Como se poderia misturar numa mesma comemoração a vitória religiosa e a derrota étnica ou, no outro campo, a derrota religiosa e a criação das condições de um renascimento nacional algo curioso, a partir da base? Será possível celebrar a submersão de modo a que surja uma situação em que se possa renascer para se ser o que se é? Pode-se celebrar uma vitória ou comemorar uma derrota, mas poder-se-á celebrar uma *nuance* de derrota? Os rituais destinam-se a ter várias camadas de sentidos, mas isso seria realmente demasiado. Praga ostenta dois panoramas de batalhas famosas: a que pôs fim às guerras hussitas com um conflito fratricida em que os extremistas foram derrotados e o aspecto militar da aventura hussita liquidado; e outro a comemorar a defesa, já no fim da Guerra dos Trinta Anos, da Cidade Velha, na Ponte Carlos, por estudantes católicos, contra os suecos, aliados protestantes da liberdade da Boémia, mas também um bando de gatunos que levaram consigo todos os tesouros artísticos do castelo que conseguiram capturar, embora os estudantes os tenham impedido de atravessar a ponte de pedra da cidade, tendo guardado na Suécia o que tinham roubado. Traíram os seus aliados protestantes boémios na Paz da Vestfália, não sem terem embolsado alguns subornos para o fazerem, uma espécie de antecipação seiscentista de Munique.

Patočka prossegue, caracterizando o nacionalismo moderno como uma sobrevivência e comenta que essas sobrevivências estavam muito concentrados no Império Habsburgo. Isso é de certo modo estranho, pois não é provável que queira dizer que as nações modernas são em geral continuações das antigas (pelo que respeita à sua nação, Patočka tem a opinião oposta); e no caso de nações «renascidas da base» (como os Checos), tem mesmo uma consciência aguda, e até amarga, da descontinuidade e é extremamente lúcido quanto aos mecanismos sociais do renascer, à sua ligação com a migração urbana dos camponeses e ao significado da educação na mobilidade social numa altura de centralização política e de industrialização. É curioso Patočka combinar as duas opiniões, provavelmente incompatíveis, sobre o nacionalismo, as que mais que tudo dividem os teóricos do nacionalismo: será uma sobrevivência do passado ou fruto de condições modernas? Ambas as coisas, diz ele. Foi educando os camponeses, nas aldeias, nas cidades, que se forjou uma nação. Eles estavam ansiosos por aprender, o mestre-escola era o construtor da nação e o professor ia tornar-se o dirigente nacional. As condições vigentes no mundo em que iam entrar obrigavam-nos a aprender. Este processo educativo requeria uma história que se lhes pudesse ensinar, o que, em devido tempo, acabou por se descobrir ou inventar, em diversas proporções. Patočka tem provavelmente razão ao pensar que até quando esta história adquiriu conteúdo nominal ou mitologia, o seu verdadeiro espírito continuou a ser o de uma reacção barroca a um ameaçador Iluminismo centralizante.

Patočka salienta que, uma vez desaparecida a unidade englobante da cristandade medieval, restaram apenas as idiossincrasias como sinais da identidade; estamos, diz ele, em nossa casa por acidente e não podemos viver de outro modo. (Santayana dissera praticamente o mesmo: a nossa nacionalidade, tal como as nossas relações com as mulheres, está demasiado enraizada para mudar honrosamente e é demasiado acidental para valer a pena mudá-la. Pelo que respeita a Patočka, são simplesmente demasiado acidentais, não para a mudança, mas para a elevação ao estatuto de alicerces políticos.) Patočka percebe a luta triangular entre este particularismo, o universalismo barroco de Maria Teresa e o novo universalismo iluminista de José II. A nova cultura checa, nascida na época barroca, apoderou-se do conteúdo do regime de Maria Teresa sem o seu pretenso universalismo religioso e beneficiou politicamente com o novo universalismo iluminado do seu sucessor, também sem interiorizar as suas ideias. Patočka combina portanto uma visão do nacionalismo como sobrevivência do passado com uma percepção mais correcta dos mecanismos da sua emergência real em condições de modernização: o caso checo, embora talvez extremo, é quiçá menos atípico do que ele pensa. Renascer pela base pode definir e acentuar algumas das suas características marcantes, mas os seus traços gerais invadem sempre o mundo industrial.

Em 1848, o historiador Palacký deu ao movimento nacionalista a sua orientação política (que se manteve até Masaryk mudar de rumo, em 1914); a dinastia tinha de ser persuadida a basear-se na parte eslava da sua população. Isso implica uma atitude conservadora, que Palacký na verdade manteve até ao fim da vida e que lhe valeu ser ridicularizado por Marx. Os Checos, porém, ao contrário dos Magiares, falharam nos seus esforços importantes para melhorar a sua posição no seio da monarquia (na verdade, estavam condenados a falhar desde que os húngaros triunfassem, pois ceder aos eslavos significaria agredir os magiares) e o que aprenderam com os seus erros foi a desenvolver o gosto pela luta tenaz, persistente, para ganhar pequenas vantagens. O programa linguístico dos românticos acabou por se tornar uma realidade, observa Patočka, durante a época do positivismo (a década de 80 do século XIX). Linguisticamente, a Universidade Carlos sofreu uma fissão binária em 1882 e a aquisição do seu máximo educativo assinalou a consumação do renascimento cultural checo, embora um renascimento iniciado «por baixo». A verdadeira sucessão da universidade carolina continuou a ser uma questão candente entre os checos e os seus herdeiros alemães: os alemães apoderaram-se da insígnia simbólica depois da ocupação de Praga, em 1939, e, evidentemente, os checos aboliram por completo a universidade alemã em 1945.

Em termos culturais, o que sustentava esta sociedade? «É uma cultura para servos libertos, que ainda estão a aprender a lutar por mais liberdade e pelo seu próprio desenvolvimento. Portanto, é uma cultura de educação popular, volta-se para a sua própria sociedade e não para todos os " Homens" ou para a "Humanidade".» Patočka rejeita as interpretações de Masaryk da história checa moderna como continuação da antiga reforma checa ou os ideais dos Checos Irmãos. É importante notar que, embora discorde de Masaryk em história — sustentando que aquele se libertou mal do historicismo, o que é verdade — e observe que Masaryk não conseguiu apresentar uma única ideia teórica nova, ao mesmo tempo tem uma enorme admiração pelo seu carácter. Masaryk foi um homem capaz de acção e decisão, não um mero «servo liberto»; por outras palavras, foi um contra-exemplo para a cultura dominante e não apenas mais um secretário académico. Para alguém que é um professor da Europa central, Patočka mostra um estimulante desprezo por essa combinação de cautela pequeno-burguesa e hamletismo, em política ou na vida privada, que deveria impressionar-nos. A sua admiração por Masaryk não se baseia nas suas qualidades profissionais («não tem um pensamento profundo»), mas nas que o não são, na sua consciência da missão moral e no seu sentido dos problemas reais e capacidade para os enfrentar com firmeza. É engraçado pensar que, se a libertação do comunismo tivesse chegado mais cedo, ou se Patočka tivesse vivido mais tempo, teria sido ele, em vez de Havel, a tornar-se o professor-presidente do Estado libertado, e teria tido de enfrentar os seus problemas. Mas como se tinham acabado os professores adequados, foi preciso recorrer a um dramaturgo. Teria Patočka sido mais eficiente a lidar com o governo ao estilo de Luís Filipe e com o espírito *enrichissez-vous*?

Masaryk vira na Primeira Guerra Mundial a vitória dos estados democráticos modernos sobre os regimes «teocráticos» baseados na metafísica medieval, o que não condiz com os factos, no Ocidente ou no Leste. No Ocidente, observa Patočka, a guerra em breve foi vista como uma catástrofe e não como um novo começo, que era como os checos a viam. O nacionalismo linguístico em que se baseava revelou-se fatal para o seu novo Estado, pois alienou as minorias proporcionalmente numerosas e, decorridos dez anos sobre o fim da guerra, o mundo, com a ascensão de Estaline e dos fascismos, começou a ter um aspecto muito diferente do quadro pintado por Masaryk. (Durante o período comunista, circulou um texto de Patočka em *samizdat* em que ele sublinha que Nietzsche teria sido melhor guia e preparação para a era de Hitler e de Estaline do que o racionalismo triunfalista que a filosofia de Masaryk constituía.) Segue-se então o duplo erro: a incapacidade dos checos para se libertarem do nacionalismo linguístico e a incapacidade de defenderem o Estado democrático na Europa central. Beneš, que Patočka despreza, ruiu pateticamente quando Munique trouxe a hora da decisão, quebrando assim o esqueleto moral da sociedade. O Estado Maior disse a Beneš que o Estado checo isolado seria derrotado, mas que não obstante devia ser defendido, mas Beneš rendeu-se. (Este resumo da atitude do Estado-Maior checo à época não condiz com o que se encontra nos documentos históricos.)

Afigura-se-me que Patočka ignora aqui pelo menos uma parte da lógica da herança de Masaryk: Masaryk ensinou que é legítimo criar o Estado apenas quando a história universal e o Ocidente o confirmam — não distinguia muito bem estas duas coisas —, portanto, estaria certo resistir quando o Ocidente, em Munique, se pronunciou contra ele? Se o Ocidente é na verdade o porta-voz e a vanguarda da história universal, e nessa qualidade só ele pode emitir garantias para a formação do Estado, não teria igualmente o direito, em Munique, de conceder ou retirar autorização para a defesa do Estado que anteriormente sancionara? Logicamente, seria assim. Com a sua lógica, quando não com a sua personalidade, Masaryk preparara a rendição de Munique. Portanto, Beneš limitou-se a aplicar os princípios de um aspecto importante dos ensinamentos de Masaryk, embora Patočka possa ter razão ao sugerir que Masaryk teria agido diferentemente de Beneš em 1938 e decidido resistir.

Patočka repudia aqui amargamente a rendição de 1938, tanto pelos seus frutos como pelas suas raízes, imersas nessa tacanhez de espírito que o livro se propõe explicar historicamente. O fracasso resulta, diz ele, das mesmas fontes, da estrutura social da sociedade checa, que raramente, e só por acidente, produz personalidades dirigentes capazes de assumir riscos radicais e de carregarem o fardo de enormes responsabilidades. No preciso momento em que Patočka prega a ética desse cometimento total e sem compromissos, cai nesse cálculo tímido que exemplifica a mesma tacanhez que denuncia: observa que, por fim, a guerra até pode ter sido curta (mesmo perdida), de modo que, afinal, as perdas não terão sido tão desproporcionadamente grandes. Há algo de cómico na incomensurabilidade destes dois argumentos: por um lado, a devoção aos princípios custe o que custar (os hussitas cantavam *na množství nehledie,* numa tradução livre, «não olhes ao preço, não ligues aos números»), e, por outro lado, o cálculo astucioso, sub-reptício: só se formos derrotados bem depressa o custo não será realmente muito alto. A mesquinhez pós-barroca parece misturar-se aqui com uma cedência à nobreza anterior ao Monte Branco.

Mesmo no fim do livro, Patočka oferece um resumo de um só parágrafo da história checa, no qual, curiosamente, é uma vez mais a aristocracia da Boémia (medieval) que recebe a maior parte das culpas: os seus horizontes limitados, a sua falta de sentido do Estado, o seu temperamento caprichoso, descuidado e irresponsável que acabaram por forçar os Habsburgos a reorganizar esta sociedade recalcitrante (ou seja, embora Patočka não o diga, ao trazer os seus próprios homens que deixam a língua indígena para as ordens inferiores locais, para que mais tarde reemerja uma nação linguisticamente definida, o seu recrutamento restrito dota-a de tudo o que Patočka deplora). Mas por tudo isso, volta, nobreza da Boémia, está tudo perdoado, mas salva-nos do nacionalismo linguístico, do igualitarismo e da tacanhez de espírito. Na verdade, os nomes dos Schwarzenberg, dos Lobkowicz e dos Kinsky reaparecem na vida pública. Se isto vai ter ou não o efeito desejado por Patočka, é o que resta saber.

Aparentemente, Patočka oferece uma explicação histórica profunda da catástrofe e rendição de Munique. Mas ao tempo em que ele escrevia estas linhas, uma outra catástrofe, com implicações imediatas mais volumosas para a sua situação, estava muito mais próxima e tem de ser vista como a base verdadeira do seu estado de espírito: a queda da Primavera de Praga de 1968. Este facto, prudentemente, nunca é mencionado no texto (outro exemplo desse espírito cauteloso que ele deplora?), mas é de certeza o seu verdadeiro conteúdo e a fonte da sua paixão. Na altura em que escreve, Munique tinha passado à história, mas Agosto de 1968, não. Agora passou também à história e as consequências dessa catástrofe foram corrigidas, uma vez mais gratuitamente, de cima, pelo dirigente — não José II, desta vez, mas Mikhail Sergeievitch Gorbachev — e a nação ergue-se, desta vez não perante um desastre (pelo contrário, as perspectivas são boas), mas separando caminhos, entre a claustrofilia e a prossecução de objectivos mesquinhos que parece caracterizar o primeiro governo da nova República Checa e um espírito mais generoso e global, que Havel exemplifica. O livro de Patočka é, formalmente, sobre 1938 (explicando-o, entre outras coisas, pelos defeitos morais dos seus barões medievais), mas na realidade é sobre 1968. Afinal, foi escrito no auge da «normalização» que se seguiu à Primavera. Mas tem uma ressonância curiosamente forte em 1993, na emergência do primeiro governo que é checo, em vez de checoslovaco.

11

O nazi que gostava de judeus

O século xx é marcado, entre outras coisas, pela proeminência de um tipo distinto de expiação literária: a negação da tirania e da ideologia totalitária por homens cujo pecado foi tê-las apoiado([1]). Cada uma das duas grandes ditaduras ideocráticas dominou durante algum tempo um extenso território e teve também impacto fora das fronteiras do seu domínio, conquistando a adesão de muitos intelectuais, tanto por convicção como por coerção ou por uma mistura das duas coisas. Ambas ruíram ignominiosamente, consideradas impróprias por um tribunal por elas seleccionado: os nazis acreditavam na guerra e foram derrotados na guerra, os bolcheviques acreditavam que o segredo da história humana está no crescimento das forças produtivas e foram eliminados por uma derrota assumida na corrida da economia. Depois do colapso, muitas vezes antes dele, aqueles que perderam a fé inicial ou a quem as circunstâncias libertaram da obrigação de a subscrever foram colocados numa situação em que tiveram de enfrentar a questão: porque é que eu suportei um sistema culpado de crimes pavorosos?

([1]) Hugo Ott (1993), *Martin Heidegger: An Intelectual and Political Portrait*. Basic Books, Nova Iorque, Hans Sluga, Heidegger's Crisis: *Philosophy and Politics in Nazi Germany.*

Hjalmar Schacht, o banqueiro que ajudou a delinear o sistema algo keynesiano que sustentou a economia nazi, acertou orgulhosamente as suas contas com Hitler publicando um livro precisamente com esse título — *Abrechnung mit Hitler* — quando havia a certeza de que o Führer estava morto. Pode também ver-se Schacht em noticiários de 1940, extasiado, a apertar interminavelmente a mão de Hitler para o congratular pela grande vitória na Batalha de França. Há-de ter magoado a mão do Adolf que, imagino, terá desejado que o sicofanta do banqueiro não fosse tão efusivo. Se Hitler tivesse vencido, Schacht teria guardado para si o seu *Abrechnung*. Quando vou, e vou muitas vezes, a conferências de pensadores do continente europeu, habitualmente dedicadas a tópicos como o liberalismo ou a democracia, costumo jogar comigo próprio, quando me aborreço, um jogo que consiste em vigiar os participantes e perguntar-me quantos e quais eram capazes de estar neste mesmo lugar a discutir a Regeneração da Europa sob os nazis, se a guerra tivesse corrido de outra maneira. Claro que eu não estaria lá para os ver, mas é um jogo divertido e dá para me manter acordado durante discursos ou comunicações enfadonhos.

O envolvimento dos intelectuais nas duas grandes ditaduras não foi, porém, exactamente simétrico. A literatura da desbolchevização expiatória é muito mais rica do que a da desnazificação. Os bolcheviques duraram mais tempo do que os nazis: há uma certa diferença entre 70 e 12 anos. O nazismo continha um importante elemento anti-intelectual: o que conta é o sangue quente, não a razão fria. Por isso, mesmo que fossem necessários apoio ou conformidade intelectuais, eram também implícita ou abertamente desprezados. Os marxistas, pelo contrário, acreditavam na Unidade da Teoria e da Prática, o que significava que os dirigentes políticos tinham de fingir ser teóricos abstractos e as suas obras tratadas com respeito. A doutrina era codificada com um rigor exaustivo, provavelmente raras vezes igualado desde os tempos da escolástica. Outro facto igualmente importante ou talvez mais, os valores básicos do marxismo — fraternidade universal entre os homens e realização humana sem exploração nem opressão — podem continuar a ser defendidos sem vergonha: o anterior crente pode afirmar que eram as medidas práticas e não a intuição moral o que estava errado, mesmo se as medidas eram consequência inevitável de certos aspectos da doutrina («não soubemos ver isso»). Pensadores como Arnost Kolman ou Adam Schaf bem podiam ter escrito estas linhas muito depois de os horrores do comunismo terem deixado de constituir um contencioso.

Pelo contrário, a salvação nazi era selectiva, reservada aos fortes e vitoriosos, e quando perderam não havia encaixe lógico. Em qualquer dos casos, estavam errados, quer se apele às leis da humanidade quer à lei da selva. Consequência: ex-comunas a escrever livros *mea culpa,* ex-nazis, sobretudo reformados, com amnésia. Com a derrocada final do «socialismo real» surge uma nova marca de ex-comunas que tinham ficado com o sistema, não por convicção profunda, mas por aceitarem a sua força e o seu carácter localmente inevitável; e quando a história, de um modo surpreendente mas conclusivo, refuta a tese da Inelutabilidade, mais uma vez não há fuga possível e o sobrevivente pode assemelhar-se aos ex-nazis: convertido, em teoria, ao ultraliberalismo económico, na prática ao capitalismo mafioso, também não escreve livros. Em alternativa, o livro será sobre *Realpolitik* e não sobre marxismo. Se me é permitido citar: numa ocasião em que jantei com o papa, perguntei-lhe o que pensava de Jaruzelski, então ainda no poder. A resposta foi interessante: Jaruzelski era, observou Sua Santidade, um militar; não valia a pena discutir filosofia marxista com ele, *sabe pouco disso!* O papa, que, pense-se o que se pensar da sua política social, gosta francamente de filosofia e provavelmente poderia enredar o general quando tocasse a discutir a dialéctica da história. Quando as memórias do general estiverem devidamente disponíveis, esperemos ter alguns esclarecimentos sobre a história recente, mas não esperemos contribuições para a teoria trabalhista do valor.

Este silêncio, especialmente por parte dos ex-nazis, pode ser de lamentar, porquanto necessitamos compreender os Deuses-que-Falharam e entre estes deuses fracassados há um muito mais presenteado com *post-mortems* literários do que o outro. No entanto, ambos os totalitarismos tinham raízes profundas no pensamento e na experiência europeus, nomeadamente na reacção ao Iluminismo e tentativas da sua implantação na Europa. (A América do Norte teve mais sorte: numa sociedade já dotada de muitas das características requeridas pelo Iluminismo mesmo antes de este ser codificado, foi possível redigir uma Constituição iluminada e pô-la a funcionar sem grande turbulência política. O mesmo não aconteceu no continente europeu.) O grande paradoxo do marxismo é que nasceu da ideia de que a sociedade não pode ser simplesmente reordenada segundo um plano iluminado, é preciso deixar viver as realidades e limitações da organização social herdada e a sua base produtiva. Enquanto se aplica esta ideia pela fusão de todas as hierarquias económicas, políticas e ideológicas num único sistema monopolista, a derrocada final do sistema vai forçando os seus herdeiros a enfrentar precisamente uma coisa mais próxima de uma *tabula rasa* do que o que outros reformadores tiveram pela frente. A experiência engendrou precisamente aquilo que considerava impossível. Pelo contrário, o nazismo era curiosamente pluralista, tolerando e utilizando muitas instituições e ideias herdadas. Que eu saiba, não existe uma formulação clara das ideias que o inspiraram.

Mas as ideias estavam lá e podemos tentar destrinçá-las. O nazismo não foi uma coisa que se esgueirou de sob as tábuas do soalho, como afirmou Hannah Arendt (numa possível tentativa inconsciente de ilibar o seu ex-amante Martin Heidegger). Também ele foi em parte uma tentativa de completar o Iluminismo e em parte uma reacção contra ele. Adoptou com seriedade a ideia de que o homem faz parte da natureza, o que na prática significava que, ao afirmar as suas reais satisfações e valores, era preciso prestar mais atenção aos seus impulsos (nomeadamente agressão, dominação) do que aos ideais abstractos, cerebrais, de universalismo e igualdade, engendrados pelo ressentimento. (Isto, em termos simples, está presente no uso que Nietzsche deu a Darwin.) Estes valores judaico-cristãos adulterados, perpetuados pelo Iluminismo num idioma secular, tinham de ser eliminados. Esta rejeição do universalismo misturou-se com outra, o destaque comunalista dado à *Gemeinschaft,* que defende aquilo que é específico em cada cultura em vez do que é generalizadamente humano, bem como a aceitação da natureza hierárquica e fechada da comunidade em que os homens encontram a sua verdadeira plenitude. A comunidade era considerada tão biológica como cultural (ou melhor, os dois aspectos estavam ligados entre si), e conflito e crueldade eram as condições da excelência e da perpetuação da comunidade assim concebida.

Esta concepção, por mais que a rejeitemos, é importante e a sua encarnação histórica, a natureza do seu apelo e as suas consequências reais é algo que tem de ser compreendido. Desta perspectiva, o significado de Martin Heidegger é ser ele aplaudido como o mais importante filósofo alemão do seu tempo, ter estado envolvido com o nazismo (embora seja discutível a extensão e a natureza desse envolvimento) e ter tido muito tempo, antes, durante e depois do período nazi, para reflectir e escrever sobre a matéria.

A localização de Heidegger na história da filosofia situa-se na intersecção entre a fenomenologia e o existencialismo. Foi aluno e discípulo do pensador judeu Edmund Husserl, que inventou a fenomenologia, e trouxe à tradição uma forte viragem existencialista. A fenomenologia consiste em vermos os objectos do nosso pensamento *exactamente como os pensamos,* isto é, evitando o «ponto de vista natural» (na realidade, o ponto de vista natural numa era científica) que consiste em assumir que tudo se explica realmente nos termos de uma outra coisa, mais elementar e geral.

Esta viragem proporcionou à filosofia uma nova esfera de investigação e acabou por dar a chancela e o nome ao *Lebenswelt,* o mundo-vivido. Noutros tempos, não havia outro mundo e o mundo-vivido não precisava de nome nem de legitimidade, mas hoje, com o impacto da ciência, tudo isto como que mudou.

O existencialismo acrescenta a isto uma preocupação com a condição humana, o problema do «homem lançado ao mundo». Acrescente-se ainda uma preocupação com o pensamento da Grécia Antiga, de um ponto de observação muito influenciado por Nietzsche. (Num texto publicado em francês em 1966 e em alemão em 1969, «O Fim da Filosofia e o Ofício de Pensar», Heidegger liga Nietzsche — e Marx — ao caminho para «a possibilidade mais extrema da filosofia» —, mas parece que ainda falta fazer alguma coisa. A sua prosa a explicar o que é este resíduo é impenetrável.) O racionalismo socrático pode ser considerado um perigo para a vitalidade, análogo ao que representa o moderno racionalismo, e, por outro lado, a preocupação grega com o ser enquanto tal pode qualificar-se como correctiva dos aspectos meramente especializados ou tecnológicos, instrumentais do pensamento moderno ou do tipo de pensamento moderno voltado para a epistemologia que se centra no outro-investigador, ignorando o facto de que o homem já está no mundo, cidadão perturbado ou até prisioneiro angustiado, e não um estranho, um espião desprendido e intelectual, que foi o que Descartes tentou fazer dele. Alguma coisa nestas linhas é o *cocktail* fabricado por Heidegger. Como ninguém iria acusá-lo de ser o escritor mais lúcido do mundo, é difícil ter-se a certeza de ter entendido perfeitamente bem.

A priori, servirá este tipo de actividade filosofante como cartilha do nazismo? A resposta é obviamente não. Parece haver um salto no que está a ser rejeitado, mas não no que é afirmado positivamente (para não falar do incómodo da sua origem judia). Os nazis, ou pelo menos alguns, tinham as suas dúvidas quanto a ele, ao seu ponto de vista: «O pensamento de Heidegger caracteriza-se pela mesma obsessão com as distinções mesquinhas do pensamento talmúdico. É por isso que mantém um tão extraordinário fascínio pelos judeus, pessoas com antecedentes judaicos e outros de mentalidades semelhantes.» (Assim escreveu Erich Jaensch em 1934, citado no livro de Ott, p. 257).

O livro de Hugo Ott, cuja publicação original em alemão causou agitação, fornece uma boa porção de material detalhado e convincente relativo ao envolvimento institucional de Heidegger com o nazismo e à desnazificação. Quem estiver interessado em factos encontrará muitos ali reunidos e documentados. Que esse envolvimento tenha existido, é coisa que não oferece grandes dúvidas e não é contestada há já algum tempo. Mas a imagem continua pouco nítida. O autor descarta-se da erudição filosófica e diz que não trata efectivamente da posição de Heidegger na história da filosofia. Mas não é isso o essencial? Eu, pelo menos, simpatizo com a observação do próprio Heidegger, citada por Ott, de que a sua vida é desinteressante e que só a obra interessa — ou melhor, acrescentaria eu, as implicações e o impacto dessa obra. Ott coíbe-se também de tratar do episódio da vida de Heidegger talvez mais conhecido na América, isto é, o seu envolvimento com Hannah Arendt. (Segundo ela diz, foi o grande amor da sua vida. Uma coisa pelo menos é certa: não houve tribunais de Nuremberga a restringir o acesso à cama de Martin Heidegger.) O material, embora muito interessante, é apresentado de uma maneira pouco limpa e confusa, talvez por ter sido originalmente reunido para artigos separados. Não há resumo do contexto institucional ou ideológico em que ocorrem os diversos episódios que permita a quem está de fora apanhar o seu sentido.

A tirar-se uma conclusão geral é a de que Heidegger é inquestionavelmente culpado de envolvimento com o nazismo (coisa que dificilmente suscitava dúvidas mas talvez não estivesse tão bem documentada), mas que o pecador talvez tivesse regressado ao seio da santa madre igreja ou pelo menos, se assim quisesse, teria sido aí calorosamente recebido. Este tema perpassa por todo o livro, como uma espécie de contrapartida ao comprovado envolvimento com o nazismo, mas as provas aduzidas são, em comparação, nebulosas. Por exemplo, em 1945, numa altura em que as autoridades militares francesas governavam a região, Heidegger pensou organizar um seminário sobre o pensamento de Blaise Pascal. (Nunca teve lugar.) Ott observa correctamente que se tratou de «um movimento táctico inteligente», mas pergunta depois se não seria também (dado Heidegger conhecer a devoção de Pascal ao Deus de Abraão) sinal de uma (re)conversão religiosa. Fraca prova, na verdade! Muitos de nós realizam seminários sobre pensadores cuja orientação religiosa não nos tenta. Por acaso, os franceses, embora suspeitassem de Heidegger, pensaram arranjar um encontro entre ele e Sartre logo em Novembro de 1945, com vista à possibilidade de palestras sobre o existencialismo a realizar na própria França. Ott não nos diz se esse encontro ocorreu e omite que Heidegger evidentemente não correspondia ao respeito que Sartre lhe tinha, tendo-se referido uma vez à mais ambiciosa obra filosófica deste como «dreck», (qualquer coisa entre esterco e merda), como conta Bryan Magee em *The Great Philosophers* (1987, p. 275).

Um epílogo algo sentimental insinua com mais insistência uma hipotética reconciliação final com a Igreja ao mesmo tempo que admite candidamente que a questão de saber se tal regresso ocorreu «de modo algum é fácil». As provas para uma conclusão positiva restringem-se ao que *outros,* não o próprio Heidegger, disseram, mais por esperança ou devoção do que por observação e porque, embora a cruz esteja ausente da lápide, a cruz que está gravada nos túmulos dos parentes ao lado «parece tocar também o próprio túmulo do filósofo» *(sic).* Demonstrações destas ficam um tanto aquém de convincentes, embora o autor pareça gostar de afirmar não só que Heidegger era um pecador mas também que podia ser um pecador redimido. Numa passagem anterior, porém, quando conta como Heidegger procurou a ajuda da Igreja na sua luta pela reabilitação, depois de falhar na obtenção de auxílio adequado junto de Karl Jaspers, observa que era impossível a reconciliação entre a filosofia secular de Heidegger e o dogma religioso. O próprio Heidegger criticava a Igreja por, em certa fase, impedir a reabilitação completa.

Ott gasta muitas palavras para perguntar se Heidegger seria o Filho Pródigo, mas depois responde de uma maneira que só pode dizer-se ambígua, embora com a pretensão de alimentar a esperança naqueles que desejam a resposta afirmativa. A questão não me parece ser das mais importantes. A conclusão geral do livro de Ott é que Heidegger era indubitavelmente culpado, mas que podemos ter esperanças de que, afinal, a fé ancestral o tivesse redimido. Uma pessoa com tanto amor às suas raízes, tão dedicada à busca da verdade, por certo voltaria ao redil... Parece ser essa a mensagem, embora seja de admitir que é transmitida sem dogmatismo, com cautela. Claro que Heidegger amava as suas raízes; mas não tenho assim tanta certeza quanto à outra premissa desta questionável argumentação.

Ler o livro de Ott é espreitar um debate intrafamiliar alemão. Discute-se a ovelha negra da família, os seus pecados são levados um pouco mais a sério do que mereciam porque a sua fama internacional permite que a sua biografia se reflicta mais sobre o bom nome da família do que se não fosse esse o caso; mas o conteúdo da sua obra quase não é considerado e há todo um passado que é simplesmente tomado por dado. O livro de Hans Sluga é muito diferente e corrige muitas das deficiências de Ott. Apesar de, a julgar pelo nome e pelas ocasionais idiossincrasias, este professor de Berkeley ser alemão (o apelido sugere uma remota origem polaca), não está nada preocupado em provar a si próprio ou a outrem que a alma de Heidegger acabou por se salvar e em vez disso lança-se à tarefa louvável de clarificar o contexto político, institucional e filosófico em que tudo aconteceu. E nisto sai-se muito bem, embora eu não tenha a certeza de que uma pessoa sem prévio conhecimento do campo fique a saber muito mais depois de ler os sumários das posições filosóficas. Mas talvez, dadas as limitações de um volume elegantemente delgado, isso fosse pedir de mais.

O livro de Sluga fornece uma porção de informações muito interessantes. Por exemplo, havia uns 180 filósofos com cargos em 1933 e destes apenas uma dúzia era membro do partido nazi. Trinta entraram nesse ano e 40 mais tarde, por isso, em 1940, quase metade das pessoas eram membros. Considerando que o sistema universitário alemão, especialmente nessa altura, não pode facilmente transcrever-se para, digamos, o sistema americano, teria sido útil definir com cuidado «cargo»: incluiria camadas juvenis ainda sem salário?

O quadro geral oferecido por Sluga é convincente. A situação filosófica no período de Weimar era confusa e assim permaneceu depois: não havia efectivo *Gleichschaltung* nesta esfera. Não havia codificação filosófica do nazismo e Heidegger decerto nem tentou nada do género, muito menos fazê-la. Do mesmo modo, também não ofereceu apreciação retrospectiva da derrocada. Em ambos os momentos, a sua posição não foi idiossincrática, foi, pelo contrário, típica do clima intelectual geral ao passar da submissão à amnésia.

Sluga pensa que os nazis não tinham qualquer filosofia. No que respeita aos sinais superficiais, sem dúvida tem razão: não há um credo codificado. É extremamente interessante saber que Hitler, no fim da sua vida, continuava a afirmar que a liberdade de investigar resultava nas ciências naturais e que a filosofia é uma extensão dessas ciências. Um dirigente carismático amanha-se sem doutrina carismática, pelo menos na filosofia formal. Num sentido mais profundo, havia um conjunto coerente de valores e ideias — nacionalismo, bioiogismo, comunalismo, hierarquia, corporativismo, aceitação da autoridade, territorialidade, agressividade, rejeição da compaixão — que governava as políticas do regime. Este conjunto não brotou simplesmente da cabeça de Hitler, tinha as suas raízes na história e nas ideias da Europa e merece ser investigado, embora os nazis não nos tenham facilitado a tarefa deixando-nos um corpo de textos autorizados.

A posição filosófica pessoal de Sluga inspira o seu *Fragestellung*, mas não obscurece a história. Embora condene de facto a(s) geração(ões) filosóficas alemãs em questão, os seus próprios meandros com a relação entre filosofia e política conduzem-no a um relativismo que torna sempre difícil julgar um período pelos padrões de outro. Quase chega a dizer, não tanto que o passado é terra estranha, mas que é insusceptível de juízo. A ética encara o futuro; esta posição, antes elaborada para tornar os juízos de valor compatíveis com o determinismo (os juízos morais fazem sentido num mundo determinado porque têm efeito sobre o futuro) parece ser aqui usada para abolir a moralidade retrospectiva. Assim, enquanto, para Ott, Heidegger pode ser salvo por um retorno secreto à sua fé ancestral, para Sluga ele pode beneficiar de uma amnistia filosófica universal concedida pelo passado enquanto tal. Talvez Sluga, que antes trabalhou sobre Frege — venerado como fundador crucial da lógica moderna, mas racista fanático e antigo nazi — tenha acabado por expor estas opiniões algo estranhas, devedor, quer directamente, quer por reacção, de Nietzsche e de Foucault, noutro lugar; aqui, ajudaram-no a organizar a narrativa, mas, felizmente, não a enevoaram.

A minha pena não é que Heidegger estivesse envolvido com o nazismo, mas que esse envolvimento tenha sido tão instável — fosse ele por ou contra o nazismo. Mas não quero com isto dizer que gostava que Heidegger tivesse virado a casaca na altura em que as tropas de assalto partiam as montras das lojas de judeus, partiam as janelas dos gabinetes dos professores judeus (em vez de ajudar a despedir alguns ao mesmo tempo que auxiliava outros, por exemplo, para obterem empregos no estrangeiro). Nem que deseje que ele tivesse sido mais enérgico a entrar para a *Volksturm* durante essa agonia final do Terceiro Reich em vez de se revelar ansioso por escapar a tal missão e protestar contra ela, embora fique um tanto surpreendido por alguém que atribuía tanta importância ao enfrentamento da morte e do nada na construção da identidade humana não ter aproveitado a oportunidade de um confronto íntimo com ela. Às tantas, como o vazio está sempre connosco, não é preciso andar à procura dele com zelo excessivo.

É interessante que outros grandes românticos de cariz assaz semelhante, como Ersnt Jünger — que se tinha saído tão bem na Grande Guerra e a tinha considerado com toda a evidência uma experiência muito gratificante, mas preferiu o trabalho de contacto cultural na segunda — ou Ernst von Solomon, que conseguiu combinar o serviço no *Freikorps* e a perpetração de assassínios políticos pela Pátria com um estudo atento das obras do mesmo Walter Rathenau que ajudou a matar: pode o romantismo ir tão longe? Lê-se a vítima em vez de a comer — e deixou um relato incomparavelmente mais vivo do que era ser nacionalista alemão sob o domínio nazi e ter uma amante judia de brinde do que tudo o que podemos encontrar em Heidegger — ambos se comportaram de modo semelhante.

O que eu quero dizer é que um envolvimento mais vigoroso, para um lado ou para o outro, mesmo se ele tivesse mudado de ideias, ter-nos-ia ensinado mais quanto às opções do pensamento e do sentimento europeu da época do que o que se tira destas ambiguidades e vacilações. Era um entusiasta do ressurgimento alemão, continuou a referir-se-lhe mesmo depois de terminar o seu envolvimento activo no Partido, mas alterou as suas referências a essa matéria nas edições ulteriores à guerra da sua obra anterior, de um modo um tanto cómico, transformando «a verdade intrínseca e grandeza do Nacional Socialismo» em «verdade intrínseca e grandeza do movimento» (nomeadamente com o casamento entre a tecnologia à escala planetária e o homem moderno). O texto é reeditado para substituir o nazismo por uma espécie de preocupação ecológica benigna. No entanto, afirmou também ter sido o crítico daqueles que puseram em prática esse ressurgimento. Na verdade, foi nazi durante algum tempo e disse-se mais tarde o seu crítico, mas o problema é que as suas declarações pró-nazis, sobre a recuperação nacional, são banais, ao passo que as declarações antinazis parecem inexistentes. Seja como for, não ficamos a saber nada dos dilemas da época. Aqueles que o consideram um grande pensador podem sofrer com o seu envolvimento. Para mim, é indiferente: não é exactamente óbvio possuir ele estatura capaz de conferir grande importância à questão.

Em contrapartida, tem profundo significado o facto de Andrei Sakharov, por exemplo, um homem verdadeiramente grande, brilhante e humano, ter em tempos sido capaz de suportar o sistema estalinista embora sabendo perfeitamente como tratava ele a mão-de-obra escrava. Essa é uma questão importante e perturbadora. É inquietante que isso tenha sido possível. Heidegger, pelo contrário, não me interessa nada em que é que andou metido. Ao cabo deste tempo todo, acho o envolvimento de Heidegger com o nazismo, por mais real que tenha sido, um tanto chato e nada esclarecedor. Ao contrário do autor do primeiro livro em análise, para quem isso importa muito, sendo óbvio que o levou ao exame aturado de arquivos e à especulação ansiosa, não me interessa saber se Heidegger era ou não era nazi ou então se, nos recessos mais íntimos da sua alma, acabou por fazer umas pazes algo equívocas com a Igreja. O seu envolvimento foi sórdido e não demoníaco ou trágico e, sobretudo, falta-lhe decisão e carácter, tanto intelectual como moralmente. E para quê comparar sequer um herói com um pequeno pecador, perguntarão. A questão não é Sakharov ser de uma classe moral totalmente diferente e um cientista, mas sim, mesmo no campo que é central para Heidegger, a filosofia, e para Sakharov apenas lateral, eu continuar a achar Sakharov superior. E no contexto actual, o que é relevante é a luz que lançam sobre o confronto entre os intelectuais e o totalitarismo, o poder ideologicamente monopolista.

Dada a dificuldade da situação e a violência das forças em contenda no peito de Heidegger, dado o ambiente que o rodeava, acho as suas hesitações mais desculpáveis do que a fraca qualidade ou a indigência dos comentários que suscitam. Não são as vacilações à Hamlet que me irritam, é o facto de, enquanto vacila, ele nada ou pouco me dizer que interesse sobre o que o atrai ou assusta. Pelo contrário, as crises morais de Sakharov são reais, o pensamento é sobre o mundo real e até, ou especialmente, o seu amor é muito mais convincente. Influenciou profundamente as suas opiniões políticas (para grande irritação de alguns dos seus compatriotas, que sentiram muito particularmente o impacto de uma ligação etnicamente *não-kosher* – como se atreve uma judia de origem arménia a tomar conta de um sábio russo? Logo, há aqui um certo paralelo), ao passo que o grande amor de Heidegger, com todo o seu romantismo, parece ser mais da natureza de um passatempo do que outra coisa. O conflito entre a sua vida sexual e as imposições jurídicas do Movimento a que ele chamou de regeneração nacional parece não ter inspirado quaisquer pensamentos profundos. Curioso. Portanto, quando se trata dos envolvimentos de Heidegger, a qualquer destes níveis, sinto-me mais na presença de um jogo de teatro romântico e de oportunismo do que de ideias. Pouco nos dizem sobre o nazismo ou sobre a filosofia e a história europeias

Ora, se a comparação com Sakharov (que, muito à parte da sua distinção como dissidente libertador e como físico, considero mais interessante simplesmente como filósofo do que Heidegger) é considerada demasiado forçada, que tal compará-lo com Jan Patočka, o filósofo checo que se tornou dissidente, cujas reflexões sobre as raízes históricas da crise da sua própria nação, que não conseguiu resistir ao nazismo nem ao comunismo, foram publicadas este ano *(Was sind die Tschechen?,* Praga, 1993). Moralmente, também aqui não há comparação: Patočka acabou como um resistente ambíguo ao totalitarismo. Mas no plano intelectual, a justaposição é inteiramente apropriada: as bases intelectuais de Patočka identificam-se praticamente com as de Heidegger. Ambos foram fenomenologistas e alunos duradouros e atentos de Edmundo Husserl (embora eu não saiba se Patočka, tal como Heidegger, não conseguiu estar presente no funeral de Husserl); e ambos interessados no pensamento da Grécia Antiga e em Nietzsche (Patočka foi ao ponto de sugerir, num texto que na época teve de aparecer em *samizdat,* que Nietzsche teria sido melhor guia para os Checos do que Masaryk). Mas embora eu considere os escritos puramente filosóficos de Patočka quase tão difíceis como os de Heidegger, as suas reflexões históricas, na obra citada, são incisivas, claras e substanciais, concorde-se ou não com elas. Há na obra de Heidegger alguma coisa que se compare com isto? Não, encontramos lá profecias bizarras mas confiantes: por exemplo, num texto publicado pela primeira vez em 1966, afirma que a cibernética se prepara para derrubar as ciências humanas: «Não é preciso profetizar para reconhecer que as ciências que estão agora a formar-se em breve serão determinadas e domadas pela nova ciência fundamental chamada cibernética. Esta ciência corresponde à determinação do homem de agir como ser social.» A critica da perspectiva instrumental-tecnológica parece inclinada a aceitar afirmações exageradas e prematuras feitas a seu respeito pelo seu valor facial.

Quando se trata de fazer uma apreciação geral do envolvimento dos intelectuais com os totalitarismos, o processo Heidegger lá está, no meio das provas relevantes, e o conteúdo destes livros fará parte dele. Mas Heidegger não estará presente para contribuir significativamente para o debate. E esse parece-me ser o obstáculo para que ele me interesse muito.

12

A pena é mais forte: padrões de duplicidade do colonialismo às avessas

O imperialismo europeu dos séculos XVIII e XIX, formalmente desmantelado no século XX mas sobrevivente sob muitas formas, é, em certos aspectos importantes, único. Não se tratou simplesmente de um conjunto de pessoas a dominar outras pessoas, pois acarretou um deslocamento de um tipo de sociedade para outro profundamente diferente. É esta metamorfose profunda e a dificuldade de encontrar um ponto de partida para a julgar o verdadeiro problema do imperialismo. Não pode ser visto em termos de imperialistas maus e resistentes bons. Nenhum esforço de contenção ou tolerância da parte dos dominadores, nenhuma dose de orgulho, conservantismo e obstinação por parte dos dominados poderiam ter evitado pelo menos uma certa medida da transposição de valores. Por que padrões podemos avaliar isto? Como o imperador que encontrou Roma em tijolo e a deixou em mármore, estes conquistadores encontraram o mundo agrícola e deixaram-no industrial ou preparado para se tornar industrial. E tremendos problemas se levantam. A sua solução de modo nenhum se encontra inventando um papão chamado Orientalismo e ainda menos insinuando que, se o papão fosse vencido, tudo ficava a bater certo.

Note-se que há não apenas um, mas pelo menos dois contrastes culturais sobrepostos e distintos associados ao processo do imperialismo moderno e da subsequente descolonização. Há a diferença genérica entre sociedade agrária e industrial e há a diferença entre sociedade «ocidental» e o resíduo de sociedades humanas. Os dois contrastes são independentes entre si; não sabemos quais das muitas características das sociedades ocidentais exerceram sobre elas o seu predomínio temporário. Os próprios ocidentais creditaram a sua eleição, por várias vezes, no cristianismo, racionalismo, individualismo, capitalismo, virtude, genes, marxismo, protestantismo, coragem, constitucionalismo, democracia; e houve sem dúvida outros candidatos. Durante o seu domínio, os traços sociais dos dominadores, que podem ter sido totalmente irrelevantes para a situação, foram na boleia: por exemplo, os soldados europeus usavam calças bastante estreitas embora folgadas e os dirigentes muçulmanos ocidentalizantes e modernizadores imitaram o traje castrense, para grande irritação dos seus soldados, menos seduzidos para uma rendição generalizada ao Ocidente. E assim enrolavam para cima as suas calças, num desafio ao Ocidente e aos seus próprios oficiais. Contudo, tal não significa que as calças justas fossem um elemento absolutamente essencial do progresso humano; e também não significa que as calças folgadas promovessem o avanço cultural.

Além disso, para além do facto de as distinções agrícola/ /industrial e Ocidente/Outros se interpenetrarem e obscurecerem os respectivas contornos, temos agora uma outra que interfere com ambas: é a diferença entre os traços sociais e culturais que favorecem a industrialização avançada e os que tornaram possível a sua emergência no passado, antes de o seu potencial ser plenamente compreendido. O brilhante êxito económico de algumas sociedades do Extremo-Oriente sugere que, se o individualismo calvinista pode ter favorecido o surgimento inicial da nova ordem, logo que ela se instalou e as suas desvantagens se tornaram claras para todos, será mais bem governado num espírito colectivista-confucionista. A tese ainda não está inteiramente provada, mas aponta uma nítida possibilidade.

É neste cenário que temos de enfrentar o problema da interacção cultural desencadeada pela expansão imperial. O que é que pode justificar ou defender a postura adoptada? Se, algures em *Culture and Imperialism,* de Edward Said, há uma análise deste problema, escapou-me por completo. Os valores pessoais de Said, tal como expressos nas passagens culminantes do livro, são irrepreensíveis:

> Hoje, ninguém é apenas *uma* coisa. Rótulos como índio, mulher, americano já não constituem pontos de partida... O imperialismo consolidou a mescla de culturas e identidades a uma escala global. Mas a sua pior e mais paradoxal oferenda foi permitir que as pessoas acreditassem que são apenas, principalmente, exclusivamente brancas, ou negras, ou ocidentais, ou orientais. No entanto... ninguém pode negar as continuidades persistentes das longas tradições... mas parece não haver outra razão além do medo e do preconceito para se continuar a insistir na separação e na distinção, como se toda a vida humana se resumisse a isso... isso significa também não tentar governar os outros, não tentar classificá-los ou colocá-los dentro de hierarquias.

Amen. Seria difícil discordar da moral subjacente a isto: somos todos humanos e devemos tratar-nos uns aos outros com decência e respeito. Deixemos de levar a sério as classificações específicas. E será permissível a categorização entre adultos concordantes?

No entanto, há algo de errado mesmo nesta anódina expressão das nossas comuns piedades. Terá sido realmente o imperialismo que começou a impor classificações rígidas às pessoas? Distinções profundamente interiorizadas, socialmente instauradas, entre categorias de pessoas constituem uma característica geral das sociedades complexas. Apenas foram libertadas e em parte erodidas por essa turbulência moderna que o «imperialismo» trouxe no seu estilo, mas não exauriu. Mobilidade, igualitarismo e livre escolha da identidade têm perspectivas melhores no mundo moderno do que tinham no passado. Não deveria haver, da parte de quem parece apreciar esta escolha de identidade livre, individualista, pelo menos alguma expressão de gratidão para com o processo que tornou muito mais fácil essa livre escolha, embora tenha, durante algum tempo, engendrado uma disparidade inicial de poder entre beneficiários recentes e antigos da modernidade?

Outra maneira de pôr a questão seria dizer que toda a abordagem de Said se baseia em quatro pressupostos: (1) a recente dominação do mundo pelo Ocidente pode ser vista como um acontecimento de direito próprio, não sobretudo um aspecto da transformação do mundo por uma nova tecnologia, economia e ciência — que por acaso, devido ao carácter desigual da sua difusão, engendra um desequilíbrio temporário e instável do poder; (2) as crueldades e injustiças que ocorrem entre beneficiários recentes e antigos do novo poder são de certo modo piores ou mais repreensíveis do que as que ordinariamente ocorrem *dentro* das sociedades quer tradicionais, quer modernizadas; (3) estas desigualdades reflectem-se na cultura e nas literaturas das sociedades afectadas, o que merece uma investigação atenta; e (4) estes aspectos culturais do desequilíbrio do poder foram um seu acompanhamento essencial e não apenas superficial. Dos quatro pressupostos, (1), (2) e (4) parecem-me, no mínimo, questionáveis e provavelmente falsos, ao passo que (3) é incontestavelmente sadio. O problema é que Said nem sequer levanta questões concernentes a (1) e (2), quanto mais responder-lhes. Devemos alegremente conceder (3); e quanto a (4), Said afirma-o enfaticamente, mas não comprova: tenho as minhas fortes dúvidas quanto a este ponto.

O livro não oferece uma análise geral da natureza da transformação cultural, do contacto e conflito de valores, nem tão-pouco oferece uma teoria que explique como, dado um ponto de vista competitivo, possamos legitimamente declarar-nos objectivos na nossa opção moral ou cognitiva. O evolucionismo do século XIX, que Said repudia, oferece uma solução engenhosa que, por um lado, reconhece a diversidade cultural mas, por outro, proporciona uma base para os juízos: as culturas eram arrumadas numa escada evolucionária e a luta ascendente ao longo dela dotava a vida e a história de significado. Todas as culturas eram legítimas, mas as mais recentes eram-no mais. Isto impunha um escalão de culturas inaceitável para Said, embora o escalonamento enquanto tal possa excluir-se das versões eurocêntricas então predominantes e tivesse ainda a aceitação de uma forma não-eurocêntrica da teoria.

A tendência preponderante dos impérios para a expiação anda muitas vezes associada a um subjectivismo arreigado, que airosamente promove *todas* as culturas (o que instala uma contradição ao promover o absolutismo etnocêntrico que se encontra em muitas delas). Said não vai assim tão longe: não há no seu livro panrelativismo marcadamente «pós-moderno». Dá-se simplesmente o bónus de uma posição a partir da qual possa fazer um juízo moral e dizer-nos onde param realmente as coisas sem enfrentar as dificuldades de o validar. Se os colonialistas foram vítimas da sua situação cultural, que garantia haverá para a localização cultural de Said? Depois de rejeitar o escalão evolucionista, mas sem desposar o relativismo em voga que tudo abençoa (na prática, selectivamente), Said fica-se num objectivismo que paira no ar, sem apoio, mas que lhe permite explicar e derrubar os «orientalistas» e reduzir a posição destes ao papel alegadamente importante desempenhado na dominação do mundo.

Temo que este tipo de colonialismo às avessas, destravado, fácil, traga graves perigos para a sensibilidade moral de quem o pratica: por exemplo, eruditos sérios e excepcionais que deram importantes contributos para a compreensão das sociedades não ocidentais sem a mínima ponta de condescendência (por exemplo, Bernard Lewis, Patricia Crone, Michael Cook) são injustamente denunciados; pelo contrário, Said aceita gente como Thomas Hodgkin, que praticou uma espécie de reaccionarismo às avessas e promoveu e subscreveu mecanicamente um ditador catastrófico e cómico do Terceiro Mundo, Nkrumah, simplesmente porque tinha um discurso radical e não era ocidental. Hodgkin é repetidamente citado como se fosse uma testemunha séria do correcto relacionamento entre Leste e Oeste ou entre o Norte e o Sul. Said não vê que o duplo padrão implícito na atitude tacitamente paternalista desses homens (perdoando, enternecidos, aos seus heróis os pecados que deviam ser eles a expurgar) é muito mais insultuosa do que uma análise desapaixonada das outras culturas.

Said, de certo modo, põe de parte os fundadores do marxismo com excessiva facilidade. Não basta referir «as suas teorias da ignorância e superstição orientais e africanas». Sem nunca as terem sistematizado formalmente, Marx e Engels andaram muito perto de virem a ter duas diferentes teorias da história, uma para a Europa, outra para o Resto. No Ocidente, todas as sociedades de classes acabam por ser consideradas instáveis e destinadas a perecer por obra das suas próprias contradições, garantindo a sua ulterior salvação; no Leste, é possível uma genuína estagnação, e resulta, bem como a primazia da coerção sobre a produção que impede a libertação da humanidade através do crescimento das forças produtivas e os consequentes ajustamentos na sociedade. Por isso o Leste só pode ser libertado por cortesia do Ocidente. Este eurocentrismo continuou, por exemplo, a estar marcadamente presente em Sartre, que, embora supostamente do lado dos anjos, considerou a dialéctica uma especialidade europeia alargada a outros por cortesia — uma espécie de *mission dialectisante* ou o fardo da *Rive Gauche*? — e foi justamente repreendido por isso por Lévi-Strauss. Os antojos do eurocentrismo não se restringem à direita política.

Portanto, Said não encara realmente os problemas do registo moral-histórico das transformações do mundo, mas permite-se juízos que pressupõem que estas questões estão resolvidas. E se evita, embora preestabeleça, as questões gerais, como se move nos pormenores? Dei uma atenção especial ao seu extenso exame do Norte de África, em parte porque a minha ignorância neste campo é menor do que noutros e em parte porque a interface de duas culturas confiantes, a árabe e a francesa, ambas com tendência para absolutizar (ambas crêem que a sua língua reflecte a verdadeira ordem das coisas) apresenta na realidade um maravilhoso e revelador exemplo de confronto cultural, e Said concede-lhe a devida grande atenção.

Ao ver a maneira como ele trata este tema, sinto-me impressionado com o quanto fica de fora, o quando é enganoso e quanto é errado. André Gide, naturalmente, aparece. *L'immoraliste* é uma dádiva para quem quer que estude este tema e o próprio Gide o isco: poucos foram os que com tanta sem-vergonha usaram outro país como nome para a sua fantasia. Por certo era mais fácil encontrar parceiros homossexuais atraentes em Biskra do que no meio da *haute bourgeoisie protestante,* mas isso não significa que o oásis argelino fosse um resíduo da antiga harmonia, liberdade e plenitude sensual do Mediterrâneo. Said não consegue aqui prosseguir a sua polémica como ela merece e escapa-lhe o quanto Gide estava tremendamente errado, a sem-vergonha com que usou a Argélia como projecção baseada nas suas próprias necessidades. Said não consegue expor por completo Gide porque, tal como ele, está mais interessado no seu próprio tema do que nos Argelinos. Neste contexto, em *L'immoraliste* e em *Si le grain ne meurt,* o argumento subjacente de Gide é: foi o protestantismo setentrional que me forçou a negar a minha verdadeira natureza e a minha satisfação, um protestantismo simbolizado por esses horríveis pinheiros e pela paisagem declamatória, o puritanismo dos Alpes suíços. Mas, ah!, seguindo para sul, as coisas melhoram, ficam bastante boas no sul de Itália e o alívio final tem lugar entre as palmeiras de Biskra, onde um sacrário apolíneo consagra um espírito liberto. Gide adaptou e erotizou o hino à natureza que encontrou no compêndio do Iluminismo, o *Sistema Natural* de Holbach, para transmitir a sua visão.

Gide tem todo o direito às suas parábolas. Mas que mistificação das realidades! No preciso momento em que ele celebrava a sua libertação sensual, iniciava-se um movimento, não longe de Biskra (um dos chefes veio dessa mesma região e outro da zona adjacente um pouco mais a norte) destinado a transformar a Argélia no Eire do mundo muçulmano, uma nação cuja identidade se forjou em torno de uma versão severamente puritana, evangelista, da fé antiga que antes se processava dentro de um espírito mais solto, quase pagão. Mas mesmo considerando a versão não-reformada da cultura argelina, ela dificilmente serve de exemplo dessa espécie de plenitude livre, naturalista, que Gide recomendava: um herói popular tradicional muito admirado nos Cabiles, por exemplo, é um homem que mata a própria filha por não ser casta; demonstração da virtude de um juiz romano, mas ao serviço da pureza, não da justiça, se é que é lícita tal distinção.

Said não consegue explicar devidamente a disparidade entre a complacente projecção gideana da Argélia e a realidade argelina porque está mais preocupado com a sua tese geral — a literatura ao serviço do colonialismo ou da resistência ao colonialismo — do que com a sociedade concreta de que trata. Ben Badis, o reformador puritano que na realidade forjou o clima moral e a identidade da Argélia moderna (e cuja base ficava um pouco a norte de Biskra, em Constantine), não é sequer mencionado. Em vez disso, há muita coisa sobre Frantz Fanon. Aqui, Said não compreende que Fanon era apenas para exportar: com a influência que sem dúvida tinha na cena intelectual internacional, não dizia nada aos próprios argelinos. Ben Badis, sem fama internacional, dizia-lhes muito mais. A guerra da Argélia, perdida no terreno, foi ganha na arena da opinião pública internacional e aí Fanon foi inestimável; mas não contribuiu para o conteúdo da vida e do pensamento argelinos. Said, avisadamente, não liga muito ao nacionalismo e tem esperança de que a descolonização conduza a algo melhor; e encontra apoio nas opiniões de Fanon:

> A ideia [de Fanon] é que, se a consciência nacional no seu momento de sucesso de certo modo não se transformar em consciência social, o futuro não trará a libertação, mas uma extensão do imperialismo... A luta tem de se elevar a um novo

> nível de protesto, uma síntese representada por uma guerra de libertação para a qual é necessária uma cultura teórica pós-nacionalista inteiramente nova.

Mas é pouco claro como é que isto se relaciona com a realidade. O certo é que nada disto aconteceu. No terreno, os argelinos voltaram-se, não para uma «nova cultura teórica pós-nacionalista», mas para o fundamentalismo que, no contexto muçulmano, desempenha o mesmo papel social do nacionalismo na Europa: fornece às pessoas privadas dos seus nichos nas velhas estruturas locais uma identidade numa Alta Cultura, uma identidade que confere dignidade. Said descreve mal o processo; «Na Argélia... os Franceses proibiram o árabe como língua formal da instrução ou da administração; depois de 1962, a FLN, compreensivelmente, fez dele a única língua oficial... A FLN procedeu depois politicamente à absorção de toda a sociedade civil argelina.»

Nada disto é assim. O clima moral da Argélia muçulmana foi transformado, durante a primeira metade do século, por um movimento puritano reformista conduzido por Ben Badis. O movimento usava o árabe como língua educativa, mas o árabe também não estava ausente dos *lycées* chamados franco-muçulmanos. E a FLN também não foi capaz, imediatamente após a sua vitória em 1962, de inverter a situação. O árabe instalou-se bastante depressa em áreas onde não importa muito (justiça, humanidades), mas não nas áreas que interessam (as ciências, o petróleo, a administração). A consumação do processo de arabização foi fruto de um *Kulíurkampf prolongado,* caro e heróico, comparável à hebraização de Israel e identicamente motivado por um imperativo nacional. Os argelinos triunfaram onde os irlandeses menos motivados falharam. Os irlandeses asseguraram o puritanismo mas não a recuperação da língua nacional; os argelinos conseguiram as duas coisas.

Também não é verdade que a FLN tenha absorvido a totalidade da sociedade civil argelina. Monopolizou o que interessa (Estado, exército, economia em larga escala) e deixou a legitimidade moral para a nova pequena burguesia que tinha vindo substituir os *pieds-noirs* e a religião reformista. Esta divisão do trabalho acabou por falhar e uma sociedade civil de tipo caracteristicamente muçulmano, sem poder político mas com controlo independente das fontes decisivas (religiosas) da legitimidade ousou finalmente voltar-se contra os tecnocratas-janízaros. Ganhou as eleições e pode ainda vir a conquistar o poder. Quem traçar o quadro do desenvolvimento cultural e político argelino a partir de Said será levado pelo caminho errado. Said critica também Camus por afirmar que a nação argelina nunca existiu, mas não diz que a mesma observação foi também feita por Ferhat Abbas, o chefe nominal (embora não efectivo) da corrida para a vitória do movimento argelino da FLN.

É estranha a quantidade de coisas que escapam a Said. Por exemplo, não se fala de um comovente relato do que era ser um muçulmano argelino, como *Témoin du siècle,* de Malek Bennabi. O mais intrigante caso oitocentista de busca de identidade, Ismail Urbain, meio francês, meio caribenho e campeão dos muçulmanos argelinos ao tempo de Luís Napoleão, nítido predecessor, portanto, de Fanon, não aparece. Nem aparece a obra elementar e excelente de Ch. R. Ageron sobre os argelinos durante o domínio francês. As memórias de Jacques Berque, um esplêndido relato do que era ser um *pied-noir* lentamente convertido ao anticolonialismo, está igualmente ausente. Este livro transmite uma sexualidade inter-cultural («as duas comunidades só se encontravam no *Quartier reservé*») e um sentido provinciano. Ao contrário de Camus, e a despeito da sua metafísica anticolonialista, Berque nunca foi plenamente incorporado pelos mandarins de Paris, mesmo sendo professor no Collège de France. Nem sinal, igualmente, dos dois notáveis livros de Ali Merad sobre o movimento reformista que transformou totalmente a cultura argelina, que efectivamente criou a identidade argelina e tornou possível a revolução; mas o livro de Said pretende ser sobre cultura, imperialismo e resistência! Do mesmo modo, não é mencionado o estudo de Fanny Colonna sobre os professores primários argelinos no colonialismo, que descreve tão bem o modo como os argelinos tinham de abrir caminho entre os sistemas educativos tradicional, reformado e francês, um livro que expõe as realidades da vida dentro de um conjunto de culturas, uma velha, outra em transformação e outra estrangeira. O desprezo pelas realidades concretas da Argélia, a pactuação irreprimida com um tipo de projecção metafísica de um tema abstracto, tornam difícil defender Said contra a acusação de ser na realidade um orientalista, no sentido negativo que ele próprio atribui ao termo.

O mais interessante de todos os romances franceses sobre o Norte de África (que, na realidade, compreende Marrocos e a Argélia), *La Rose du Sable*, de Montherland, também fica por mencionar. Era para ter sido uma espécie de «Passagem para a Argélia», não fora o facto de Montherland não o ter publicado nos anos 30, quando o escreveu, declarando depois que não quis debilitar a França num momento em que estava iminente a guerra com Hitler. À época, publicou apenas uma pequena parte que trata de uma história amorosa intercultural, tendo publicado o resto apenas depois de terminada a batalha da descolonização. No entanto, afirmou não ter feito alterações para que o romance representasse as suas opiniões verdadeiras tais como eram antes sequer de a batalha ter sido decidida e que isso se pode verificar consultando o manuscrito original na respectiva biblioteca de Paris. Como Montherlant tinha fama de mentiroso, sempre tive esperanças de que alguém fosse mesmo verificar, e quem mais qualificado do que um antiorientalista? A história de amor de *Rose de Sable* é comovente (embora toldada pelo pressuposto implausível da possibilidade de ter uma ligação amorosa num oásis sem que todo o oásis soubesse) e difere das actividades de Gide em Biskra não apenas por ser heterossexual, mas por libertar o herói do colonialismo e não do puritanismo. Então, porque não está em *Culture and Imperialism?* O seu assunto, as circunstâncias da sua publicação e não publicação e as possíveis alterações do seu conteúdo na esteira de mudanças de clima político dificilmente poderiam ser mais relevantes para o tema de Said.

Pessoalmente, lamento sobretudo a ausência desses marcos mais altos da antropologia francesa no Magrebe, Émile Masqueray e Robert Montagne. As ideias do primeiro (o próprio homem está injustamente esquecido) sobreviveram a Durkheim e a Evans-Pritchard e realçaram a nossa compreensão da sociedade humana. Dever-se-á condenar isso como orientalismo? O segundo é particularmente interessante do ponto de vista do problema de Said. Montagne era inegavelmente um colonialista, um oficial da marinha que se tornou erudito pela via das informações (etnográficas) militares. O que disse dos Berberes foi que eram e não eram como «nós», os europeus: a despeito de características superficiais óbvias, a sua sociedade não se assemelha à nossa Idade Média, antes se parece com a dos antigos Gregos. A maior parte dos europeus, suspeito, têm mais orgulho na *polis* do que no feudo, como antecedente institucional. Seria Montagne culpado de Orientalismo? Por acaso, creio que ele tinha toda a razão.

Said escreve bem, embora nem sempre com lucidez, e os seus comentários ao envolvimento da literatura na sociedade são interessantes. Tem o coração no devido lugar, pelo menos quando nos roga que não congelemos as pessoas nas suas categorias sociais. Afinal, somos todos seres humanos. Mas o principal fio condutor da sua obra é que alguns de nós estão, em virtude da nossa posição histórica, condenados a transmutar-nos em outros: «a cultura desempenhou um papel muito importante, até *indispensável*. No coração da cultura europeia, durante as muitas décadas da expansão imperialista, permaneceu um inabalável e incansável eurocentrismo» (sublinhado meu). Terá sido assim? Montagne era colonialista, mas tinha razão. Fanon era anticolonialista, mas mais próximo da metafísica do que do campesinato. Gide era crítico do colonialismo, mas a sua Argélia é simplesmente uma fantasia erótica. Sartre era anticolonialista, mas ardorosamente desejoso de ocultar a verdade sobre gulags de maneira a proteger a sua querida classe operária francesa do desconforto emocional. A verdade não anda ligada à virtude política, quer directa, quer indirectamente. Insinuar o contrário é incorrer nesse mesmo pecado que Said pretende denunciar. Tal como a chuva, a verdade cai sobre o justo e o pecador. O problema do poder e da cultura e das suas turbulentas relações durante a grande metamorfose do nosso mundo social é demasiado importante para ser deixado à crítica literária.

13

Das ruínas da grande contenda: sociedade civil, nacionalismo e Islão

Os acontecimentos que ocorreram, significativamente, por volta dos 200.º aniversário da Revolução Francesa não se limitaram a alterar o mapa político da Europa. Transformaram também radicalmente o nosso mapa conceptual de opções face à sociedade humana. Convém passar rapidamente pelo fundamento histórico de tudo isto.

Ao emergir da Idade Média, a Europa encontrou-se dividida em duas metades pela Reforma e pela Contra-Reforma. No seu canto noroeste, emergiram sociedades que gradualmente evoluíram para governos limitados e responsáveis, para uma elevação do estatuto conferido ao comércio e à produção, em comparação com o estatuto herdado, a honra marcial e a dominação política, e para um individualismo e liberdade de pensamento generalizados. No século XVIII, este novo mundo distanciava-se nitidamente do seu rival do sul, não apenas em prosperidade mas também, ironicamente, no próprio campo em que o seu rival se pretendia insuperável, ou seja, na guerra. Os Holandeses tinham batido a poderosa monarquia ibérica e uma nação inglesa de lojistas derrotara repetidamente a nação francesa, mais vasta, de aristocratas militares. Isto aliado a um crescimento sem precedentes da ciência e da tecnologia, que acabou por habilitar as novas nações comerciais a completarem a transição da predação para a produção, dá alimento para reflexões profundas: embora a expressão não se usasse na época, o *ancien régime* foi o primeiro caso de subdesenvolvimento envergonhado e deplorável. A tentativa continuada de compreender e remediar esta situação ficou conhecida por Iluminismo.

A sua mensagem era que a tirania e a superstição não eram características necessárias da condição humana, antes uma espécie de erro evitável. Podiam ser substituídas por uma ordem mais benéfica baseada na liberdade e na verdade. O *Krach* financeiro da monarquia francesa tornou possível tentar pôr a ideia em prática. Verificou-se que não funcionou à primeira tentativa, levando primeiro ao Terror e depois a uma nova ditadura. Esta, por sua vez, estimulou novas reflexões sobre o que tinha corrido mal.

O mais famoso dos frutos desta reflexão foi o marxismo. A ideia básica é simples: é inútil tentar impor a norma da Razão e da Natureza com um simples *fiat* ou pondo em prática um plano. Antes do mais, é preciso conhecer a natureza do material com que se trabalha, isto é, a sociedade humana. É importante compreender as leis da transformação. O marxismo afirmava possuir essa compreensão. Entretanto, a comercialização tinha levado a uma sociedade brutalmente inigualitária e atomizada, e a critica marxista prometia também dar remédio aos gritantes defeitos morais deste último tipo social, destinado pela história a ser a penúltima forma de cooperação humana, o subir do pano para o acto final de salvação.

No século XX, a anterior bifurcação da Europa que tinha sido engendrada ou talvez ratificada pela Reforma é finalmente vencida pela tardia industrialização do sul da Europa. Mas a seguir a 1917 e a 1945 emerge uma nova bifurcação. A divisão passava a ser Este-Oeste em vez de Norte-Sul. Separava uma Europa baseada num ambíguo compromisso pós-Reforma, com muitos elementos tirados do Iluminismo, mas a que faltava coerência e unificação ideológica, de uma Europa de Leste ideocrática, entregue à persistente imposição da visão sem concessões do Iluminismo revista por Marx. As duas metades da Europa apresentavam duas maneiras opostas de ver o mundo e de governar a sociedade.

Durante um período considerável, o resultado da Grande Contenda, como lhe chamou Isaac Deutscher (embora John Stuart Mill tenha sido seu precursor) estava longe de ser óbvio. Face à terrível devastação causada por duas guerras mundiais, uma guerra civil e uma colectivização brutal, para não falar das purgas, a façanha de transformar a Rússia numa superpotência, co-soberana do mundo, com uma população letrada e industrial, capaz de, a certa altura, tomar efectivamente a dianteira na exploração espacial, é impressionante. Se a União Soviética tivesse continuado nesta via, parece que podia muito bem ter vencido. A certa altura parecia que o marxismo podia ser uma versão secular do calvinismo, um determinismo austero que faria pela industrialização colectiva, deliberada e emulativa o que se dizia ter feito a versão original pela emergência não intencional de uma modernidade individualista. Forneceria essa fibra moral indispensável para que seja possível dobrar o cabo e enfrentar as suas tormentas. Se, no meio disto tudo, era um tanto inimiga da liberdade, esse era um preço que valia a pena pagar. Dificilmente se passa por uma grande tempestade sem uma disciplina severa. De dentro da fé, era possível usar este argumento de muitas palavras que transformava o próprio princípio num instrumento da Astúcia da Razão histórica; mas algo que não andava muito longe dela encontra-se no meio da obras de teóricos do regime.

Só que, no fim, ninguém lhe deu grande crédito, uma vez que o feito histórico que essa teoria poderia explicar e justificar não veio a materializar-se. Muito pelo contrário. Após os grandes sucessos iniciais, ganhar a guerra e garantir o primeiro lugar no espaço, o sistema soviético tornou-se humanamente menos horrível, mas ao mesmo tempo passou visivelmente a um lugar de segunda categoria em eficácia. Ao terror sucedeu a miséria. Os membros da *nomenklatura* deixaram de se andar a matar uns aos outros e começaram em vez disso a subornar-se uns aos outros.

Os dissidentes eram condenados a longas penas de prisão, não abatidos à vista. No fim dos anos 80, estava tudo acabado. A identidade do vencedor da Grande Contenda tornara-se gritantemente óbvia, sobretudo para muitos membros do estrato dirigente de uma sociedade vencida. É certo que praticamente todos os sovietólogos tinham concordado com o facto de o sistema não ser capaz de se reformar a si próprio: qualquer tentativa nesse sentido seria desastrosa para o poder e posição do enorme *apparat* dominante que não podia nem queria pôr a cabeça no cepo. É bem provável que venha a revelar-se que estes pessimistas têm razão, desde que o sistema se mostre na verdade incapaz de se reformar sem ruir, que é o que pode acontecer no processo de reforma. Diga-se em abono do *apparat*, ou pelo menos de importantes segmentos dele, que, embora a tendência liberal deva ter parecido obviamente desastrosa para muitos dos seus membros, muito poucas foram as tentativas determinadas a eliminá-la. A Nova Classe, tantas vezes e tão plausivelmente acusada de não prestar senão para manter o seu próprio poder, desenvolveu de súbito um notável enjoo quanto a prosseguir o seu único objectivo. Presidiu a uma desintegração política sem paralelo em qualquer outro país que não tenha sofrido primeiro uma derrota militar. Uma tentativa inepta de golpe, cujo falhanço presumivelmente resultou, pelo menos em parte, da vacilação íntima de alguns dos seus dirigentes, e actos de violência política em Tbilisi, no Báltico e noutros pontos: factos na realidade deploráveis, mas espantosamente brandos comparados com aquilo a que esta parte do mundo estava habituada nos tempos em que toda a gente sabia que a política é saber quem come quem. Até aqui, o que há de surpreendente na desintegração do Império Soviético não é quanta, mas quão pouca violência a acompanhou. Claro que tudo isto pode vir a mudar.

E agora? A nova ideia central e o novo ideal que emergiu da corrida para a liberalização foi a de Sociedade Civil. Na prática, esta noção tem diversas componentes. Uma delas é o fim da ideocracia, do messianismo secular, de uma sociedade baseada na Verdade obrigatória. Isso fazia parte da herança que o marxismo recebeu do Iluminismo: se a opressão se baseava na superstição, então uma sociedade livre devia basear-se na verdade. Desta vez, seria a revelada pela Natureza e não a verdade para além da Natureza. Com efeito, a sociedade civil baseia-se na negação do monopólio ideológico, na aceitação do compromisso quanto a questões profundas relativas à natureza das coisas, à dúvida, à ironia e a todos os tipos de ajustamentos. As pessoas podem ter as suas crenças, embora estas já não possam servir de premissas aos seus arranjos sociais, antes são em parte mantidas em suspenso quando elas se reúnem em assembleias e no mercado. É evidente que não podemos agir no vazio e toda a acção colectiva tem de ter por trás um conjunto de pressupostos, mas estes são agora assaz incoerentes, pouco sistemáticos, negociados e instáveis. Portanto, o *ancien régime,* baseado na Falsa Fé, não foi substituído por uma Fé verdadeira, nem sequer por uma fé reforçada (como na versão marxista) por uma sociologia da história plausível. Foi substituído pela dúvida e por uma separação entre a convicção pública e a convicção privada. George Orwell estava errado quando atribuiu o «duplopensar» ao totalitarismo. Num outro sentido, igualmente relevante, dominar o duplopensar é também essencial para os liberais e para os que governam sociedades liberais. Não podem passar sem crenças nenhumas, mas têm também de saber quando e como as suspender e cooperar com os que defendem as crenças rivais. O reconhecimento desta necessidade é uma das coisas que mudaram no mapa da sociedade humana.

A derrocada das sociedades marxistas foi na realidade a derrocada de uma ordem moral. Foi a primeira *Umma,* comunidade sacramental, secular, baseada numa doutrina de salvação total articulada num idioma naturalista e sociológico e não num idioma transcendental. Mas era uma ordem moral: a crença de base valia para tudo e tinha lugar para todas as coisas, cobria tanto a Moral como a Fé, autorizava o Estado e era por ele autorizada. Tinha a sua própria teodiceia, explicava o mal tornando-o mal necessário e garantia de que, em devido tempo, o mal seria vencido.

Durante muito tempo, muitos daqueles que viviam portas adentro do Estado soviético consentiam também em viver dentro das suas muralhas conceptuais, pelo menos nos seus contornos gerais, embora alimentassem dúvidas de pormenor. O período de estagnação foi calmamente erodindo esta aceitação e a *perestroika* apenas serviu para habilitar toda a gente a dizer alto e bom som o que intimamente já suspeitava, ou seja, que o rei ia nu. Mas no Ocidente, quando foi anunciada a morte de Deus, foi-o a uma sociedade que há muito se vinha preparando, intelectual e institucionalmente, para esse óbito e estava pronta a usar outra visão, não tão reconfortante, talvez, nem completamente formulada, mas mesmo assim viável. A morte do sucedâneo marxista de Deus pode levantar problemas mais graves. Dostoievski preocupava-se em saber se o homem seria capaz de viver sem Deus. Os seus sucessores têm de saber se o homem pode viver sem o materialismo histórico. A derrocada da primeira fé secular de todos os tempos, pelo menos a primeira a tornar-se religião de Estado, deu-se a uma velocidade brutal, sem que uma alternativa tivesse sido acordada ou estivesse pronta a aplicar. Esta intempestividade e a inexistência de alternativa credível foi tão acentuada na esfera da ideologia como na da política.

A emergência de um novo compromisso e de regras a regulamentar o modo de o pôr em prática levou muito tempo a amadurecer no Ocidente. Parece ter resultado de umas tréguas entre os padres ritualistas da superstição e os entusiastas puritanos. O compromisso firmou-se num cenário de prosperidade e de funcionamento eficaz desse outro elemento da sociedade civil, uma zona produtiva segura e autónoma. A instauração de um compromisso semelhante nos territórios da antiga União Soviética tem de ser ensaiada sem qualquer destas vantagens, pelo contrário, num ambiente de colapso económico e numa sociedade civil pulverizada.

O que os Russos e outros membros da nova União estão a tentar é, de repente, desmantelar um império, operar um milagre económico, transformar um clima moral e económico, fazer de um Estado-gulag um guarda-nocturno, pacificar as fronteiras nacionais e outras disputas, revitalizar uma cultura. Se qualquer parte significativa desta agenda for conseguida, poderemos realmente, teremos obrigação de, saudar um milagre.

A Grande Contenda foi em parte a questão de saber se há uma contraverdade messiânica, naturalista, para substituir o velho absolutismo de reis e padres ou se a nova ordem teria de estabelecer compromissos e tactear. Mas, embora esta questão fosse talvez a mais profunda, por certo não era a que com mais evidência separava os Grandes Contendores, que era saber se os recursos devem ser individualmente ou colectivamente apropriados e controlados. As duas estão, porém, intimamente ligadas. Uma genuína ideocracia absolutista tem de ser socialista; e um socialismo genuíno, puro-sangue, tem de ser também uma ideocracia absolutista. Até aqui, já tudo se tornou evidente e faz parte do novo mapa da sociedade. Isso não significa que um socialismo moderado ou de compromisso (uma economia mista, um sector público poderoso, controlo político generalizado dos limites da liberdade do mercado, um Estado-providência eficaz) leve necessariamente ao socialismo, longe disso. Significa, porém, que se, com base na ideia de que o controlo privado e as «classes» que engendra estão na raiz de todos os males sociais, todos os recursos produtivos estão colocados sob controlo social (logo central, porque a sociedade moderna não pode ser segmentada), então deixa de haver base para uma oposição eficaz ao maquinismo central do Estado. A centralização política é inerente numa divisão do trabalho complexa e se se lhe acrescentar a total centralização económica, nada resta para contrabalançar o *apparat* central. Uma sociedade moderna não pode delegar a coerção e a manutenção da ordem a subunidades porque não pode viver num antagonismo institucionalizado; portanto, a única maneira que tem de diluir o poder é na esfera económica, tornando os direitos económicos razoavelmente sacrossantos. Inversamente, uma sociedade verdadeiramente absolutista não pode preservar uma economia inteiramente independente: na vida económica há centros rivais prontos a saltar para a frente sempre que o Estado lho permita. É por isso que as ditaduras de direita acham tão mais fácil liberalizar do que as de esquerda: têm uma sociedade proto-civil de prevenção nos bastidores.

A sociedade que está a ser desmantelada na antiga União Soviética era absolutista, ideocrática e socialista, características que andam intrinsecamente ligadas. Não surpreende que a transição para o mercado se revele tão difícil. À parte operadores competentes, o mercado «só» precisa de um Estado Guarda-nocturno, mas precisa. No exacto momento em que o mercado se estabelece, numa zona que, para todos os efeitos, não abunda em material humano e cultural apropriado, esse Estado, que devia socorrê-lo e protegê-lo, está a desintegrar-se. Baseava-se no medo e numa pretensão de unanimidade e ambas as coisas desapareceram. Não há fórmula para transformar o Estado monolítico e omnipresente num Estado minimalista. Nunca antes foi tentado e, tanto quanto sei, ninguém se esforçou por elaborar uma teoria sobre o modo de o fazer (em grande parte porque, embora tenha havido tentativas, ninguém acreditava que se tomasse a iniciativa. Por isso não era preciso teoria, pois a humanidade, como Marx não chegou a dizer, não se esforça por resolver problemas que ainda não surgiram).

Estes são portanto os dois principais problemas ligados entre si: o estabelecimento de um compromisso ideológico suficiente para pôr o sistema a funcionar, mas não suficientemente forte para asfixiar a iniciativa e, do mesmo modo, de um ordenamento político capaz de manter a ordem e de proteger a frágil economia nova, mas sem a sufocar. Estas coisas, geralmente, levam tempo; os russos, depois de terem de suportar um plano imposto de cima para uma ordem social supostamente perfeita, têm de resolver, no processo do seu desmantelamento, o paradoxo de voltar a estabelecer, mais ou menos de cima, um pluralismo descentralizado. As coisas parecem não estar a correr muito bem. Têm de ser feitas assim, porque não há tempo para esperar por uma maturação mais suave. Uma sociedade-por-decreto deixou à sua sucessora uma herança terrível: também esta tem de ser criada por decreto e instaurada rapidamente, mesmo tendo desaparecido a fé que sustenta o processo. Desta vez é a lógica da situação e não a doutrina que o exige.

Este problema vem sendo encarado no cenário de outro: o do nacionalismo. Uma sociedade moderna é uma massa anónima em que o trabalho é semântico, não físico, e em que as pessoas só podem reivindicar uma cidadania económica e política eficaz se puderem operar com a língua e a cultura das burocracias que as cercam. Os processos socioeconómicos que ajudaram a estabelecer no Ocidente uma sociedade de consumo liberal engendraram também o nacionalismo, pois agora as pessoas só conseguem viver confortavelmente em unidades políticas dedicadas à manutenção da cultura que é a sua. Por isso, no Ocidente, a emergência da modernidade foi acompanhada pela emergência do nacionalismo. Durante a primeira metade do século parecia até que o nacionalismo se poderia tornar o parceiro dominante e transformar a sociedade industrial à sua própria imagem. O resultado da Segunda Guerra Mundial, felizmente, eliminou esta opção.

Ao longo dos 70 anos (ou, em algumas regiões, 40) da sua existência, a ideocracia bolchevique não se deu grandemente ao trabalho de reprimir o nacionalismo, não mais do que o relativamente brando *ancien régime* da Europa do leste e do centro-leste fez para o conter entre 1815 e 1918. Mas o colapso do império comunista em 1989 e a seguir deixou poucos obstáculos no caminho da livre expressão nacionalista (outra que não a dos nacionalismos rivais). O fenómeno do nacionalismo é como um decimal recorrente, não tem fim, cada mosca nacionalista tem moscas mais pequenas a afligi-la, para não falar do facto de as moscas do mesmo tamanho também se atormentarem umas às outras.

São assustadores os impressionantes paralelos entre a queda do império bolchevique e a do Império Habsburgo. Habitualmente, os estados sucessores são mais pequenos, menos experientes e em geral mais fracos, mas dotados de todas as desvantagens da anterior unidade imperial: são assediados por outras minorias, incluindo membros da cultura antes dominante, que não se habituam ao seu novo estatuto subordinado e que têm primos culturais que podem ajudar a resistir, quando chegar a altura.

A ordem agora emergente está a ter de tratar do nacionalismo em condições ao mesmo tempo piores e melhores do que as existentes em situações anteriores similares. O bolchevismo tinha destruído a sociedade civil, ou quase: havia poucas instituições além das que constituíam o *apparat* central. Como disse, não havia grande coisa de prevenção nos bastidores quando o único actor na cena política se foi abaixo. Mas o nacionalismo pode ser activado muito depressa. Baseia-se no anseio de nos identificarmos com outros da mesma cultura que a nossa, sustentado pelo novo papel crucial da cultura como marcador dos limites colectivos, e não do estatuto individual, que é o que a cultura costumava ser. Os acontecimentos mostraram que é assim (partindo do princípio de que tenha havido dúvidas). A necessidade de pluralismo, dubiamente satisfeita por outros candidatos, combinou-se muito eficazmente com a emergência dos movimentos nacionais.

O nacionalismo moderno, que é uma identificação apaixonada com vastas comunidades anónimas que partilham uma cultura e um imaginário cultural, cria as suas unidades fora das diversas diferenças preexistentes. De entre estas, são importantes as religiosas (independentemente de a fé que definia a religião em questão continuar viva), como fica ilustrado pelo conflito jugoslavo entre grupos de fala e ascendência idênticas.

Uma parte muito significativa do antigo Império Soviético é muçulmana. O Islão tem um lugar absolutamente distinto entre as religiões do mundo. Pelo menos até agora, parece ser o único resistente à secularização. Poder-se-ia dizer que, enquanto os marxistas perderam totalmente a sua fé mas desenvolveram um forte anseio de sociedade civil, os muçulmanos conservaram e até fortaleceram a sua fé, mas acomodaram-se sem grande relutância a políticas clientelistas e cínicas. A sociedade civil parece não lhes fazer muita falta. Nas zonas muçulmanas, a relação de forças entre clientelismo e nacionalismo parece inclinar-se mais para o primeiro do que nas zonas não muçulmanas. Durante o quase democrático ocaso da União Soviética, antes de entregar a alma, a capacidade de manipulação dos votos muçulmanos pelos seus patronos correctores era uma anedota.

Os mecanismos subjacentes ao fundamentalismo muçulmano, uma identificação com a *Umma* anónima, são semelhantes aos que subjazem ao moderno nacionalismo: pessoas que abandonam ou são privadas do seu lugar numa estrutura social local são atraídas pela identificação com uma comunidade definida por uma Alta Cultura partilhada. Os muçulmanos transferidos para uma política e uma economia centralizadas abandonam o velho santuário local, que servia comunidades que deixaram de existir, e ratificam, mediante a adesão a uma versão evangelista da fé, tanto a sua ascensão das berças como a sua lealdade aos correligionários e oposição às gentes de fora. Encontram também na fé uma espécie de Constituição pré-fabricada, que é julgada pelos seus próprios chefes e os obriga a, pelo menos, aplicar o direito, quanto mais não seja para escapar às políticas de estilo mafioso. Resta saber como é que tudo isto vai operar na Comunidade de Estados Independentes, mas inevitavelmente terá o seu contributo próprio.

Nunca antes a construção do Estado se processou em circunstâncias tão complexas, talvez até tão difíceis. O marxismo tinha ensinado que a sociedade civil é uma espécie de fraude moral, mas 70 anos de messianismo secular engendraram uma sede apaixonada precisamente desta fraude. O marxismo via o Estado liberal como uma espécie de comissão executiva da burguesia. Agora a comissão esforça-se, de um modo bem pouco convincente, por criar uma burguesia que possa servir e tem esperanças de que não seja uma lumpenburguesia demasiado gritante. Assistimos excitados a estes esforços e desejamos-lhes felicidades. O melhor que podemos dizer é que não se justifica um pessimismo dogmático.

Portanto, neste momento, a civilização atlântica, votada ao consumismo, ao pluralismo e à aversão ao entusiasmo ideológico, está dotada de dois vizinhos notavelmente antagónicos nas fronteiras de Leste e Sueste: um, que abandona por completo a sua anterior fé totalizante, mas se acha dominado por um ardente desejo de sociedade civil, e o outro, forte e inabalável na sua Fé reformada, mas com impulsos apenas débeis no sentido do pluralismo e do governo responsável, que se acomodou perfeitamente e sem grandes protestos ao clientelismo e às políticas rapaces. Esta combinação de moralismo fundamentalista na vida social com cinismo em política dá a quem vê de fora a impressão de se tratar de hipocrisia, mas tem uma certa lógica e coerência: conta-se que os governantes apliquem, ou pelo menos não violem as leis, e não há grandes expectativas para além disso.

A Guerra do Golfo ofereceu uma antevisão do tipo de ordem internacional que esta situação pode engendrar. Há uma espécie de Internacional Consumista de sociedades desenvolvidas e semi-desenvolvidas, unidas para colocarem a produção acima da coerção ou da «honra», pelo menos procurando o poder através da produção e não da força, e que dissociaram glória de território e abjuraram a fé numa salvação única e obrigatória. Já não querem ir para a guerra uns contra os outros. Pelo contrário, têm um interesse comum na manutenção da ordem e da paz. Mas partilham o planeta com outras regiões onde há sociedades que exemplificam a regra da coerção em nome da honra ou tomam a sério e à letra uma Fé absolutista, ou ambas as coisas ao mesmo tempo.

Parece bastante óbvio que a curva de desenvolvimento aponta numa direcção em que armas terríveis de diversos tipos irão sendo cada vez mais baratas, fáceis de adquirir e de usar. Se se combinar esta premissa com o reconhecimento da continuada existência de sociedades votadas ao absolutismo doutrinal ou governadas por homens que subiram mediante lutas inter-mafias e não sabem outra coisa, a conclusão é inevitável: mais tarde ou mais cedo, uns bandidos intelectualmente limitados ou uns crentes sem freio (possivelmente alguém que combine estas duas características) entrará na posse dos meios que lhe permitam chantagear eficazmente o mundo.

A Internacional Consumista Descrente tem todo o interesse em associar-se a outras para impedir que isso tenha lugar. Ao tempo da Guerra do Golfo, isso parecia estar na realidade a acontecer, mas, tanto quanto sei, ninguém o formulou e não foram feitas tentativas para o institucionalizar e criar uma casuística que impedisse uma repetição da crise. Talvez as coisas tenham de ficar piores antes que surja a clareza intelectual e política que ponha isso em prática.

No passado, a fragmentação política da humanidade foi uma grande bênção: o sistema multi-estatal garantia que a humanidade toda não repetiria o mesmo erro ao mesmo tempo. O problema ecológico e as consequências do desenvolvimento da tecnologia militar podem obrigar a humanidade, no futuro, a abandonar este «seguro por diversificação política». Talvez se chegue a um ponto de mal menor, combinando governo mundial exercido pela Internacional Consumista Descrente com a preservação de um máximo possível de independência cultural das unidades constitutivas.

14

Uma visão alternativa

As fases do nacionalismo propostas (ver capítulo 2) diferem das constantes numa obra de poderosa argumentação, bem documentada e importante, de Miroslav Hroch([1]). Como observa Eric Hobsbawm([2]), «a obra de Hroch abriu uma nova era na análise da composição dos movimentos de libertação nacional.» Hroch, na obra citada, representa uma interessante tentativa de salvar tanto o marxismo como a visão nacionalista do mesmo, o que constitui parte do seu interesse: as nações existem realmente, nesta perspectiva, e exprimem-se através de um esforço nacional em vez de serem, como eu defendo, engendradas por ele e uma criação sua. Ao mesmo tempo, a transição entre os modos de produção postulados por Marx continua a ser para Hroch o acontecimento fundamental da nossa era e o desenvolvimento nacionalista (autónomo?) combate esse evento. Vai buscar o seu carácter à maneira como coabitam os dois processos. A argumentação excepcionalmente bem documentada de Hroch merece um exame

---

([1]) Hroch, Miroslav, *Social Preconditions of National Revival in Europe*. Cambridge University Press, Cambridge, 1985.

([2]) Hobsbawm, Eric, *Nations and Nationalism Since 1780*. Cambridge University Press, Cambridge, 1990, p. 4.

atento, embora eu discorde dele em ambos os pontos: as nações não «existem realmente» (apenas emergem como forma especial da correlação entre cultura e política dentro de certas condições económicas que estão longe de ser universais); e a tese marxista da transição feudalismo/capitalismo só é aceitável se interpretada como transição do mundo agrário para o mundo industrial.

A tipologia ou periodização de Hroch é, portanto, engendrada pela sobreposição de dois grupos de distinções. Um deles define-se nos termos de duas fases alegadamente cruciais da ordem social geral; o outro nos termos do carácter sequencial do próprio movimento nacionalista. A primeira divisão é binária: refere-se à distinção entre feudalismo e absolutismo por um lado, e capitalismo por outro. O livro foi escrito de um ponto de vista confessadamente marxista, embora na altura em que o foi e se publicou dificilmente pudesse ter visto a luz do dia em Praga se tivesse sido formulado de outro modo. Isso não implica necessariamente que o marxismo da argumentação seja de algum modo insincero, mas essa é uma questão que pareceria desapropriado levantar aqui. Ao mesmo tempo, faz obviamente parte do enquadramento do livro e não pode ser ignorada.

O uso da teoria marxista das fases históricas pede alguns comentários. Hroch, como vimos, combina «feudalismo» e «absolutismo» numa só «fase»(3). Sem dúvida é inteiramente possível incluir as duas num «feudalismo» mais lato, genérico: em ambas o estatuto está ligado à terra. No seio de cada uma delas há um sistema de estratos marcadamente diferenciado, associado a obrigações e deveres assimétricos e organizado numa pirâmide com um vértice monárquico. Cada uma delas tem a sua ética de valor marcial, uma fraca valorização do trabalho produtivo e uma valorização ainda mais fraca ou ambígua do comércio e das

(3) Hroch, *Social Preconditions*, pp. 10, 25. Por exemplo, na p. 25 refere-se ao «período em que a característica decisiva do conflito social era a luta contra o feudalismo e o absolutismo».

transacções. A terminologia estatutária no absolutismo centralizado é a mesma, e é herdada do feudalismo no sentido restrito. Portanto, partilham certas características.

Mas as diferenças são pelo menos tão grandes como importantes são as semelhanças. Um Estado absolutista assenta largamente num exército permanente e profissional, onde os nobres prestam serviço como oficiais mas para o qual não levam habitualmente as suas unidades sociais inteiras «em armas». O «regimento» de determinado nobre, ou o regimento com o seu nome, é na realidade uma unidade-padrão sujeita a normas regulamentadas de equipamento e composição, reorganizada para as campanhas e dirigida dentro dos termos das suas tradições próprias, locais e particularistas. O monarca absolutista controla o território de que é soberano e a autoridade jurídica e política nas regiões limítrofes ou inacessíveis não é delegada em nobres com uma base de poder local. (Como observou Adam Smith relativamente a Cameron of Lochiel, delegava-se de facto, sem sanção legal, nas Highlands, antes de 1745, mas foi precisamente isso que tornou as Highlands tão escandalosamente atípicas e excepcionais num Estado de outro modo centralizado.)([4]) Com o absolutismo, a *noblesse d'épée* é completada e de certo modo substituída pela *noblesse de robe* — na realidade, uma burocracia. Com os Tudor, por exemplo, uma nova nobreza com uma moral funcionalista completou e substituiu uma aristocracia independente, com base no território. Benjamin Constant sublinha este aspecto geral no seu ensaio sobre o *Wallenstein,* de F. Schiller. O exército de Wallenstein era uma colecção de bandos, ligados apenas pela lealdade pessoal a um chefe militar triunfante — exactamente o contrário dos exércitos ordeiros, burocratizados, criados nos séculos XVIII e XIX e sem comparação com estes. Foram os holandeses protestantes que inventaram e codificaram o conjunto padrão de movimentos e palavras de comando que caracteriza um exército moderno.

([4]) Smith, Adam, *Da Riqueza das Nações.*

A racionalização no campo de batalha e a parada de exercício são tão importantes como numa fábrica.

É significativo que o nome de Tocqueville não apareça na bibliografia de Hroch. A ideia de que a Revolução Francesa completou, em vez de derrubar, a obra do monarca centralizador francês não é analisada. A Revolução Francesa, de facto, é mencionada apenas uma vez (embora a noção genérica de «revolução burguesa» ocorra com mais frequência e desempenhe um papel importante na exposição). Quando é mencionada pelo seu nome, a Revolução Francesa ocorre num contexto de análise metodológica e de afirmação do compromisso do autor, na época, com uma visão marxista da história, considerando a *classe,* mais do que, por assim dizer, a posição social de superfície, decisivamente significativa([5]).

É tentador sugerir que, pelo menos neste ponto, este argumento, indiscutivelmente o mais importante, não enferma de excesso, mas de falta de marxismo. O marxismo distingue *vários* tipos de sociedades dotadas de classes; fomos nós, os sociólogos pós-marxistas, que juntámos todas as sociedades agrárias num único género, em contraste com o mundo industrial. O pressuposto de uma base social genérica (e homogénea?), um feudalismo-absolutismo envolvente, impede Hroch de levantar sequer a questão do despertar do nacionalismo para mudanças estruturais *anteriores* na Europa feudal. Mas é claramente necessário, no mínimo dos mínimos, colocar a questão da relação entre o nacionalismo e essa transição anterior que levou de uma sociedade genuinamente feudal fragmentada, de onde a burocracia estava largamente ausente, quando muito presente na, ou tirada da, Igreja, até essa sociedade «absolutista» ulterior em que é já preeminente uma burocracia secular([6]). Nesta última ordem social, o uso muito difundido da escrita na administração começa já a engendrar essa ligação entre uma política centralizada e uma Alta Cultura letrada,

([5]) *Social Preconditions*, p. 17.

([6]) Anderson, Perry, *As Linhagens do Estado absolutista.*

normativa, codificada, que anda perto da essência do princípio nacionalista. Os movimentos nacionalistas não emergiram neste período, mas é provável que se tenha então preparado o terreno para eles através da centralização, da burocratização e da normalização([7]). Seja ou não assim, devemos pelo menos colocar a questão. A rígida oposição binária de Hroch torna isso difícil. Embora no geral subscreva a ideia de que o nacionalismo, na forma sob a qual o conhecemos, é um fenómeno dos últimos dois séculos, não obstante deve ser defeito da teoria do nacionalismo o facto de, ao arrancar tão descomprometidamente de uma implícita base genérica de «absolutismo-feudalismo», inibir a formulação de perguntas relativamente às suas possíveis raízes mais antigas.

Há outros candidatos a este papel de progenitores precoces ou arautos do nacionalismo, nomeadamente a Reforma e, talvez em menor extensão, o Renascimento. O uso protestante das línguas vernáculas e a difusão da literacia, o contacto directo do crente com a Palavra Sagrada (num idioma para ele inteligível) tem claras afinidades com o perfil social do nacionalismo. Quer se trate de comunicação com a divindade ou de burocracia, um contacto frequente e imediato requer uma normalização e um código inteligível. O relacionamento verbal regular com a divindade ou com o funcionário contribui para a formação de uma cultura comum «nacional». A criação de funcionalismos nacionais em vez de internacionais ou a difusão do estatuto de funcionário por toda a sociedade, a abolição do acesso privilegiado e o idioma não podem deixar de ter relevância para a emergência do ideal nacionalista de uma cultura, um Estado, uma sociedade. A eliminação do esoterismo em religião pelos protestantes tem grandes afinidades com a eliminação nacionalista das diferenças culturalmente marcadas de estatuto social. A fragmentação do sistema

([7]) Mann, Michael, «The emergence of modern European nationalism», *in* J. Hall e I. Jarvie (orgs.), *Transition to Modernity*, Cambridge University Press, Cambridge, 1992.

político universal, a difusão da soberania também têm evidente significado para a pré-história, quando não para a história, do nacionalismo. Quando Bernard Shaw, na sua versão, faz Santa Joana ser queimada pela Igreja como protestante e pelos Ingleses como nacionalista, estaria a ser muito anacrónico? A ausência do nome de João Hus no índice de referências num livro checo sobre o nacionalismo é também estranha. A orientação mais teológica do que etnográfica deste protonacionalismo não se adaptava ao tema de Hroch. João Hus codificou a língua checa, mas não era etnógrafo.

Por isso não podemos deixar de repetir que, curiosamente, esta obra notável sofre não de excesso, mas de insuficiência de marxismo. A importante transição social a que a sua argumentação liga o nacionalismo é simplesmente o movimento do absolutismo--feudalismo para a industrialização e ignora por completo transições anteriores, possivelmente relevantes. Uma pessoa como este autor, que crê que o nacionalismo está na verdade essencialmente ligado ao advento da industrialização, não pode discordar de todo desta abordagem e não tem grande coisa a opor ao uso de «capitalismo» onde «industrialização» seria mais apropriado: é simplesmente uma parte do idioma marxista que se tornou obrigatória por causa do repúdio da tese da convergência-da-industrialização-capitalista-e-socialista a que os regimes marxistas estavam votados e facilmente se pode elaborar uma tradução própria da terminologia aqui. Não obstante, sente-se que a convenção que diz que o mundo se iniciou no fim do século XVIII, pela qual sinto alguma simpatia, é levada ao excesso nesta argumentação.

Nesta conformidade, claro que vale ainda a pena notar que a análise das implicações, para o nacionalismo, da prevista ulterior transição do capitalismo para o socialismo está também ausente. O seu tratamento seria, como é óbvio, extremamente delicado. É porém citada uma obra que tenta tratar do papel da etnia na sociedade soviética (a do falecido Yulian Bromley). A emergência do nacionalismo é traçada até à sua fusão com a agitação política de massas; a questão crucial do seu destino subsequente é ignorada, como o foi a sua pré-história.

A lógica de base da abordagem de Hroch é, portanto, relacionar o nacionalismo com uma única transição rígida, a saber, a que vai da sociedade pré-industrial para a sociedade capitalista. O quê exactamente é então posto em relação com a única grande mudança subjacente na ecologia e estrutura sociais?

A resposta é: a fenomenologia do nacionalismo. Aqui, Hroch opera já não com uma classificação binária, mas em três termos, uma descrição em três fases do desenvolvimento do nacionalismo. Hroch distingue entre a fase A, a do interesse académico e exploração da cultura de uma nação, a fase B, de agitação nacionalista — os intelectuais já não se limitam à etnografia, promovem a consciência nacional no seio da população cuja cultura nacional investigam — e finalmente a fase C, a emergência de um movimento nacional de massas.

Esta tipologia inspira-se e sobretudo aplica-se (como reconhece o autor) ao aparecimento de «pequenas» nações ainda não dotadas de, por assim dizer, um tecto político seu, que as distinga. Assim, fica implícito — embora o autor não o refira sob nenhuma forma — que as duas dimensões que são formalmente introduzidas (tradicional/capitalista e as três fases do despertar nacional) estão também relacionadas com uma terceira dimensão constituída pela distinção entre nações grandes e dotadas de Estado e nações pequenas, «oprimidas». Nesta dicotomia, a presença do Estado deveria ser mais importante do que o tamanho no sentido literal, porquanto os dinamarqueses parecem pertencer às «grandes nações», o que dificilmente seria correcto num simples sentido numérico([8]). Transforma os dinamarqueses numa grande nação e os ucranianos numa nação pequena. Em termos formais, esta dimensão ou variável não entra na análise, porquanto o tema oficial, formalmente anunciado do estudo de Hroch, é na verdade

([8]) *Social Preconditions*, p. 8.

o nacionalismo apenas das «pequenas nações», isto é, nações que precisam de *adquirir* a sua unidade política, a sua Alta Cultura e a sua classe dirigente. As nações «grandes» estão excluídas apenas do tema de referência e portanto, oficialmente, não se discutem. Todavia, esta atenção às nações pequenas, «oprimidas», implica apesar de tudo uma teoria mais geral que as trate como uma variedade distinta, única, de formação de nações. Está portanto implícita uma tipologia mais lata, que abarque ambas as espécies, tanto as «grandes» como as «pequenas».

Contudo, pelo menos oficialmente, no coração do livro há apenas a relação entre a classificação bipartida das sociedades e a classificação tripartida das fases do nacionalismo. O modo como as duas se sobrepõem leva então Hroch a propor quatro tipos de nacionalismo(9).

Ao primeiro tipo chama «tipo integrado» de desenvolvimento. A transição do interesse académico para a agitação activa precede as revoluções industrial e burguesa. A instauração da «formação de uma nação moderna» segue-se a estas a que por sua vez se segue a emergência de um movimento operário. Os Checos seriam um exemplo.

À segunda espécie chama ele o «tipo tardio»: agitadores nacionais substituem os académicos antes do advento das revoluções burguesa e industrial, mas a emergência de um movimento operário precede ou é contemporânea da transição da agitação para o nacionalismo de massas e a formação de uma nação plenamente moderna vem no fim de todos os outros processos mencionados. Os Eslovacos constituem um espécime deste tipo.

À terceira variedade chama ele «tipo insurrecto»: os agitadores substituem os académicos logo na sociedade feudal e forma-se efectivamente uma nação moderna durante o feudalismo: «O movimento nacional atingira um carácter de massas já nas condições da sociedade feudal.» A nação forma-se antes da emergência da

(9) Social Preconditions, p. 27 e ss.

sociedade burguesa([10]). É a situação dos Balcãs. Em conversa, Hroch sublinhou que este tipo apresenta um problema grave para a minha ligação do nacionalismo com a industrialização, o que na verdade acontece.

Finalmente, há uma quarta espécie, a que ele chama «desintegrado»: nesta variedade, até as formas primitivas de actividade nacionalista vêm depois das revoluções burguesa e industrial, e a agitação nacionalista não é necessariamente substituída por um movimento de massas. A generalização que parece seguir-se (e o autor articula-a, embora não exactamente por estas palavras) é que muito cedo a industrialização pode ser fatal para o nacionalismo. As culturas que passam pela industrialização sem constituírem fronteiras de uma classe ou região desfavorecidas parecem não ter futuro político — a não ser que já tivessem o seu Estado ainda antes da transição. Alguns dos mais recentes e ineficazes nacionalismos da Europa Ocidental parecem ser o que ele tem em mente.

Um aspecto interessante e original da abordagem de Hroch é a importância da fase A da formação de nações, que ele descreve do modo seguinte: «O início de todas as revitalizações nacionais é assinalado por uma preocupação apaixonada por parte de um grupo de indivíduos, habitualmente intelectuais, pelo estudo da língua, da cultura, da história do nacionalista oprimido.»([11]) Hroch observa com razão que é muito frequente estes exploradores étnicos não serem membros do grupo étnico em questão: o despertar não vem necessária ou exclusivamente, por assim dizer, de dentro. Há muitas vezes Despertadores delegados.

Por haver vantagem em transformar a presença e a relevância desta situação numa *variável* da teoria geral do nacionalismo,

---

([10]) A orientação europeia do autor parece impedi-lo de considerar o caso paralelo do sentimento nacionalista em sociedades parcialmente feudais mas que ainda conservam características tribais, *e.g.* Somalis, Curdos. Possivelmente alguns grupos étnicos no território da URSS.

([11]) *Social Preconditions*, p. 22.

capaz de abarcar nações «grandes» e «pequenas», em vez de ser, como na tese de Hroch, uma *constante* do estudo das pequenas nações (com o que, como vimos, Hroch não se refere ao tamanho, mas à ausência inicial de uma classe dirigente indígena, de uma Alta Cultura e de um Estado.) Se adoptarmos esta abordagem, veremos que esta fase é proeminente em algumas das zonas temporais da Europa e ausente noutras e *porquê*. (Ver capítulo 2, sobre E. H. Carr, para uma definição de zonas.) Na zona temporal mais ocidental, a unidade nacional não é forjada com o campesinato, mas contra o campesinato. «Camponês», nessas sociedades, é um insulto, não um vocativo de apreço([12]). A unidade nacional e o sentido de nação formam-se dentro de um espírito «jacobino» em torno de um conjunto de instituições centrais já existentes e em expansão, com uma Alta Cultura associada. A idiossincrasia camponesa regional é um estorvo ofensivo a extirpar o mais depressa possível com um sistema educativo que tem este objectivo como um dos mais importantes. Na segunda zona temporal, o romantismo populista encontra oposição, especialmente na Alemanha: as unidades políticas fragmentares que precedem a unificação nacional utilizavam muitas vezes discursos e maneiras alheios nas suas cortes e assim a cultura local destaca-se contra este estilo estrangeiro. Não obstante, um sentido de unidade nacional forja-se contra e não em apoio dos dialectos e estilos de vida regionais e a etnografia não é a criada do nacionalismo. Quando Mussolini incitou os italianos do Sul e do Veneto a instalarem-se em Val d'Aosta, estava, de uma assentada, a combater a fala francesa da classe dirigente saboiana, habituada a procurar noiva em Chambéry e não em Itália, e o dialecto idiossincrático local do campesinato do Vale.

([12]) No perspicaz romance de Angus Wilson sobre historiadores, *Anglo-Saxon Altitudes*, encontra-se uma descrição sagaz das incompreensões entre duas mulheres da classe média, uma francesa, outra escandinava. Para a francesa, «camponês» é uma noção pejorativa e ela é simplesmente incapaz de perceber o uso encomiástico, nostálgico, romântico-populista da ideia pela outra senhora.

É na terceira zona temporal que esta «fase» etnográfica é inevitável e omnipresente. Aqui, cria-se uma cultura nacional e de Estado não em oposição à idiossincrasia do campesinato, mas como base para ela. É utilizada uma Cultura Popular para forjar uma Alta Cultura operativa. Claro que esta cultura tem de ser rígida, destilada e imobilista; mas mesmo assim é importante começar por investigá-la no seu estado bruto para lhe determinar as linhas de força e para a codificar, por forma a constituir a base de uma nova Alta Cultura em torno da qual se criem uma nação e um Estado. A distinção já gasta entre nações históricas e não históricas interessa relativamente pouco; não faz grande diferença que o grupo dialectal em presença tenha, há muito tempo, estado ligado a uma unidade política e à sua cultura de corte ou se nunca ocupou tal posição. Só faz diferença para o *conteúdo* do mito nacional a criar: os Checos ou os Lituanos podem evocar glórias medievais, ao passo que os Estónios, Bielorrussos ou Eslovacos não podem. Apenas folclore camponês ou um ou outro bandido social, mas nem monarcas nem façanhas imperiais entram na sua mitologia. É de crer que venha a verificar-se uma divertida disputa entre dois estados pós-comunistas, a Lituânia e a Bielorrússia, para saber qual dos dois é o herdeiro legítimo das glórias do Estado medieval normalmente designado por Lituânia, mas onde, afirmam os bielorrussos, predominava a sua língua.

A quarta zona temporal da Europa, a soviética, possui características tanto da segunda como da terceira zonas. A exploração étnica, sob a forma de populismo eslavófilo, não só existiu como foi extremamente importante e destacada. Mas o seu plano era não tanto criar uma identidade nacional como base de um novo Estado, pois já havia um Estado, ligado a uma Igreja nacional, que parece ter feito um bom trabalho ao criar uma identidade cultural nacional. Pelo contrário, quando a *narodnost* se foi juntar à Ortodoxia e à Autocracia na tríade de pilares do czarismo, tratou-se de etnicidade ou de enraizamento? O célebre «ir junto do povo» estava mais interessado na definição, modificação ou restabelecimento do «verdadeiro conteúdo» da cultura nacional do que na sua *criação*. Essa cultura devia basear-se nos valores da maneira de viver e da religiosidade camponesas ou no estilo cortesão da elite, com a sua forte componente ocidentalizante?

Entre os outros grupos, não russos, do império, pelo contrário, domina largamente o paralelo com a terceira zona. Há também o papel da Europa, que, por volta de 1945, por assim dizer, «trocou zonas». (Na zona um, o litoral atlântico, Estado e cultura estavam já ligados. Na zona dois, Alemanha e Itália, existia uma cultura *statsfàhig* normativa imobilista, com necessidade de encontrar as suas raízes políticas; na zona três, tanto o Estado como a cultura nacionais estavam por criar; e a zona quatro assemelhava-se à zona três, só que o desenvolvimento «natural» foi distorcido por 70 ou 40 anos de comunismo.)

Podemos resumir tudo isto do seguinte modo: os Estados--Nações substituíram os dinástico-religiosos como norma europeia nos dois séculos a seguir à Revolução Francesa, ou crescendo em torno de estados preexistentes e/ou Altas Culturas ou como que extraindo a sua cultura própria das tradições populares existentes para depois formarem um Estado em redor dessa grande tradição normativa acabada de criar. Neste último caso, era preciso criar uma consciência e uma memória, e impunha-se a exploração etnográfica (na verdade, codificação e invenção). Mas no primeiro caso, a tradição popular, em vez de ser dotada de memória, tinha de ser entregue ao esquecimento, impunha-se conceder não o dom da memória, mas a capacidade de esquecer. O grande teórico desta via para a formação de nações foi, evidentemente, Emest Renan([13]). No Leste, recordava-se o que nunca tinha acontecido, no Ocidente esquecia-se o que tinha acontecido. Foi Renan quem incitou os franceses a, no interesse da coerência, abjurarem o uso político da etnografia e da etnologia: as fronteiras da França nunca se

([13]) Renan, Ernest, *Qu'est-ce-qu'une nation?*, Paris, 1882. Reeditado em *Ernest Renan et l'Allemagne*, org. E. Bure, Nova Iorque, 1945.

tornaram étnicas e os franceses continuam a evocar geopolítica e opções de preferência à cultura popular. Foi portanto ele quem explorou eloquentemente a ideia de que a base da identidade nacional não é a memória, mas sim a amnésia: no Estado jacobino francês, os Franceses eram induzidos a esquecer as suas origens, ao contrário do Império Otomano, que não era uma nação, onde as próprias bases da organização social asseguravam que todos conhecessem a sua origem étnico-religiosa. Ainda hoje o direito de família otomano sobrevive em Israel, graças a um equilíbrio parlamentar que torna o voto religioso válido para quase todas as coligações garantindo assim que um homem só pode casar nos termos da sua identidade comunitária pré-moderna, recorrendo à sua Igreja. Por isso sobrevive uma organização comunitária pré-moderna graças a um equilíbrio parlamentar criado pela representação proporcional. A tradição pode utilizar métodos modernos de votação para bloquear a modernidade.

A pesquisa etnográfica é pois relevante em alguns contextos europeus da construção nacional, mas não em todos: há aqueles em que a sua ausência, ou pelo menos a sua irrelevância política têm igual importância. O nacionalismo ocidental ignora, não explora a diversidade popular. As opções são portanto memória criada ou esquecimento induzido. A grande ironia encontra-se na história da antropologia social: através da importantíssima obra de Bronislav Malinowski, que praticamente criou e definiu a escola britânica e imperial nesta disciplina, o tipo de etnografia cultural holística inicialmente praticado no interesse da preservação da cultura e da construção das nações no Leste foi adoptado pela ciência ocidental em nome e por causa do método empirista([14]). «Ir junto do povo» deixou de ser uma via para a salvação moral ou preservação cultural e passou a ser um instrumento do rigor empírico contra a especulação indisciplinada. Imergir na cultura

([14]) Cf. *Malinowski Between Two Worlds*, orgs. R. Ellen, E. Gellner, G. Kubica, J. Mucha, Cambridge University Press, Cambridge, 1988.

popular dá acesso à realidade social genuína, ao passo que a explicação histórico-genética é circular e especulativa. Malinowski combateu os mitos nacionalistas e a antropologia de Frazer. Assim, um método inventado para a busca da autenticidade cultural e moral transformou-se num instrumento da ciência empírica. Herder é posto ao serviço de Mach, e vice-versa.

Todavia, o fulcro do notável trabalho de Hroch não reside no destaque caracteristicamente centro-europeu que ele dá ao contributo da etnografia para a construção das nações, mas na ligação que estabelece entre a transformação do sistema socioeconómico europeu e o advento do nacionalismo. Aqui, com efeito, ele enfrenta uma das questões mais persistentes e profundas deste campo: são as nações ou as classes os verdadeiros actores principais da história? Ou não será nenhuma delas? Ou ambas? Para ele, são ambas. Proclama a sua intenção de partir do princípio marxista:

> Não dissimularemos o facto de o procedimento generalizador que utilizámos ao investigar os interesses ocultos de grupos e classes e as relações sociais derivar da concepção marxista do desenvolvimento histórico([15]).

Mas, facto interessante, a sua posição formal desmente qualquer reducionismo no que respeita a nações:

> Ao contrário da concepção subjectivista da nação como produto do nacionalismo, da vontade nacional e das forças espirituais, defendemos uma concepção da nação como constituinte da realidade social de origem histórica. Consideramos a origem da nação moderna a realidade fundamental e o nacionalismo um fenómeno derivado da existência dessa nação([16]).

([15]) Hroch, *Social Preconditions*, p. 17.

([16]) *Social Preconditions*, p. 3.

Esta afirmação não podia ser mais clara ou categórica. As nações ou, estranhamente, «a *origem* da nação moderna» (sublinhado meu), fazem parte da ontologia social básica, não são apenas um subproduto da mudança estrutural, embora pareça (p. 4) que as características que definem uma nação não são estáveis.

Portanto, a sua posição no livro pode descrever-se como semi-marxista: por um lado, às nações é conferida uma importância e uma realidade histórica independentes, não são reduzidas a um reflexo das transformações da estrutura de classe e mantêm-se no centro do palco. Mas a transição do feudalismo/absolutismo para o capitalismo *também* detém uma posição central. Uma análise da subsequente transição para o socialismo é largamente evitada — o que se compreende, embora de um modo oblíquo esteja presente através da importância atribuída à emergência de um movimento operário militante, talvez destinado a instaurar uma nova era. Não se afirma nem se nega que este movimento operário acabará por vencer e levar a uma formação social inteiramente nova. Não há nada no livro que impeça pensar que isso acontecerá realmente. Dado o facto de o livro ter sido escrito e publicado num regime formalmente comprometido com a ideia de que *já* tinha acontecido e que não permitia quaisquer desmentidos públicos dessa afirmação, o mero facto de não ser explicitamente afirmado não deixa de ter interesse.

Portanto, a conclusão geral do livro parece ser, de certo modo, que as nações têm realmente uma existência independente e irredutível e que não obstante a grande realidade histórica continua a ser a mudança das relações de classe postulada pelo marxismo. Assim, a emergência das nações modernas deve ser relacionada com esta grande transformação — tarefa que o livro desempenha com uma aplicação empírica e conceptual incomparável. Nenhum dos dois grandes movimentos — o da industrialização (ou capitalismo, na terminologia do livro) e o do nacionalismo é apontado para explicar o outro. O livro caminha claramente isento de reducionismos, em ambos os aspectos: tanto aos marxistas como aos nacionalistas são atribuídos os respectivos reinos e a nenhum é consentido clamar o domínio sobre o outro. Logo, os dois reinos são declarados independentes. Isto parece-me errado: na realidade, ambos são aspectos de *uma única transição.*

Mas, à luz de descobertas efectivamente mais concretas do livro, as suas conclusões colhem? Ou dar-se-á o caso de esta análise e documentação admiráveis irem na realidade em apoio de uma ideia muito diferente? Uma conclusão contrária seria, por um lado, muito mais reducionista relativamente às nações, abstendo-se de levar em conta a sua Verdadeira realidade; por outro lado, também levaria muito menos a sério a teoria marxista da transição social. Seria tolo ser dogmático em relação a estas matérias complexas ou discordar da sugestão de Hroch, de que há muito mais trabalho a fazer; não obstante, sinto-me inclinado a afirmar que mesmo, ou especialmente, à luz da documentação aduzida por Hroch, é a conclusão que parece apoiar-se nos factos.

Esta posição contrária pode enunciar-se mais ou menos do seguinte modo: o mundo pré-industrial (feudalismo/absolutismo, na terminologia de Hroch) é dotado de um complexo mosaico de culturas e formações políticas muito diversas. Algumas culturas invadem os estratos dirigentes e o aparelho político de um Estado. Estas culturas privilegiadas acabam por definir, na sua terminologia, «grandes nações» (embora o tamanho em sentido literal pareça ser irrelevante). Outras culturas (as das «nações pequenas») não estão tão favoravelmente localizadas. Não possuem dirigentes nem ocupantes dos principais cargos políticos que pratiquem a dita cultura. Por isso têm de *criar* a sua Alta Cultura antes mesmo de lutarem por um Estado que depois a proteja.

Hroch concorda com o facto de o nacionalismo moderno propriamente dito não ocorrer na fase anterior, pré-industrial e em que os movimentos territoriais *(«Landespatriotismus»)* deste período não devem contar como forma de nacionalismo, ao contrário do que pensam autores como Hans Kohn (*Social Preconditions,* pp. 178 e 190). O verdadeiro princípio nacional começa a operar apenas numa nova ordem social, com a sua mobilidade social muito aumentada e a importância enormemente acrescida da Alta Cultura letrada. Hroch não se debruça sobre candidatos interessantes para o nacionalismo primitivo, pré-moderno, como os Hussitas.

O mundo pré-industrial caracteriza-se por estratos que parecem *saber* «qual é o seu lugar»: por outras palavras, *estados*. O mundo industrial, pelo contrário, caracteriza-se por estratos que não sabem qual é o seu lugar, ou, por outras palavras, «classes». Os seus lugares não estão definidos. Se esta transição é a essência da «revolução burguesa», então essa revolução, haja o que houver, acontece mesmo. Mas haverá algum exemplo da série de transformações das relações de classe, como postuladas pelo marxismo, que na realidade se tenha *completado?* E porque havíamos de tratá-la independentemente do nacionalismo e das suas fases?

O que na realidade se passou foi que as revoluções nacionais tiveram lugar nos casos em que as diferenças de classe e culturais se sobrepunham: classes sem diferenças culturais nada conseguiram e as diferenças culturais («étnicas») sem diferenças de classe raras vezes conseguem muito. Só a sua conjugação teve um verdadeiro potencial revolucionário. Nas palavras de Hroch:

> A luta de classes por si só não deu origem a revoluções e a luta nacionalista sem conflito entre estratos numa sociedade industrial dotada de mobilidade foi igualmente ineficaz... os conflitos de interesses entre classe e grupos cujos membros estavam divididos ao mesmo tempo por pertencerem a grupos linguísticos diferentes teve incontestável significado para a intensificação do movimento nacionalista. A polaridade de contradições materiais anda portanto a par das diferenças de nacionalidade e em consequência os conflitos de interesses de nacionalidade não se articulavam (ou não se articulavam apenas) ao nível social e político apropriados, mas ao nível das categorias e reivindicações nacionalistas. (p. 185)

Portanto, o conflito de classes só arranca ajudado pelas diferenças étnico/culturais. Mas também (pp. 185 e 186):

> onde o movimento nacional... não foi capaz de introduzir a agitação nacionalista... os interesses das classes e grupos específicos... não foi capaz de sair triunfante.

Portanto, os movimentos nacionais só foram eficazes quando apoiados pela rivalidade de classe. Assim, classes sem etnias são cegas, mas etnias sem classes são impotentes. Nem as classes nem as nações por si só produzem mudanças estruturais. Só a sua conjugação o consegue, nas condições criadas pela industrialização.

Ou então (p. 189):

> os membros da nova *intelligentsia* da nacionalidade oprimida, na medida em que não se assimilavam deparavam com um obstáculo que impedia... a sua oportunidade de subir para uma posição social mais elevada. Assim que pertencer a uma pequena nação começou a ser interpretado... como uma vantagem de grupo, começou essa filiação a funcionar como fonte de transformação do antagonismo social num antagonismo nacional. É a presença de barreiras culturais à mobilidade inerente à sociedade industrial que leva à transformação social. A sociedade industrial não conduz à guerra das classes, mas à emergência de Estados-nações homogéneos.

Portanto, afinal, deparamos com um quadro que na verdade não trata as classes nem as nações como dados. Classes soltas substituem estados definidos e impostos em condições de mobilidade, engendrados por uma sociedade de mercado voltada para o crescimento. As diferenças culturais deixam de ser marcas de estatuto e passam a definir grandes massas anónimas, capazes de sentimentos e acção colectivos. Nenhuma destas características é, porém, permanente na sociedade humana. Mas quando se sobrepõem, são susceptíveis de se tornar politicamente explosivas. A difusão desigual da industrialização produz desigualdades socioeconómicas que, quando se sobrepõem a diferenças culturais, lhes conferem atractivos políticos.

A industrialização dá origem a unidades dotadas de monilidade, culturalmente homogéneas. Leva a revoluções nacionalistas quando as diferenças de classe e as diferenças culturais se sobrepõem. A estratégia formal de Hroch, ao decalcar umas sobre as outras no mapa como se fossem realmente independentes, é inoperante. As classes e as categorias sociais não reconhecidas pela lei ou pelo ritual são subprodutos do movimento em direcção à modernidade. Quando acompanhadas por marcas culturais levam ao conflito. Tanto o conflito de classe como a não aceitação de estratificações culturalmente expressas são produtos da industrialização, que só tolera classes por assim dizer não confirmadas ou idiossincrasias culturais difundidas uniformemente, mas que contempla a agitação nacionalista quando interesse e idiossincrasia convergem. Conflito de interesses e diferença cultural são politicamente eficazes se, e apenas se, estiverem *conjuntamente* presentes. O próprio Hroch di-lo. O conflito de classe por si só não consegue engendrar revoluções. Como a esmagadora maioria das diferenças culturais que não são sustentadas por diferenças económicas, também não consegue encontrar expressão política. Portanto, também não há razão para reificar as nações. Antes do evento, apenas podemos observar incontáveis diferenciações culturais que não passam de diferenciações e não podemos dizer exactamente quais se irão transformar em «nações». Muitas são chamadas mas poucas são as eleitas. Depois do evento, sabemos qual das nações *por acaso* cristalizou, mas isso não justifica dizer que a nação em questão «já existia» desde o princípio, pronta para ser «despertada». Não estavam nem mais nem menos presentes do que as diferenças que nunca se transformaram em marcas nacionais. Assim, nem a ideologia nacionalista nem a de classe devem ser tomadas pelo seu valor nominal. Tanto as classes antagonistas como as nações antagonistas se podem explicar, embora não à maneira marxista. Só são eficazes em conjunto. Essa é que é a verdade dos factos.

A obra de Hroch tem valor não apenas pela extraordinária riqueza sem par do seu material empírico como pela maneira engenhosa como ele o usou para aplicar o método comparativo; tem também valor pelo seu objectivo teórico subjacente. Parece ser um objectivo errado, mas o esforço determinado de ir por diante tem valor precisamente porque nos permite ver a sua fraqueza. O que Hroch efectivamente tenta fazer é conferir respeitabilidade académica a dois dos grandes mitos dos séculos XIX e XX, a saber, o marxismo e o nacionalismo. E fá-lo retendo a teoria marxista das fases históricas (ou melhor, um seu segmento truncado) para a relacionar com um esquema de despertar nacional muito especialmente aplicável ao que chamámos a terceira zona temporal da Europa. O mito nacionalista é também definido pela atribuição de uma espécie de realidade genuinamente independente e preexistente às nações que conseguiram «acordar».

A tese acaba por se tornar indefensável. A história não é o conflito das classes nem o das nações. Em geral, é rica de incontáveis tipos de conflitos e matizes culturais que não são redutíveis a essas duas formas alegadamente básicas de oposição. Sob o impacto de uma certa espécie de forma socioeconómica, a que devemos chamar «industrialização», tanto as classes (estratos soltos, profanos e instáveis numa sociedade de mercado) como as nações (categorias humanas anónimas, tímidas, culturalmente definidas, com pretensões políticas) emergem e tornam-se politicamente significativas, acarretando muitas vezes mudanças de fronteiras, *quando convergem*. A tensão económica, assinalada e diminuída pelas diferenças culturais, tem potencial político e reordena radicalmente o mapa. Nem a tensão económica nem a diferença cultural sozinhas conseguem alguma coisa, ou, pelo menos, não conseguem muito. Cada uma delas é mais um produto do que um motor primário. A base socioeconómica é decisiva. (Leva à homogeneização cultural e a uma estratificação *frouxa.)* Isto também é verdade no marxismo, embora as suas proposições mais especificas sejam falsas.

A realidade genuína subjacente ao desenvolvimento histórico parece-me constituir uma transição entre dois padrões muito diferentes de relacionamento entre cultura e poder. Estes padrões estão profundamente enraizados nas bases económicas da ordem social, embora não do modo especificado pelo marxismo([17]). No mundo pré-industrial havia padrões muito complexos de cultura e poder interligados que não convergiam de modo a formarem fronteiras nacionais-políticas. Com a industrialização, tanto a cultura como o poder se estandardizaram, subscrevem-se mutuamente e convergem. As unidades políticas adquirem fronteiras rigorosamente definidas que ao mesmo tempo se tornaram fronteiras de culturas. Cada cultura requer o seu próprio tecto político e os estados legitimam-se principalmente como protectores da cultura (e, evidentemente, como garantes do crescimento económico). Este é o padrão geral e esboçámos o modo como as suas manifestações específicas surgem diferentemente nas várias partes da Europa.

Portanto, nem as classes nem as nações existem como mobiliário permanente da história. A sociedade agrária é dotada de uma estratificação complexa e de grande diversidade cultural, mas nenhuma destas coisas dá origem a agrupamentos importantes e decisivos. Com a industrialização, ocorre durante algum tempo a polarização económica, mas a estandardização cultural ocorre durante *mais* tempo. Quando convergem, transformam decisivamente o mapa. Afinal, esta teoria é mais compatível com os excelentes dados de Hroch do que a sua própria teoria formal, que tenta perpetuar as interpretações da história pela «classe» e pela «nação». Mas já não precisamos mais destes dois mitos.

([17]) Sobre a ontologia marxista de nações e classes, ver Roman Szporluk, Communism and Nationalism, Oxford University Press, Nova Iorque, e Oxford, 1988, e também cap. 1.

Índice

LUGAR DA HISTÓRIA

1. *A Nova História*, Jacques Le Goff E., Le Roy Ladurie, Georges Duby e Outros
2. *Para uma História Antropológica*, W. G. I., Randles, Nathan Watchel e Outros
3. *A Conceção Marxista da História*, Helmut Fleischer
4. *Senhorio e Feudalidade na Idade Média*, Guy Fourquin
5. *Explicar o Fascismo*, Renzo de Felice
6. *A Sociedade Feudal*, Marc Bloch
7. *O Fim do Mundo Antigo e o Princípio da Idade Média*, Ferdinand Lot
8. *O Ano Mil*, Georges Duby
9. *Zapata e a Revolução Mexicana*, John Womack Jr.
10. *História do Cristianismo*, Ambrogio Donini
11. *A Igreja e a Expansão Ibérica*, C. R. Boxer
12. *História Económica do Ocidente Medieval*, Guy Fourquin
13. *Guia de História Universal*, Jacques Herman
15. *Introdução à Arqueologia*, Carl-Axel Moberg
16. *A Decadência do Império da Pimenta*, A. R. Disney
17. *O Feudalismo, Um Horizonte Teórico*, Alain Guerreau
18. *A Índia Portuguesa em Meados do Século XVII*, C. R. Boxer
19. *Reflexões Sobre a História*, Jacques Le Goff
20. *Como se Escreve a História*, Paul Veyne
21. *História Económica da Europa Pré-Industrial*, Carlo M. Cipolla
22. *Montaillou, Cátaros e Católicos numa Aldeia Occitana (1294–1324)*, E. Le Roy Ladurie
23. *Os Gregos Antigos*, M. I. Finley
24. *O Maravilhoso e o Quotidiano no Ocidente Medieval*, Jacques Le Goff
25. *As Instituições Gregas*, Claude Mossé
26. *A Reforma na Idade Média*, Brenda Bolton
27. *Economia e Sociedade na Grécia Antiga*, Michel Austin e Pierre Vidal Naquet
28. *O Teatro Antigo*, Pierre Grimal
29. *A Revolução Industrial na Europa do Século XIX*, Tom Kemp
30. *O Mundo Helenístico*, Pierre Lévêque
31. *Acreditaram os Gregos nos seus Mitos?*, Paul Veyne
32. *Economia Rural e Vida no Campo no Ocidente Medieval (Vol. I)*, Georges Duby
33. *Outono da Idade Média e Primavera dos Novos Tempos?*, Philippe Wolff
34. *A Civilização Romana*, Pierre Grimal
35. *Economia Rural e Vida no Campo no Ocidente Medieval (Vol. I)*, Georges Duby
36. *Pensar a Revolução Francesa*, François Furet
37. *A Grécia Arcaica de Homero a Ésquilo (Séculos VIII-VI a.C.)*, Claude Mossé
38. *Ensaios de Ego-História*, Pierre Nora, Maurice Agulhon, Pierre Chaunu, Georges Duby, Raoul Girardet, Jacques Le Goff, Michelle Perrot, René Remond
39. *Aspetos da Antiguidade*, M. I. Finley
40. *A Cristandade no Ocidente 1400–1700*, John Bossy
41. *As Primeiras Civilizações – da Idade da Pedra aos Povos Semitas*, dir. de Pierre Lévêque
44. *O Fruto Proibido*, Marcel Bernos, Charles de La Roncière, Jean Guyon, Philipe Lécrivain
45. *As Máquinas do Tempo*, Carlo M. Cipolla
46. *História da Primeira Guerra Mundial 1914-1918*, Marc Ferro
48. *A Sociedade Romana*, Paul Veyne
49. *O Tempo das Reformas (1250–1550) – Vol. I*, Pierre Chaunu
50. *O Tempo das Reformas (1250–1550) – Vol. II*, Pierre Chaunu
51. *Introdução ao Estudo da História Económica*, Carlo M. Cipolla
52. *Política no Mundo Antigo*, M. I. Finley
53. *O Século de Augusto*, Pierre Grimal
54. *O Cidadão na Grécia Antiga*, Claude Mossé
55. *O Império Romano*, Pierre Grimal
56. *A Tragédia Grega*, Jacqueline De Romilly
57. *História e Memória – Vol. I*, Jacques Le Goff
58. *História e Memória – Vol. II*, Jacques Le Goff
59. *Homero*, Jacqueline De Romilly
60. *A Igreja no Ocidente – das Origens às Reformas no Séc. XVI*, Mireille Baumgartner
61. *As Cidades Romanas*, Pierre Grimal
62. *A Civilização Grega*, François Chamoux
63. *A Civilização do Renascimento*, Jean Delumeau
64. *A Grécia Antiga*, José Ribeiro Ferreira
65. *A Descoberta de África*, Catherine Coquery-Vidrovitch (org.)
66. *No Princípio eram os Deuses*, Jean Bottéro
67. *História da Igreja Católica*, J. Derek Holmes, Bernard W. Bickers
68. *A Bíblia*, Françoise Briquel-Chatonnet (org.)
69. *Recriar África*, James L. Sweet
70. *A Conquista. Destruição dos Índios Americanos*, Massimo Livi Bacci

71. *A Revolução Francesa. 1789–1799*, Michel Vovelle
72. *História do Anarquismo*, Jean Préposiet
73. *Bizâncio. O Império da Nova Roma*, Cyril Mango
74. *Declínio e Queda do Império Habsburgo*, Alan Sked
75. *História dos Judeus Portugueses*, Carsten Wilke
76. *A Expansão Marítima Portuguesa, 1400–1800*, Francisco Bethencourt e Diogo Ramada Curto (orgs.)
77. *História do Antissemitismo*, Trond Berg Eriksen, Hakon Harket e Einhart Lorenz
78. *Cultura Política no tempo dos Filipes* (*1580–1640*), Diogo Ramada Curto
79. *Malhas que os Impérios Tecem. Textos Anticoloniais, Contextos Pós-Coloniais*, Manuela Ribeiro Sanches (org.)
80. *Outubro*: *A Revolução Republicana em Portugal (1910–1926)*, Luciano Amaral (org.)
81. *As Grandes Revoluções e as Civilizações da Modernidade*, Shmuel Noah Eisenstadt
82. *A Diplomacia do Império*, Miguel Bandeira Jerónimo
83. *A Perseguição aos Judeus e Muçulmanos de Portugal. D. Manuel I e o Fim da Tolerância Religiosa (1496–1497)*, François Soyer
84. *A Igreja Católica e o Estado Novo Salazarista*, Duncan Simpson
85. *Portugal e o Fim do Colonialismo. Dimensões Internacionais*, Miguel Jerónimo e António Costa Pinto (orgs.)
86. *Nacionalismos Espanhóis. Tensão e Conflitualidade*, Filipe Vasconcelos Romão
87. *A Missão da República. Política, Religião e o Império Colonial Português (1910–1926)*, Hugo Gonçalves Dores
88. *Descolonizações*: *Reler Amílcar Cabral, Aimé Césaire e Du Bois no séc.* XXI, Manuela Ribeiro Sanches (org.)